投资者－国家争端解决：理论与实践

陈正健／著

INVESTOR-STATE
DISPUTE SETTLEMENT
THEORY AND PRACTICE

当代世界出版社
THE CONTEMPORARY WORLD PRESS

目 录

第一编　管辖权篇

第一章　属人管辖权

　　国际投资仲裁中的属人管辖权（Rationae Personae；Personal Jurisdiction）涉及国际投资争端主体资格问题，主要包括国家和投资者的确定。国际投资条约适用于缔约一方投资者在缔约另一方领土内的投资。因此，在确定国际投资条约的适用范围以及仲裁庭属人管辖权时，国家和投资者的界定是一个重要因素。

　　《解决国家与他国国民之间投资争端公约》（以下简称《ICSID 公约》）第25（1）条第一句话规定："中心〔1〕的管辖适用于缔约国（或缔约国向中心指定的该国的任何组成部分或机构）和另一缔约国国民之间直接因投资而产生并经双方书面同意提交给中心的任何法律争端。"据此，只有同时满足合格的国家要件和合格的投资者要件，才能由 ICSID 仲裁庭进行管辖。而非 ICSID 仲裁中也应该满足国际投资条约中规定的国家和投资者的具体要求。本章以 ICSID 仲裁为主对属人管辖权的问题进行分析。

第一节　作为争端一方的国家

一、作为"缔约国"的国家

　　投资争端涉及两类国家：一个是投资东道国，即投资争端的一方；另一个

---

　　〔1〕　"解决投资争端国际中心"（International Centre for Settlement of Investment Disputes），简称"中心"或 ICSID。

是投资者的母国，其并不直接参与投资争端。根据《ICSID 公约》的规定，这两个国家应该均是《ICSID 公约》的 "缔约国"（contracting state），投资争端才能由 ICSID "强制" 管辖。如果投资争端涉及的两个国家中只有一个是《ICSID 公约》缔约国，则投资争端可能会适用《ICSID 附加便利规则》，但须获得 ICSID 秘书长的批准。[1]

缔约国不同于签署国（signatory state）。签署（signature）不同于批准（ratification）、接受（acceptance）、核准（approval）。[2] 签署国并不受《ICSID 公约》的约束，只有缔约国才受《ICSID 公约》的约束。《ICSID 公约》第 68 条的规定："一、本公约须由签字国依照其各自的宪法程序予以批准、接受或核准。二、本公约在交存第二十份批准、接受或核准书之日后三十天开始生效。对以后每一个交存批准、接受或核准书的国家，本公约在其交存之日后三十天开始生效。" 可见，《ICSID 公约》缔约国是指公约对其生效的国家。

判断是否满足缔约国要件的关键标准是 ICSID 程序启动的日期。只要在 ICSID 程序启动之前成为缔约国，就可认定为满足了该管辖要件。实践中出现过这种情况：如果两个国家在批准《ICSID 公约》之前就曾作出过将来成为缔约国后同意 ICSID 管辖的意思表示，则只要在 ICSID 程序启动之前，《ICSID 公约》对两国均生效即可满足该要件。[3]

在假日饭店诉摩洛哥案中，申请人美国假日酒店在瑞士设立了一家子公司，该子公司与摩洛哥政府签订了包含 ICSID 仲裁条款的投资合同。发生争端后，瑞士公司向 ICSID 递交了仲裁申请。被申请人摩洛哥政府提出了管辖权异议，其中一个重要的抗辩理由是摩洛哥与瑞士公司签订投资合同时，摩洛哥和瑞士皆不是《ICSID 公约》的缔约国。摩洛哥政府主张，确定一国是否是《IC-

〔1〕 R. Doak Bishop, James Crawford, W. Michael Reisman, "Foreign Investment Disputes: Cases, Materials and Commentary", *Kluwer Law International*, 2014, p. 320.

〔2〕 "签署在条约法上可以具有三种不同的意义：（1）只是认证条约的约文；（2）除认证条约的约文外，并意含签署人所代表的国家已确定缔结该条约，受其约束；（3）认证条约的约文，并意含签署人所代表的国家已初步同意缔结该条约，但尚须经过批准，才受该约的约束。" 李浩培：《条约法概论》，法律出版社 2003 年版，第 63 页。

〔3〕 R. Doak Bishop, James Crawford, W. Michael Reisman, "Foreign Investment Disputes: Cases, Materials and Commentary", *Kluwer Law International*, 2014, p. 320.

SID 公约》缔约国的日期是争端双方签订投资合同之日。申请人则指出确定一国是否是《ICSID 公约》缔约国的日期是争端当事人提出仲裁申请之日。对此，仲裁庭认为《ICSID 公约》允许争端当事人订立 ICSID 仲裁条款时约定，待将来提交 ICSID 仲裁所需的某一条件成就时 ICSID 仲裁条款有效，这一条件可以是有关国家对《ICSID 公约》的加入。提交 ICSID 管辖所需的条件成就之日，就是《ICSID 公约》所要求的同意达成之日。[1]

因此，缔约国的确定日期对 ICSID 管辖权的影响是，ICSID 程序启动时，该国家具有缔约国的身份即可，无需要求该国在投资者进行投资时或在争端发生时就具有缔约国身份。

二、缔约国的组成部分或机构

符合 ICSID 管辖权主体要求的除了缔约国本身外，还可以是缔约国的组成部分或机构。根据《ICSID 公约》第 25（1）条和第 25（3）条（"某一缔约国的组成部分或机构表示的同意，须经该缔约国批准，除非该缔约国通知中心不需要予以批准"）的规定，缔约国的组成部分或机构要成为合格的主体，需要满足两个要件：一是该组成部分或机构已由该缔约国向中心指定；二是该组成部分或机构作出的同意必须经该缔约国批准，除非该缔约国已通知中心毋需这种批准。实践中，国家可选择采用以下条款来满足这两个要件[2]：

条款 6

<该组成部分或机构名称>是<该东道国名称>的<一组成部分><一机构>，已根据《解决各国与他国国民之间投资争端的公约》（公约）第 25（1）条指派到解决投资争端的国际中心（中心）。根据公约第 25（3）条，<该东道国名称>：

<兹批准（该组成部分或机构名称）与（投资者名称）之间（签订的该协议）（19___年___月___日签订的协议）（基本条款之一）（第___条，第__

---

〔1〕　陈安：《国际投资争端仲裁——"解决投资争端国际中心"机制研究》，复旦大学出版社 2001 年版，第 87—88 页。

〔2〕　《解决投资争端的国际中心示范条款》，http://www.china.com.cn/law/flfg/txt/2006-08/08/content_7057405.htm。

__款，第____项）所作的同意协议>。

<已通知中心对（该组成部分或机构名称）根据其与（投资者名称）之间（签订的该协议）（19____年____月____日签订的协议）条款所作的同意中心（调解）（仲裁），毋需批准>。

应该注意以下两个问题：①指定的方式。根据《ICSID 公约》第 25（1）条的规定，投资争端的一方主体可以是"缔约国向中心指定的该国的任何组成部分或机构"。但是《ICSID 公约》并未明确规定政府指定的方式。一般认为，缔约国的国内立法或缔约国缔结生效的国际投资条约中明确的指定是符合该主体要件的，但是缔约国与投资者签订的投资合同中的指定不被认为是符合该主体要件，除非缔约国专门就该指定向 ICSID 发出过通知。②指定的时间。一般应该在 ICSID 程序启动之前或之日作出指定。但是实践中也出现过国家在 IC-SID 程序启动之后作出的指定被认可的例子。如 Klockner 诉喀麦隆案中，喀麦隆在仲裁程序启动后向中心指定了 Socame 公司作为其"组成部分或机构"，得到了仲裁庭的支持。[1]

值得注意的是，东道国未根据第 25（3）条的内容指定组成部分或机构，并不当然剥夺投资者基于其与缔约国的组成部分或机构之间的合同对缔约国提起仲裁诉求，前提是只要该缔约国同意中心管辖。[2]

第二节　作为投资者的自然人

在 ICSID 仲裁中，国籍是自然人获得国际救济的"敲门砖"，是 ICSID 仲裁庭确定自身管辖权必须要考虑的事项。那么，一个自然人要成功提起 ICSID 仲裁，其国籍需要满足哪些要求？实践中，自然人国籍举证责任如何分担？仲裁庭是如何处理和认定自然人国籍问题的？有效国籍测试在 ICSID 仲裁中是如

---

〔1〕　ICSID, News from ICSID, Vol, 1, No. 2, Summer 1984, https：//icsid. worldbank. org/en/Documents/resources/vol%201%20summer%201984. pdf, pp. 9-10.

〔2〕　R. Doak Bishop, James Crawford, W. Michael Reisman, "Foreign Investment Disputes：Cases, Materials and Commentary", *Kluwer Law International*, 2014, pp. 320-321.

何适用的？双重国籍自然人在提起 ICSID 仲裁时，应该注意哪些问题？本节将以 ICSID 仲裁为视角对这几个重要问题进行分析和探讨。

一、自然人国籍的要求

《ICSID 公约》第 25 条规定了 ICSID 仲裁庭对符合要求的国家和投资者之间的争端有管辖权。第 25（2）（a）条对自然人投资者进行了界定："在双方同意将争端交付调解或仲裁之日以及根据第 28 条第 3 款或第 36 条第 3 款登记请求之日，具有作为争端一方的国家以外的某一缔约国国籍的任何自然人，但不包括在上述任一日期也具有作为争端一方的缔约国国籍的任何人。"据此，ICSID 仲裁中合格的自然人申请人至少必须符合以下三个方面的要求：

（一）积极国籍要求

自然人的国籍必须是非争端方的另一缔约国国民。Al Tamimi 诉阿曼案中，仲裁庭认定 Al Tamimi 先生具有美国而非阿曼国籍，因此有权根据《美国—阿曼自由贸易协定》第 10 章（投资章）的相关规定对阿曼提起仲裁。[1]

（二）消极国籍要求

自然人必须不拥有非争端方国籍。《执行理事关于〈ICSID 公约〉的报告》对此专门进行了强调："值得注意的是依据第 25（2）（a）条的规定，拥有争端方国籍的自然人不是中心主持程序中的合格争端一方，即使其同时拥有另一国国籍。该不合格性是绝对的，即使作为争端方的缔约国同意也不能变通（curve）。"[2] 可见，国民对其国籍国提起仲裁被 ICSID 严格禁止。即使获得国籍国的"同意"，也不能例外。如 Champion 诉埃及案中，三个自然人申请人因为拥有被申请人（埃及）的国籍，所以 ICSID 最终裁决对该案无管辖权。[3]

---

〔1〕 Adel A Hamadi Al Tamimi v. Sultanate of Oman, Award, ICSID Case No. ARB/11/33, 3 November 2015, paras. 265-274.

〔2〕 ICSID, Report of the Executive Directors on the ICSID Convention, March 18, 1965, pp.44-45, https://icsid.worldbank.org/en/Documents/icsiddocs/ICSID%20Convention%20English.pdf，最后访问时间：2019 年 8 月 18 日。

〔3〕 Champion Trading Company, Ameritrade International, Inc., James T. Wahba, John B. Wahba, Timothy T. Wahba v. Arab Republic of Egypt, Decision on Jurisdiction, ICSID Case No. ARB/02/9, October 21, 2003, p.17.

（三）关键时间节点

《ICSID 公约》中规定了自然人国籍要满足的两个关键时间节点：一是"双方同意将争端交付仲裁之日"；二是"根据第 36 条第 3 款登记请求之日"。前者涉及 ICSID 中的同意问题，实践中，国家一般先做出同意 ICSID 仲裁的要约，而投资者只需要通过向 ICSID 提交仲裁申请，即做出了同意 ICSID 仲裁的承诺。[1] 因此该同意将争端交付仲裁之日，一般指的就是投资者向 ICSID 提交仲裁申请之日。[2] 后者涉及 ICSID 的登记程序问题，根据第 36 条的规定，ICSID 秘书长应该对仲裁申请予以登记，除非其发现该仲裁申请明显超出中心管辖权。因此，该日期即为 ICSID 秘书长对仲裁申请予以登记之日。

根据第 25（2）（a）条的规定，在仲裁申请提交之日和仲裁申请登记之日自然人必须拥有另一缔约方国籍；同时在仲裁申请提交之日和仲裁申请登记之日自然人必须不拥有争端一方国籍。实践中，仲裁庭须对这两个时间节点上的积极国籍和消极国籍要求予以考察。如 Abaclat 诉阿根廷案中，仲裁庭经过审查认为：要成为 ICSID 仲裁合格的争端一方，自然人申请人必须根据意大利的法律在仲裁申请提交之日（2006 年 9 月 14 日）和仲裁申请登记之日（2007 年 2 月 7 日）拥有意大利国籍；同时，根据阿根廷的法律，申请人必须在这两个时间节点上不拥有阿根廷国籍。[3]

值得注意的是，还有采用了三个关键时间节点的案例，如在 Kim 案中，仲裁庭认为申请人需要满足以下三个时间节点上的国籍要求：①主张违约的日期：2010 年 3 月 1 日；②诉请提交 ICSID 的日期：2013 年 3 月 22 日；③ICSID 登记诉求的日期：2013 年 4 月 24 日。[4]

---

〔1〕 ICSID, *History of the ICSID Convention*：*Documents Concerning the Origin and the Formulation on the Settlement of Investment Disputes Between States and Nationals of Other States*, Vol. II, pp. 274-275；Also see Christoph H. Schreuer et al.（eds.）, *The ICSID Convention*：*A Commentary*, 2nd ed., Cambridge University Press, 2009, p. 196.

〔2〕 参见陈正健：《投资者与国家争端解决中的国家反诉》，载《法商研究》2017 年第 1 期，第 167 页。

〔3〕 Abaclat and Others v. Argentine Republic, Decision on Jurisdiction and Admissibility, ICSID Case No. ARB/07/5, 4 August 2011, para.407.

〔4〕 Vladislav Kim and others v. Republic of Uzbekistan, Decision on Jurisdiction, ICSID Case No. ARB/13/6, 8 March 2017, paras. 190-191.

二、国籍的证明责任

(一) 申请人的举证义务

按照"谁主张谁举证"的一般原则,自然人要向 ICSID 提出仲裁申请首先需要举证证明其国籍。实践中,申请人提供的证明其国籍的证据包括护照、身份证、入籍证明、信件、证言等。如在 Soufraki 诉阿联酋案中,申请人为了证明其具有意大利国籍,向仲裁庭出示的证据包括了五份意大利当局颁发的国籍证明 (Certificates of Nationality)、意大利护照复印件以及意大利外交部专门写给 ICSID 仲裁庭的证明申请人意大利国籍的信件。[1] 又如 Tza Yap Sum 诉秘鲁案中,申请人提供了香港的护照、福建公证处公证的宣誓证词以及福建省公证处出具的自然人出生在该省的证明书等证明其具有中国国籍。[2] 再如 Al Tamimi 诉阿曼案中,申请人向仲裁庭出示了美国政府颁发的入籍证明书 (Certificate of Naturalization),证明根据《移民和国籍法》第三篇 (Title III of the Immigration and Nationality Act),其自 1980 年 6 月 11 日起就已经成为美国国民;申请人还提交了其美国的护照作为其美国国籍的另一个证明。[3]

(二) 被申请人反驳的理由和要求

申请人提交的证明国籍的证据并非自然人国籍的最终证据,而仅具有初步证据的效力,被申请人可以对此提出质疑和反驳。其中一个重要的反驳理由是申请人国籍的获得存在瑕疵,目前实践中提及的瑕疵主要包括欺诈和错误。如 Soufraki 诉阿联酋案的撤销裁决中,撤销委员会援引了两个案例来说明仲裁庭可以基于错误和欺诈而否定一国当局颁发的国籍证明。[4]

当被申请人提出质疑时,举证责任就发生了转移。仅提出质疑并不能否定

---

〔1〕 Hussein Nuaman Soufraki v. The United Arab Emirates, Award, ICSID Case No. ARB/02/7, July 7, 2004, para. 14.

〔2〕 Señor Tza Yap Shum v. The Republic of Peru, Decision on Jurisdiction and Competence, ICSID Case No. ARB/07/6, 19 June 2009, para. 55.

〔3〕 Adel A Hamadi Al Tamimi v. Sultanate of Oman, award, ICSID Case No. ARB/11/33, 3 November 2015, para. 270.

〔4〕 Hussein Nuaman Soufraki v. The United Arab Emirates, Decision of the ad hoc Committee on the Application for Annulment of Mr Soufraki, ICSID Case No. ARB/02/7, June 5, 2007, paras. 70-71.

申请人国籍证明的初步证据效力，被申请人须举证证明其质疑。因为一般认为申请人提供的官方国籍证明文件（如护照）具有很强的有效性假设，该假设使提供该类证据的申请人处于相较于被申请人来说的有利位置。被申请人可以对此进行质疑，但必须提供证据证明该有效性假设无效，此种情况下的被申请人举证责任门槛很高。[1] 被申请人只有提交令人信服和决定性的证据证明申请人是通过欺诈或因资料错误而取得国籍时，才能否定申请人提交的官方国籍证明文件。[2] 如在 Mr. Arif 诉摩尔多瓦案中，仲裁庭认为被申请人并未证明 Arif 先生是因欺诈或法国当局资料错误而取得法国国籍，因此，仲裁庭认定申请人满足了提起国际仲裁的法国国籍要求。[3] 又如在 Tza Yap Sum 案中，虽然被申请人对申请人提供的证明国籍的证据提出了质疑，但 ICSID 仲裁庭认为被申请人提交的相关证据（法律文件或专家意见）并未达到推翻申请人国籍证明的要求，因而被认定为举证不能。[4] 该观点在 Kim 诉乌兹别克斯坦案中也得到了重申。[5] 因此被申请人的反驳不仅应包含对申请人提供证据的质疑，而且更为重要的是要提供有效证据支撑其质疑，否则将不会获得仲裁庭的支持。

（三）仲裁庭的自主决定权

仲裁庭认定自然人国籍方面的自主决定权至少包括证据的审查（examine）权和法律解释及事实查明权。

1. 证据的审查权

对争端方提供的证据进行审查既是 ICSID 仲裁庭的权利，也是义务。[6] 实

---

〔1〕 Señor Tza Yap Shum v. The Republic of Peru, Decision on Jurisdiction and Competence, ICSID Case No. ARB/07/6, 19 June 2009, para. 63.

〔2〕 Ioan Micula, Viorel Micula, S. C. European Food S. A, S. C. Starmill S. R. L. and S. C. Multipack S. R. L. v. Romania, Decision on Jurisdiction and Admissibility, ICSID Case No. ARB/05/20, 24 September 2008, para. 95.

〔3〕 Mr. Franck Charles Arif v. Republic of Moldova, Award, ICSID Case No. ARB/11/23, April 8, 2013, paras. 357–358.

〔4〕 Señor Tza Yap Shum v. The Republic of Peru, Decision on Jurisdiction and Competence, ICSID Case No. ARB/07/6, 19 June 2009, paras. 64–65.

〔5〕 Vladislav Kim and others v. Republic of Uzbekistan, Decision on Jurisdiction, ICSID Case No. ARB/13/6, 8 March 2017, paras. 232–235.

〔6〕 Hussein Nuaman Soufraki v. The United Arab Emirates, Decision of the ad hoc Committee on the Application for Annulment of Mr Soufraki, ICSID Case No. ARB/02/7, June 5, 2007, paras. 58–84.

践中，ICSID 仲裁庭在证据审查方面的自主审查权主要体现在认定证据效力和要求提供或补充提供证据两个方面。

仲裁庭认定证据效力的主要依据是《ICSID 仲裁规则》第 34（1）条规定："仲裁庭应是所提交的任何证据的可受理性以及其证明价值决定人。"如在 Soufraki 诉阿联酋案中，仲裁庭就明确指出由其决定和分析证据的整体性以及决定申请人的举证责任是否被解除。该案中自然人投资者 Soufraki 与被申请人阿联酋争论的第一个焦点问题是，申请人提供的国籍证明以及意大利外交部的信函等是否是证明申请人拥有意大利国籍的决定性证据。尽管申请人主张自然人国籍由缔约国国内法确定，仲裁庭应当适用意大利当局的结论。但仲裁庭却认为当自然人的国籍在国际仲裁或司法程序中受到挑战时，国际仲裁庭有权对该挑战作出判断。经过分析，仲裁庭将申请人的国籍证明认定为初步证据，而非决定性证据。[1]

仲裁庭要求提供或补充提供证据的主要依据是《ICSID 公约》第 43 条的授权："除双方另有协议，如果仲裁庭在程序的任何阶段认为有必要时，它可以：（一）要求双方提出文件或其他证据；（二）访问与争端有关的场地，并在该地进行它可能认为适当的调查。"如果争端方提供的证据被认定为无效或不充分，则仲裁庭可以依据该项规定行事。Soufraki 诉阿联酋案审理过程中，申请人被确认曾在 1992 年丧失了意大利国籍，因此，仲裁庭要求申请人提供证据证明其在 1993-1994 年间有超过一年的时间作为意大利的居民。于是 Soufraki 补充提供了两份证人的宣誓证词和一份办公租赁合同。经审查，仲裁庭认为申请人提供的证据并未证明其自 1993 年以来在意大利居住超过一年，并最终裁决其对本案无管辖权。[2]

2. 法律解释及事实查明权

《ICSID 公约》第 42 规定："仲裁庭应依照双方可能同意的法律规则对争端作出裁决。如无此种协议，仲裁庭应适用作为争端一方的缔约国的法律（包括

---

〔1〕　Hussein Nuaman Soufraki v. The United Arab Emirates, Award, ICSID Case No. ARB/02/7, July 7, 2004, paras. 53-63.

〔2〕　Hussein Nuaman Soufraki v. The United Arab Emirates, Award, ICSID Case No. ARB/02/7, July 7, 2004, paras. 58-84.

其冲突法规则）以及可能适用的国际法规则。"该条规定是 ICSID 仲裁庭解决法律适用问题的主要依据。[1] 尽管一般认为自然人国籍的确定应适用一国的国内法，但是实践中 ICSID 仲裁庭却有解释该国内法的权利。Kim 诉乌兹别克斯坦案中，ICSID 仲裁庭就对哈萨克斯坦的《国籍法》进行了解释，其首先指出哈萨克斯坦《国籍法》的规定不明确，需要结合《哈萨克斯坦宪法》和《第 12 号决议（Resolution）》进行解读，并得出了国籍的无效或丧失（《国籍法》第 21 条）和国籍的终止（《国籍法》第 19 条）之间的区别。该区别表明，自然人可能受国籍终止的影响，但直到"国内事务办公室"作出无效或丧失国籍的决定前还可保留该国籍。基于该种解释，ICSID 仲裁庭认定申请人具有哈萨克斯坦国籍，并最终驳回了被申请人的国籍抗辩。[2]

如果说 Kim 诉乌兹别克斯坦案中仲裁庭对《国籍法》的解释是"间接含蓄"的话，那么 Soufraki 诉阿联酋案中，仲裁庭的解释可以说是相当直接了，仲裁庭非常明确地指出，其有解释和适用处于争议中的国家法律的自主权。据此，仲裁庭认为意大利第 91 号（No. 91）法律第 13（1）（d）条中的"居所"不同于"法律居所"概念，是指事实上居所。因此拥有满一年的事实上居所是再申请意大利国籍的充分必要条件。[3]

除了在适用法律时拥有较大的自由裁量权外，ICSID 仲裁庭在确认自然人国籍时，还有权决定是否启动事实查明程序。Micula 诉罗马尼亚案中，被申请人罗马尼亚对申请人 Micula 提供的国籍证明（瑞典移民委员会发给申请人的证明等）提出了质疑（如指出申请人在被申请人律师盘问中表现出的犹豫和不准确性等），但是未提供有效证据加以证明，对此，ICSID 仲裁庭认为本案并不包括任何会导致仲裁庭调查其他事实的因素，被申请人提出的事实的指控还不足

---

[1] Taida Begic, *Applicable Law in International Investment Disputes*, Eleven International Publishing, 2005, pp. 4-6; Rudolf Dolzer and Christoph Schreuer, *Principles of International Investment Law*, Oxford University Press, 2008, pp. 73-74.

[2] Vladislav Kim and others v. Republic of Uzbekistan, Decision on Jurisdiction, ICSID Case No. ARB/13/6, 8 March 2017, paras. 206-236.

[3] Hussein Nuaman Soufraki v. The United Arab Emirates, Award, ICSID Case No. ARB/02/7, July 7, 2004, paras. 55, 70-71.

以开启事实查明程序。[1]

三、有效国籍测试的适用

有效国籍测试是国际投资仲裁中经常被提及的确定自然人国籍的标准，在ICSID 仲裁实践中，被申请人和申请人均以此为由提出过抗辩，但尚未有获得支持的案例。仲裁庭在考虑是否适用有效国籍测试时，也逐渐形成了相对固定的思路。

（一）有效国籍测试及争论

有效国籍测试（effective nationality test）又称真实联系的诺特鲍姆（Notte-bohm）测试（要求），是指国际争端解决机构结合具体的事实和证据，判断自然人与其国籍国之间是有效（真实）联系还是所谓的微弱联系（purported ten-uous link），并最终确定自然人是否具有该国国籍。[2]

尽管有效国籍测试很早就在有关文献和国家司法判决中被提及，且一直存在较大分歧，但直到 1955 年国际法院作出的诺特鲍姆案判决才使其真正引起国际社会的广泛关注和讨论。该判决中通过适用"有效国籍测试"否定了与诺特鲍姆无"真实联系"的国籍国——列支敦士登行使外交保护的权利。[3] 该案中关于有效国籍测试的适用在日后被频繁援引和评论，如 2000 年国际法委员会特别报告员约翰·杜加尔德先生（Mr. John R. Dugard）在《关于外交保护的第一次报告》中曾指出："诺特鲍姆真实联系要求应限于该案中的特定事实，而并非适用于所有外交保护案件的一般原则……有效和真实联系的诺特鲍姆原则应被看作是习惯国际法规则的建议在非双重或多重国籍的案件中鲜获支持。"[4]

---

[1] Ioan Micula, Viorel Micula, S. C. European Food S. A, S. C. Starmill S. R. L. and S. C. Multipack S. R. L. v. Romania, Decision on Jurisdiction and Admissibility, ICSID Case No. ARB/05/20, 24 September 2008, paras. 95–106.

[2] Ioan Micula, Viorel Micula, S. C. European Food S. A, S. C. Starmill S. R. L. and S. C. Multipack S. R. L. v. Romania, Decision on Jurisdiction and Admissibility, ICSID Case No. ARB/05/20, 24 September 2008, paras. 98, 105.

[3] Nottebohm Case (second phase), Judgment of April 6th, 1955; I. C. J. Reports 1955, pp. 4–27.

[4] JR Dugard, First Report on Diplomatic Protection, 7 March 2000, A/CN. 4/506, paras. 110–111.

关于有效国籍测试是否能被作为一般性标准得到普遍适用的问题，国际法委员会在《外交保护条款草案》第 4 条的评论中予以了否定。其指出：《外交保护条款草案》第 4 条并不要求一国按照诺特鲍姆案所确定的方式证明其与国民之间存在有效或真实联系，作为其行使外交保护的附加要素，这一点在自然人仅有单一国籍的情况下尤其如此。国际法委员会认为该案中的特定事实决定了国际法院的判决，其中一个特殊的事实是诺特鲍姆先生和列支敦士登国的关系明显不如与诺特鲍姆和危地马拉间的关系紧密。因此国际法院并不想确定一项适用于所有国家的一般标准，而仅想阐明在特定情况下适用的相对规则。在经济全球化的当下，诺特鲍姆真实联系要求如果被严格适用会导致成千上万人丧失获得外交保护的权利。[1]

（二）被申请人的有效国籍测试抗辩

ICSID 仲裁实践中，被申请人经常提出有效国籍测试对自然人的国籍证明进行抗辩。主要包括以下两种情况：

第一，在单一国籍的情况下，被申请人提出的有效国籍测试抗辩会被 IC-SID 仲裁庭直接驳回。如 Siag 诉埃及案中，被申请人指出申请人的所有真实联系均发生在埃及而非意大利，并以有效国籍测试为由对 ICSID 仲裁庭的管辖权提出抗辩。对此，仲裁庭却认为证据显示申请人仅具有意大利的单一国籍，而并非双重国籍情形，最终驳回了被申请人的有效国籍测试抗辩。[2]

第二，在双重国籍的情况下，被申请人的有效国籍测试抗辩也难获得 IC-SID 仲裁庭的支持。这其中又分为两种情形：一是积极国籍要求下双重国籍的有效国籍测试；二是消极国籍要求下双重国籍的有效国籍测试。关于后者，被申请人的有效国籍测试抗辩是基于申请人拥有被申请人国籍而提出，但排除仲裁庭管辖权的效果实际是由消极国籍要求所导致，有效国籍测试效果不明显或并未真正发挥作用。目前该情况下尚未有相关案例出现。关于前者，被申请人会以有效国籍测试为由主张申请人的实际国籍应是第三国，而非国际投资条约

---

〔1〕 International Law Commission, Report of International Law Commission on the Work of Its Fifty-Eighth Session (2006), pp. 29-30.

〔2〕 Waguih Elie George Siag and Clorinda Vecchi v. The Arab Republic of Egypt, Decision on Jurisdiction, ICSID Case No. ARB/05/15, paras. 190-199.

[以下简称 IIA，主要包括双边投资条约（BIT）和含投资条款的条约（TIP）]
的缔约国，因此不符合《ICSID 公约》中的积极国籍要求而不受 ICSID 仲裁庭
管辖。如 Al Tamimi 诉阿曼案中，仲裁庭对积极国籍要求下的双重国籍进行了
阐述，其认为有效国籍测试并非阻止双重国籍（如美国和阿联酋）自然人援引
《美国—阿曼双边投资条约》（以下"双边投资条约"简称"BIT"）提起投资
仲裁，即使自然人拥有的第三方国籍（阿联酋）是主要的。[1] 可见，即使通
过有效国籍测试证明了申请人的真实有效国籍是第三国，也不能排除申请人基
于其另一个"非真实有效国籍"而提起 ICSID 仲裁的权利。

　　值得注意的是，单一国籍下适用有效国籍测试的举证责任门槛可能要比双
重国籍下的门槛高。[2]

（三）申请人的有效国籍测试抗辩

　　除被申请人外，申请人也可以主张适用有效国籍测试进行抗辩。但是与上
述被申请人提出的适用情形不同，目前实践中，申请人仅在双重国籍下才主张
适用有效国籍测试，其目的主要是满足《ICSID 公约》中消极国籍要求。实践
中申请人的该种主张也未获仲裁庭的认可。如在 Champion 诉埃及案中即是如
此，该案中首先是确定申请人的双重国籍身份，该案涉及的三个自然人申请人
均因出生在美国而具有美国国籍，同时根据埃及法律，因他们出生时其父亲是
埃及人而当然取得埃及国籍，从而三个申请人均具有美国和埃及双重国籍。尽
管申请人举证证明其父亲于 1975 年就放弃了埃及国籍，但是被申请人却指出，
该放弃国籍行为未被埃及当局批准，仲裁庭也指出了 1997 年 3 月 27 日其父亲
申请并获得埃及身份证，还频繁使用 1992 年埃及颁发的护照返回埃及。种种
情况表明在三个申请人出生时，其父亲依然具有埃及国籍。三个自然人申请人
在被确定均具有美国和埃及双重国籍后，开始以有效国籍测试进行抗辩，进而
主张美国才是他们仅有的真实有效的国籍。仲裁庭认为有效国籍测试并不适用

---

　　[1]　Adel A Hamadi Al Tamimi v. Sultanate of Oman, Award, ICSID Case No. ARB/11/33, 3 November
2015, para. 274.

　　[2]　Ioan Micula, Viorel Micula, S. C. European Food S. A, S. C. Starmill S. R. L. and S. C. Multipack
S. R. L. v. Romania, Decision on Jurisdiction and Admissibility, ICSID Case No. ARB/05/20, 24 September
2008, para. 104.

于本案的事实，驳回了申请人的消极国籍抗辩（不具有被申请人埃及国籍的抗辩），并最终裁决申请人无权提起 ICSID 仲裁。[1]

（四）仲裁庭分析有效国籍测试的路径

ICSID 仲裁庭在考虑是否适用有效国籍测试时，一般会从以下三个方面进行分析：

第一，从《ICSID 公约》第 25（2）（a）条的文本入手分析。ICSID 仲裁庭一般认为该条规定的自然人国籍要求是清晰且明确的，[2] 即自然人只需要在相关时间节点上同时满足积极国籍要求和消极国籍要求即符合了属人管辖权要求，文本中并未给有效国籍测试留有空间。[3]《ICSID 公约》第 25（2）（a）条中的自然人积极国籍和消极国籍要求也并未排除双重国籍存在的合理性，即一个拥有双重国籍的自然人也可以同时满足积极和消极的国籍要求。如 Olguin 诉巴拉圭案中，Olguin 先生拥有秘鲁和美国的双重国籍，其依据《秘鲁—巴拉圭 BIT》向 ICSID 对巴拉圭提起仲裁，巴拉圭则以秘鲁国内关于双重国籍的自然人注册地国的规定进行抗辩，主张 Olguin 先生的实际有效国籍是美国，从而无权向 ICSID 提起仲裁，仲裁庭认为美国和秘鲁均为 Olguin 先生的母国，即使第三国可以基于外交保护国与自然人之间缺乏有效关系为由对外交保护实施的合法性提出抗辩，但该抗辩却不能类比适用于 ICSID 争端解决机制中，因为母国只需满足是《ICSID 公约》和 BIT 的缔约国要求即可。[4]

第二，对涉及的 IIA 进行分析。ICSID 仲裁庭会通过分析 IIA 的相关条款来确定是否适用有效国籍测试。因为包括 BIT 和 FTA 投资章节的 IIA 中一般均对"国民"进行了界定，缔约方在界定"国民"时有附加任何标准的自由，所以

---

[1] Champion Trading Company, Ameritrade International, Inc., James T. Wahba, John B. Wahba, Timothy T. Wahba v. Arab Republic of Egypt, Decision on Jurisdiction, ICSID Case No. ARB/02/9, October 21, 2003, pp. 10−17.

[2] Champion Trading Company, Ameritrade International, Inc., James T. Wahba, John B. Wahba, Timothy T. Wahba v. Arab Republic of Egypt, Decision on Jurisdiction, ICSID Case No. ARB/02/9, October 21, 2003, p. 16.

[3] Waguih Elie George Siag and Clorinda Vecchi v. Arab Republic of Egypt（ICSID Case No ARB/05/15）, Decision on Jurisdiction of 11 April 2007, para. 198.

[4] Eudoro Armando Olguín v. Republic of Paraguay, Award, ICSID Case No. ARB/98/5, July 26, 2001, paras. 60−62.

如果缔约方未将"有效国籍测试"要求纳入 IIA 中，则仲裁庭在裁决中一般也并不会采用该测试，否则就可能构成对 IIA 的非法修改。如在 Micula 案中，仲裁庭就明确指出，瑞典和罗马尼亚在 BIT 中约定了自然人的瑞典国籍由瑞典国内法来确定，而并未附加其他要求，因此拒绝了有效国籍测试的适用。[1]

第三，通过类比方式援引案例进行分析。除了上文提及的诺特鲍姆案外，ICSID 仲裁庭还援引过"伊朗—美国求偿委员会"作出的"A/18 决定"（Decision A/18）。基于《阿尔及利亚宣言》而设立的"伊朗—美国求偿委员会"，主要负责处理拥有"伊朗和美国"双重国籍的国民在其伊朗国籍并非主要及有效时是否可对伊朗提起诉求的问题。"A/18 决定"明确同意受理该类诉求。但是，值得注意的是"伊朗—美国求偿委员会"作出的该受理决定与《ICSID 公约》中的规定相反，因为后者明显通过消极国籍的方式对此种情况进行了排除。在 ICSID 仲裁庭看来，诺特鲍姆案判决和"A/18 决定"并不构成适用有效国籍测试的支撑理由。[2] 前者主要因适用于外交保护而被排除，即外交保护领域中自然人国籍要求必须让步于《ICSID 公约》和 BIT 规定的特殊体制。[3] 后者则因为与《ICSID 公约》中消极国籍要求相左而被弃用。

（五）有效国籍测试适用的可能情形

从目前的 ICSID 仲裁实践来看，有效国籍测试均被拒绝适用，单一国籍情况下的排除效应是其中一个重要理由，如 Micula 案仲裁庭就指出，《外交保护条款草案》中将外交保护背景下的有效国籍测试予以删除是尤其应该值得注意的，单一国籍的情况下适用真实联系在国际法中显然有些牵强。[4] 拒绝适用有效国籍测试的另一个重要理由是诺特鲍姆案所确定的有效国籍测试适用的外

---

〔1〕 Ioan Micula, Viorel Micula, S. C. European Food S. A, S. C. Starmill S. R. L. and S. C. Multipack S. R. L. v. Romania, Decision on Jurisdiction and Admissibility, ICSID Case No. ARB/05/20, 24 September 2008, para. 101.

〔2〕 Saba Fakes v. Republic of Turkey, ICSID Case No. ARB/07/20, Award, July 14, 2010, paras. 71, 73.

〔3〕 Waguih Elie George Siag and Clorinda Vecchi v. The Arab Republic of Egypt, Decision on Jurisdiction, ICSID Case No. ARB/05/15, 11 APR 2007 para. 198.

〔4〕 Ioan Micula, Viorel Micula, S. C. European Food S. A, S. C. Starmill S. R. L. and S. C. Multipack S. R. L. v. Romania, Decision on Jurisdiction and Admissibility, ICSID Case No. ARB/05/20, 24 September 2008, para. 99.

交保护情形与《ICSID 公约》所提供的投资者和国家间争端解决机制完全不同，从而应在 ICSID 仲裁推理过程中被排除。[1]

目前实践中还并未出现支持有效国籍测试的案例，但是从现存涉及有效国籍测试案例的论证来看，有效国籍测试可能适用的情况主要包括两种：一是方便国籍，即自然人仅为了获得 ICSID 和 IIA 中的争端解决机制的保护而取得国籍的情况；二是非自愿国籍，即诸如因血缘关系而获得的国籍，如果自然人是因为国籍的代际传递，在国外出生的第三代或第四代而与其祖先的国籍国并无任何关系的情况。[2] 有的国家可能会对很多代人都适用血统主义（jus sangui-nis），而导致明显荒谬或不合理的结果。如在国外出生的第三代或第四代自然人，且已与其祖先并无联系，如果继续将其认定为拥有祖先的国籍，可能是有问题的。[3]

有效国籍测试中证明"有效性"的证据包括其近亲（父母、配偶及子女等）的国籍；成长或长期生活的国家；学习地所在国家；护照；驾照；[4] 投资设立文件中使用的国籍等。[5]

四、结论

自然人要提起 ICSID 仲裁，必须举证证明其满足《ICSID 公约》中规定的关键时间节点上的积极国籍和消极国籍要求。自然人提交的证明国籍的证据虽然一般被认为是初步证据，而非决定性证据，但却具有较强的有效性假设。被申请人可以质疑申请人提出的初步证据，但仅质疑不会产生任何法律上的效果，被申请人还必须举证证明其质疑，且其举证的门槛要高于申请人的举证门

---

〔1〕 Saba Fakes v. Republic of Turkey, Award, ICSID Case No. ARB/07/20, July 14, 2010, para. 73.

〔2〕 Saba Fakes v. Republic of Turkey, Award, ICSID Case No. ARB/07/20, July 14, 2010, paras. 77-78.

〔3〕 Champion Trading Company, Ameritrade International, Inc., James T. Wahba, John B. Wahba, Timothy T. Wahba v. Arab Republic of Egypt, Decision on Jurisdiction, ICSID Case No. ARB/02/9, October 21, 2003, pp. 16-17.

〔4〕 Saba Fakes v. Republic of Turkey, Award, ICSID Case No. ARB/07/20, July 14, 2010, para. 80.

〔5〕 Champion Trading Company, Ameritrade International, Inc., James T. Wahba, John B. Wahba, Timothy T. Wahba v. Arab Republic of Egypt, Decision on Jurisdiction, ICSID Case No. ARB/02/9, October 21, 2003, p. 17.

槛。仲裁庭在认定争端双方提交的证据方面具有较大的自主决定权，包括全面审查相关证据，要求任何一方补充提供进一步的证据，对涉及国内法进行解释，并自主决定是否启动事实查明程序等。

国际法中存有争议的有效国籍测试标准频繁出现在 ICSID 仲裁推理中，仲裁庭一般从《ICSID 公约》第 25（2）（a）条文本、IIA 的相关条款以及通过类比方式援引案例三个方面对有效国籍测试加以分析，被申请人和申请人均以此为由提出过抗辩，但均未获得 ICSID 仲裁庭的支持。主要原因是单一国籍情况下的排除效应和源于外交保护的有效测试标准与 ICSID 仲裁平台"水土不服"。但是，根据 ICSID 仲裁庭的阐述，有效国籍测试在方便国籍和非自愿国籍两种情况下可能会得以适用。中国海外自然人投资者如果以申请人的身份提起 IC-SID 仲裁，应该举证证明其满足《ICSID 公约》中规定的国籍要求。在单一国籍情形下，目前已有中国香港地区市民以中国国民的名义成功提起 ICSID 仲裁的案例。根据双重国籍处理的实践，拥有双重国籍的中国国民提起 ICSID 仲裁受到国内双重国籍限制性规定阻碍的可能性不大。

第三节　作为投资者的法人

《ICSID 公约》中对作为投资者的法人（公司）有较明确的规定，其第 25（2）条"另一缔约国国民"规定："（二）在争端双方同意将争端交付调解或仲裁之日，具有作为争端一方的国家以外的某一缔约国国籍的任何法人，以及在上述日期具有作为争端一方缔约国国籍的任何法人，而该法人因受外国控制，双方同意为了本公约的目的，应看作是另一缔约国国民。"从实践中来看，作为投资者的法人（公司）的认定主要包括两个重要问题：一是公司国籍；二是外国控制。

一、公司国籍

（一）公司的国籍主要由具体的国际投资条约决定

如果国际投资条约中明确规定了公司的国籍要求，则仲裁庭一般会按照具体规定来判断公司的国籍。如在 Tikios Tokios 诉乌克兰案中，申请人 Tikios To-kios 是一家依据立陶宛法律成立的公司，在与乌克兰发生争端后，申请人依据《立陶宛—乌克兰 BIT》将乌克兰诉至 ICSID。被申请人对申请人的国籍提出了异议，仲裁庭指出《立陶宛—乌克兰 BIT》将投资者界定为："根据立陶宛法律法规在立陶宛境内成立的任何实体"，而且该规定与《ICSID 公约》第 25 （2）条的规定是契合的，因此裁定 Tikios Tokios 公司为立陶宛的投资者。[1] 显然，本案涉及的投资条约将公司成立地作为公司国籍的判断标准，而仲裁庭也严格按照成立地标准对公司的国籍加以判断。

又如《捷克—荷兰 BIT》第 1（b）（ⅱ）条将荷兰的投资者定义为："根据荷兰法律成立的法人"。根据荷兰法律成立的 Saluka 公司作为申请人将捷克诉至 ICSID，捷克对此提出了管辖权异议，其指出 Saluka 公司是由日本国籍的所有人控制的空壳公司，该空壳公司与捷克和荷兰并无真正的联系，从而主张该公司无权获得《捷克—荷兰 BIT》的保护。但是，仲裁庭却指出：仲裁庭行使其管辖权的决定性因素是缔约方在《捷克—荷兰 BIT》中同意仲裁庭管辖权的条款。在条约中缔约方已经确定了有权提起条约仲裁程序申请人的投资者。缔约各方在这一问题上有完全的选择自由，他们选择将有资格的"投资者"限制在《捷克—荷兰 BIT》第 1 条定义的范围内。仲裁庭不能对缔约方施加除他们自己同意以外的"投资者"的定义。条约缔约方同意的定义中规定，作为申请人的投资者是根据荷兰法律成立的法人，仲裁庭不能增加缔约双方本可自行增加但未增加的其他要求。[2]

非 ICSID 仲裁中也通过类似的路径判断公司的国籍。如在 AES 诉阿根廷案中，仲裁庭指出申请人的国籍应根据《美国—阿根廷 BIT》的规定来确定，其第 1（1）（b）条的规定："缔约一方的公司是指根据缔约一方或其政治分支机构的法律及法规合法成立的任何类型的企业、公司、协会、国有企业或其他组织，无论是否为金钱利益组织，也无论是私人或政府所有。"经审理，仲裁庭

---

〔1〕 Tokios Tokelés v. Ukraine, ICSID Case No. ARB/02/18, Decision on Jurisdiction, 29 April 2004, paras. 21-71.

〔2〕 Saluka Investments B. V. v. The Czech Republic, UNCITRAL, Partial Award, 17 March 2006, para. 241.

认为申请人 AES 已令人信服地证明其在美国特拉华州成立，总部位于美国弗吉尼亚州阿灵顿。[1]

　　如果国际投资条约中规定有多个法人国籍的判断标准，则只需要满足其中一个标准，就可证明是合格的投资者。如在 Mobil 诉委内瑞拉案中，委内瑞拉控股公司（荷兰）主张其为一家在荷兰注册成立的实体，因此有权适用《荷兰—委内瑞拉 BIT》。争端双方对此并无异议。但是，委内瑞拉认为，委内瑞拉控股公司（荷兰）的子公司 Mobil CN 控股（特拉华州）、Mobil 委内瑞拉控股（特拉华州）、Mobil CN（巴哈马）和 Mobil 委内瑞拉（巴哈马）是在美国或巴哈马注册成立，不是荷兰国民。因此，被申请人主张，这几家子公司无权适用《荷兰—委内瑞拉 BIT》。申请人则主张委内瑞拉控股公司（荷兰）的这几家子公司由荷兰国民控制，是《荷兰—委内瑞拉 BIT》中规定的实体。仲裁庭指出《荷兰—委内瑞拉 BIT》第 1（b）条规定缔约方的国民应包括："（i）拥有缔约方国籍的自然人；（ii）依据缔约国法律成立的法人；（iii）虽不是根据该缔约国法律成立的法人，但由（i）中定义的自然人或（ii）中定义的法人直接或间接控制。"据此，仲裁庭认为委内瑞拉控股公司（荷兰）拥有其美国和巴哈马子公司 100% 控股权，即这些子公司为根据荷兰法律成立的法人直接或间接的子公司，因此，他们应被看作是根据《荷兰—委内瑞拉 BIT》第 1（b）（iii）条中所规定的荷兰国民。[2]

　　委内瑞拉指出《荷兰—委内瑞拉 BIT》第 1（b）（iii）条与《ICSID 公约》第 25（2）条并不相符。其认为后者排除了公司国籍判断的控制测试使用（the use of the control test）。对该抗辩理由，仲裁庭认为《ICSID 公约》第 25（2）（b）条"另一缔约国国民"规定分为两种情况："（i）在争端双方同意将争端交付调解或仲裁之日，具有作为争端一方的国家以外的某一缔约国国籍的任何法人，（ii）以及在上述日期具有作为争端一方缔约国国籍的任何法人，而该法

　　〔1〕　AES Corporation v. The Argentine Republic, ICSID Case No. ARB/02/17, Decision on Jurisdiction, 26 April 2005, paras. 75-80.

　　〔2〕　Venezuela Holdings, B. V., et al（case formerly known as Mobil Corporation, Venezuela Holdings, B. V., et al.）v. Bolivarian Republic of Venezuela, ICSID Case No. ARB/07/27, Decision on Jurisdiction, 10 June 2010, paras. 150-153.

人因受外国控制，双方同意为了本公约的目的，应看作是另一缔约国国民。"仲裁庭注意到尽管《ICSID 公约》第 25 条对 ICSID 管辖权增设了"外部限制"（outer limits），争端双方只能在这些限制内同意提交 ICSID 仲裁。[1] 但是《ICSID 公约》第 25（2）（b）条第一句话（"在争端双方同意将争端交付调解或仲裁之日，具有作为争端一方的国家以外的某一缔约国国籍的任何法人"）并未施加给法人国籍任何额外标准。因此，《荷兰—委内瑞拉 BIT》的缔约双方可以自由地约定将根据缔约国法律成立的公司以及根据第三方法律成立但却由缔约一方法人控制的公司视为缔约方国民。故《荷兰—委内瑞拉 BIT》与《ICSID 公约》第 25 条相符。

被申请人又提出了委内瑞拉控股公司（荷兰）并不是实际控制其子公司。因为缺少"真实控制"，所以不应适用《荷兰—委内瑞拉 BIT》。仲裁庭援引了《荷兰—委内瑞拉 BIT》的《议定书》，认为该《议定书》是《荷兰—委内瑞拉 BIT》不可分割的一部分。其第 1（b）（iii）条规定："缔约一方可要求援引《荷兰—委内瑞拉 BIT》第 1（b）（iii）条的法人提供这种控制的证据，以获得《荷兰—委内瑞拉 BIT》规定的利益，例如以下证据可被视为可接受：a. 该法人是在缔约另一方领土内设立的法人的关联方；b. 该法人在经济上隶属于另一缔约国领土上的法人；c. 缔约国另一方国民或法人拥有的资本比例，使他们能够行使控制权。"仲裁庭指出：就本案而言，委内瑞拉控股公司（荷兰）拥有其两个美国子公司 100%的股本，而这两个美国子公司又拥有两个巴哈马公司 100%的股本。因此，委内瑞拉控股公司（荷兰）在这些子公司的股本使其有可能对这些子公司实施控制。仲裁庭不必考虑该项控制是否事实上已行使。根据《议定书》第 1（b）（iii）条中 c 款的规定，在任何情况下，这些子公司必须被视为获得《荷兰—委内瑞拉 BIT》规定的利益的荷兰国民。[2]

从 Mobil 诉委内瑞拉案中可知，仲裁庭在认定法人国籍时，一般会根据国

---

〔1〕 Venezuela Holdings, B. V., et al（case formerly known as Mobil Corporation, Venezuela Holdings, B. V., et al.）v. Bolivarian Republic of Venezuela, ICSID Case No. ARB/07/27, Decision on Jurisdiction, 10 June 2010, paras. 154-157.

〔2〕 Venezuela Holdings, B. V., et al（case formerly known as Mobil Corporation, Venezuela Holdings, B. V., et al.）v. Bolivarian Republic of Venezuela, ICSID Case No. ARB/07/27, Decision on Jurisdiction, 10 June 2010, paras. 158-160.

际投资条约中关于法人国籍的规定加以分析。因为《ICSID 公约》第 25（2）（b）条中并无关于法人国籍的额外条件，因此，如果被申请人想基于国际投资条约与《ICSID 公约》的冲突进行抗辩，一般也不会成功。如被申请人提出"控制测试"以及"真实控制"等抗辩理由，如果在国际投资条约中找不到适当的依据，单凭《ICSID 公约》第 25（2）（b）条并不会得到仲裁庭的支持。

二、外国控制

（一）外国控制的同意

《ICSID 公约》第 25（2）（b）条"另一缔约国国民"规定的第二种情况："在争端双方同意将争端交付调解或仲裁之日，……以及在上述日期具有作为争端一方缔约国国籍的任何法人，而该法人因受外国控制，双方同意为了本公约的目的，应看作是另一缔约国国民。"根据该规定，作为争端一方的缔约国国籍的任何法人，因受外国控制，也会被看作是另一缔约国国民，前提是需要双方同意。同意可通过明示的方式作出。如可以在国际投资条约或争端双方达成的合同中作出具体规定，也可以采用更为直接的方式，通过国际投资条约将《ICSID 公约》第 25（2）（b）条直接纳入进来，如《能源宪章条约》（ECT）第 26（7）条："投资者除了有争议方的缔约方国籍的自然人于第（4）款所提书面同意之日及其与缔约方的争议产生前受制于另一缔约方的投资者，应根据《ICSID 公约》第 25（2）（b）条视为另一个'缔约国国民'，并应根据附加便利规则第 1 条（6）视为'另一国国民'。"如果争端双方在合同中明确规定了《ICSID 公约》第 25（2）（b）条中的第二种情形，则仲裁庭一般会将在东道国成立的公司认定为具有另一缔约方国籍。

如果在国际投资条约中进行明确的同意规定，则也会产生外国控制的效果。如在 Micula 诉罗马尼亚案中，作为公司的申请人成立于罗马尼亚，但却由瑞典国民控制。因为《罗马尼亚—瑞典 BIT》第 7（3）条规定："为实现本款和《ICSID 公约》第 25（2）（b）条的目的，争端发生前依该缔约国法律成立且由另一缔约国投资者控制的法人应被视为投资者母国的法人。"仲裁庭认定该规定是《ICSID 公约》第 25（2）（b）条第二种情况的明确同意，因此裁定在罗马尼亚成立的公司具有瑞典国籍。[1]

同意采用明确规定的方式最为稳妥，但是在未能明确规定的情况下，仲裁庭有时也会结合具体的情况裁定适用外国控制的情形。在 Vacuum Salt 诉加纳案中，并无将当地公司视为外国国民的合同。仲裁庭通过援引"示范条款7"指出，如果争端双方能援引外国控制是更好的选择。[2] 但是，仲裁庭指出"因受外国控制"应该有意义和效果。仲裁庭认为1988年《租赁合同》第36（a）条同意仲裁条款的存在，是在自同意仲裁之日起即满足《ICSID 公约》第25（2）（b）条第二种情况中"外国控制"要求的假设之上的。[3]

在实践中，关于国际投资条约或争端双方达成的合同中的具体规定，仲裁庭往往采用较为灵活的处理方式，如在合同中只需要纳入 ICSID 仲裁条款，即被认为是接受了《ICSID 公约》第25（2）（b）条的规定。在 Millicom 诉塞内加尔案中，申请人与被申请人《ICSID 公约》第25（2）（b）条中的外国控制的同意出现了争论。仲裁庭指出《ICSID 公约》第25（2）（b）条（第二种假设）基础上的观点是显而易见的。为了实现在外国投资的目的，在另一缔约国领土内成立一家公司可能是有利的、必需的和必要的。如果坚持对国籍进行严格地和形式上地解释，则不可能诉诸《ICSID 公约》规定的争端解决机制，因为所有合同的缔约方都是同一国家的国民。如果公司实际上被外国利益控制，则保护可能是必要的。这就是为什么在这种情况下，可能需要扩展保护。如果没有这一补充，《ICSID 公约》的主要目的将会落空，因为它将在事实上或法律上剥夺作为当地公司的投资者受保护的权利。因此，受外国控制的公司必须进行宽泛地解释。为了援引《ICSID 公约》第25（2）（b）条，被申请人需要同意受外国控制的当地公司可以提起仲裁。仲裁庭认为被申请人知道申请人受外国控制。仲裁庭指出同意无需任何特殊形式。因此，同意不仅可以是明确的，

---

〔1〕 Ioan Micula, Viorel Micula, S. C. European Food S. A, S. C. Starmill S. R. L. and S. C. Multipack S. R. L. v. Romania, ICSID Case No. ARB/05/20, Decision on Jurisdiction and Admissibility, 24 September 2008, paras. 107-116.

〔2〕 Vacuum Salt Products Ltd. v. Republic of Ghana, ICSID Case No. ARB/92/1, Award, 16 February 1994, para. 31.

〔3〕 Vacuum Salt Products Ltd. v. Republic of Ghana, ICSID Case No. ARB/92/1, Award, 16 February 1994, para. 38.

也可以是默示的。有关国籍的同意可载于相应的投资协定中。根据具体情况，通过其行为证明当事方表示了同意，或者如果不能证明，则其行为证明另一方当事人已确信其同意。《特许合同》第 11 条明确提及了 ICSID 仲裁庭的管辖权。除非同意按照 ICSID 的程序进行仲裁，否则该管辖权将毫无意义。被申请人关于其有意排除向 ICSID 提起仲裁的主张也并未获得仲裁庭的支持，最终仲裁庭裁定其对塞内加尔的行为有管辖权。[1]

（二）"控制"的认定

《ICSID 公约》第 25（2）（b）条中的"外国控制"有宽泛解释的趋势。在控制程度上，往往以"有效控制"为准，并可包含多种因素。如在 Vacuum Salt 诉加纳案中，仲裁庭指出《ICSID 公约》第 25（2）（b）条中的"外国控制"定义有必要设定一个客观标准范围，超过这一标准范围，ICSID 对此将不具有管辖权。[2] 拥有公司股票或参与管理不是控制的唯一表现形式，对外资控制是否存在的界定非常复杂，需要涉及多个因素，如股权参与、投票权和管理权。[3]

在控制层次上，目前还有不同的认定方法。有的仲裁庭仅审查至第一层次即停止。如在 Amco 诉印度尼西亚案中，被申请人印度尼西亚辩称，当地公司 PT Amco 公司并非由申请人所指出的美国国民 AMCO Asia，因为 AMCO Asia 的真正控制者是居住在中国香港地区的荷兰公民谭先生（Mr. Tan），其通过在香港地设立的香港公司实施控制。仲裁庭驳回了被申请人的主张，理由是在判断东道国当地公司的真正控制者时，只需要考虑对当地公司实施控制的第一层次的控制者。因为《ICSID 公约》规定的外国控制仅限于东道国当地公司本身的考量，将控制标准适用于东道国当地公司的控制者的做法与《ICSID 公约》的规定是不一致的。[4]

---

〔1〕　Millicom International Operations B. V. and Sentel GSM SA v. The Republic of Senegal, ICSID Case No. ARB/08/20, Decision on Jurisdiction of the Arbitral Tribunal, 16 July 2010, paras. 108–115

〔2〕　Vacuum Salt Products Ltd. v. Republic of Ghana, ICSID Case No. ARB/92/1, Award, 16 February 1994, para. 36.

〔3〕　Vacuum Salt Products Ltd. v. Republic of Ghana, ICSID Case No. ARB/92/1, Award, 16 February 1994, paras. 43–53.

〔4〕　陈安主编：《国际投资争端案例精选》，复旦大学出版社 2005 年版，第 74–75 页。

　　而有的仲裁庭在审查"外国控制"的控制层次时，倾向于向"更深的"多层次考察。如在 Aguas del Tunari（AdT）诉玻利维亚案中，申请人 AdT 是一家在玻利维亚成立的公司，四家玻利维亚公司和一家乌拉圭公司分别持有其20%的股份，而一家卢森堡公司持有其55%的股份，该卢森堡公司是一家荷兰公司（第一家荷兰公司）的全资子公司，该荷兰公司是另一家荷兰公司（第二家荷兰公司）的全资子公司，而另一家荷兰公司（第二家荷兰公司）由意大利公司和另一家荷兰公司（第三家荷兰公司）分别持有50%的股份，而该另一家荷兰公司（第三家荷兰公司）又是一家美国企业的全资子公司。[1]

　　在投资争端发生后，AdT 根据《荷兰—玻利维亚 BIT》的规定（"依据缔约另一方法律成立的企业，若该企业由一缔约国国民直接或间接控制，则可被视为该国国民"）向 ICSID 提起仲裁申请。[2] 但是被申请人玻利维亚却指出，因为其荷兰母公司是不产生任何控制的空壳公司，所以 AdT 并非荷兰国民。[3]

　　仲裁庭认为《荷兰—玻利维亚 BIT》中"直接地或间接地控制"规定表明，如果一实体具有控制另一实体的法律能力，则可以说该实体控制了另一实体。该法律能力可以参照企业持股比例来决定。对少数股东而言，其控制一实体的法律能力可通过所持股份比例、在文件或协议（公司章程或股东协议）中规定的合法权利或其组合加以确定。仲裁庭指出《荷兰—玻利维亚 BIT》的"直接地或间接地控制"并无最终控制（day-to-day or ultimate control）的要求。[4] 因此，仲裁庭指出因持有 AdT55%的股份，所以卢森堡公司具有控制 AdT 的法律能力，而持有卢森堡公司100%股份的两家荷兰公司则可以间接控制 AdT，并非被申请人所称的空壳公司，因此满足了《荷兰—玻利维亚 BIT》

---

　　〔1〕 Aguas del Tunari, S. A. v. Republic of Bolivia, ICSID Case No. ARB/02/3, Decision on Respondent's Objections to Jurisdiction（English）, 21 October 2005, para. 71.

　　〔2〕 Aguas del Tunari, S. A. v. Republic of Bolivia, ICSID Case No. ARB/02/3, Decision on Respondent's Objections to Jurisdiction（English）, 21 October 2005, para. 80.

　　〔3〕 Aguas del Tunari, S. A. v. Republic of Bolivia, ICSID Case No. ARB/02/3, Decision on Respondent's Objections to Jurisdiction（English）, 21 October 2005, paras. 85, 206-209.

　　〔4〕 Aguas del Tunari, S. A. v. Republic of Bolivia, ICSID Case No. ARB/02/3, Decision on Respondent's Objections to Jurisdiction（English）, 21 October 2005, para. 264.

的要求。[1]

　　有学者指出，国际投资条约中关于"外国控制"的规定来源于巴塞罗那公司案。在该案中，国际法院裁定依据一国法律成立的公司在其股份的相当大比例被另一国国民持有时，另一国可以对该公司给予外交保护。[2] 虽然该判决针对外交保护，但却对国际投资条约产生了较大影响，进而出现了所谓的巴塞罗那条款（Barcelona Traction Clauses），即将"控制"作为公司国籍判断的一个标准。近年来，越来越多的国际投资条约通过纳入"控制"标准，从而涵盖直接和间接投资，并出现了扩展仲裁庭属人管辖权的趋势。[3] 但是对"间接控制"到底审查到多少层尚缺少统一标准，"最终控制"标准是否适用以及在什么情况下适用，还需要进一步考察。

---

　　[1]　Aguas del Tunari, S.A. v. Republic of Bolivia, ICSID Case No. ARB/02/3, Decision on Respondent's Objections to Jurisdiction (English), 21 October 2005, paras. 315-323.

　　[2]　Barcelona Traction Light Power Company Limited (Belgium v. Spain), (second phase), Judgment of 5 February 1970, 7 (ICJ Rep. 1970).

　　[3]　Panayotis M. Protopsaltis, "The Challenge of the Barcelona Traction Hypothesis: Barcelona Traction Clauses and Denial of Benefits Clauses in BITS and IIAs", Volume 11, Issue 4, *The Journal of World Investment & Trade* 561, 578 (2010).

第二章　属物管辖权

国际投资仲裁中的属物管辖权（Rationae Materiae Jurisdiction，Subject-matter Jurisdiction）主要包括"投资"的认定和争端的法律性质，以及投资与争端的关系问题。其中核心是"投资"的认定问题。

国际投资仲裁中的属物管辖权大致可从 ICSID 仲裁庭的属物管辖权和非 ICSID 仲裁庭的属物管辖权两个方面加以考察。后者相对简单，主要根据案件涉及的国际投资条约的具体规定进行分析，而一般不需再考虑其他规定。而前者就相对复杂，不仅涉及具体国际投资条约的规定，而且还涉及《ICSID 公约》的相关规定。如 Bridgestone 诉巴拿马案中，仲裁庭指出：《ICSID 公约》第 25 条规定了与中心（属物）管辖权有关的两项要求：其一，必须存在投资，这是一项事实要求。它的最终裁决不取决于申请人的主张，而取决于仲裁庭根据证据确定的事实立场。其二，争端必须直接因投资产生。仲裁庭必须考虑争端与 BSAM（本案的其中一个申请人）的投资间的关系。[1] 从该案仲裁庭的观点来看，ICSID 仲裁庭的属物管辖权涉及两个重要因素：一是投资；二是投资与争端的联系。而如果仔细分析《ICSID 公约》第 25 条和相关案件，实际上，IC-SID 仲裁庭的属物管辖权还可能涉及"争端的法律性质"的认定问题。

在 ICSID 仲裁中，对投资的认定一般有三种路径：一是条约标准路径，即通过国家之间签订具体的国际投资条约中的具体规定。二是客观标准路径，即《ICSID 公约》第 25 条第 1 款中投资的客观标准。三是"双锁孔路径"（double keyhole approach），即同时考虑条约标准和客观标准。以上将分别在第一节、

---

〔1〕　See Bridgestone Licensing Services, Inc. and Bridgestone Americas, Inc. v. Republic of Panama, ICSID Case No. ARB/16/34, Decision on Expedited Objections, 13 December 2017, para. 237.

第二节和第三节进行分析。在非 ICSID 仲裁中，主要通过条约标准路径来认定投资，其也将在第一节中提及。而关于属物管辖权涉及的"争端的法律性质"以及"投资与争端的关系"问题将在第四节"其他问题"中加以分析。

第一节　"投资"认定的条约标准

一、国际投资条约中的"投资"定义

世界上并不存在统一的投资定义。国际投资条约中的投资定义更是"五花八门"。经总结，大致分为三种类型：一是以资产为基础的定义路径（asset-based definition approach）；二是以企业为基础的定义路径（enterprise-based definition approach）；三是以交易为基础的定义路径（transaction- based definition approach）。[1] 相比较而言，第一种定义类型较为常见，其具体可分为宽泛的和狭义两种路径。宽泛路径一般采用概括描述和分类列举相结合的方式。因为采用了"包括但不限于"的措辞，所以这种列举并非穷尽式的，而是具有相当的开放性。宽泛路径的显著特点是对投资的界定几乎没有任何限制。实践中很少有条约采用这一路径。狭义路径一般也采用概括描述和分类列举相结合的方式，但其中却有明显的限制条件。如"必须符合东道国法律"的限制等，中国对外缔结的投资条约大多采用这种路径，如 2005 年签订的《中国—葡萄牙 BIT》就采用这一路径对投资进行界定："投资"一词系指一方投资者在另一方领土内直接或者间接投入的各种财产，特别是，包括但不限于：（一）动产和不动产以及其他财产权利如抵押权和质押权；（二）公司的股份、债券、股票或其他形式的参股；（三）金钱请求权或其他具有经济价值的行为请求权；（四）知识产权，特别是著作权、专利和工业设计、商标、商名、工艺流程、商业秘密、专有技术和商誉；（五）法律授予、法律允许依合同授予或者政府

---

〔1〕 UNCTAD：Scope and Definition，http：//unctad. org/en/Docs/psiteiitd11v2. en. pdf. 詹晓宁、葛顺奇：《国际投资协定：投资和投资者的范围和定义》，载《国际经济合作》2003 年第 1 期。

有权部门通过行政法令授予的商业特许权，包括勘探、耕作、提炼或开发自然资源的特许权；（六）在一方境内根据其法律法规，按照租赁协议置于承租人支配之下的货物。作为投资的财产发生任何形式上的变化，不影响其作为投资的性质，只要该变化符合接受投资一方的法律法规。

又如 1988 年签订的《中国—澳大利亚 BIT》中规定："投资"系指各种资产，为缔约一方的国民所拥有、控制或投入，并为缔约另一方依照其随时适用的法律和投资政策所接受，包括：①有形和无形财产，包括权利，例如抵押权、留置权、质权；②公司、股票、在公司的其他利益或在该公司财产中的利益；③对金钱的请求权或有经济价值的行为请求权；④知识产权和工业产权，包括与版权、专利、商标、商名、工业设计、贸易秘密、专有技术和商誉有关的权利；⑤法律或法律允许按照合同赋予的任何权利，包括从事农业、林业、畜牧业、渔业的权利，勘探、开采或开发自然资源的权利以及制造、使用和销售产品的权利；和⑥用于再投入的收益。投资或再投资财产形式上的任何变化都不应影响其作为投资的性质。

尽管措辞不同，前者采用"符合接受投资一方的法律法规"，而后者采用"为缔约另一方依照其随时适用的法律和投资政策所接受"，但是两者实现的效果是一致的。

近些年来，狭义路径被很多投资条约接受，其中的限制条件有逐渐增多的趋势。有的条约采用排除方式对不属于投资的情况进行列举，如 2018 年签订的《美国—墨西哥—加拿大协定》中第 14.1 条规定：投资是指投资者直接或间接拥有或控制的具有投资特征的每项资产，包括资本或其他资源的承诺、预期收益或利润或风险承担等特征。投资可包括：（a）企业；（b）参股企业的股份、股票和其他形式的股权；（c）债券、债权证、其他债务工具及贷款；（d）期货、期权及其他衍生工具；（e）交钥匙、施工、管理、生产、特许权、收入分成和其他类似合同；（f）知识产权；（g）根据一方法律授予的许可、授权、许可和类似权利；和（h）其他有形或无形、动产或不动产，以及相关的财产权利，如留置权、抵押、质押和租赁，但投资并不指：（i）在司法或行政诉讼中作出的命令或判决；（j）仅由以下原因引起的索赔：（1）在一方当事人领域内的自然人或者企业向另一方当事人领域内的企业销售货物或者服务的商业合同，或者（2）与（j）（i）项所指的商业合同有关的信用证延期。

还有条约直接对投资本身施加限制条件，如 2005 年《中国—德国 BIT》规定"为了避免歧义，缔约双方议定第 1 条所指的'投资'，系指为了与企业建立持续的经济关系，尤其是那些能够对企业的管理产生有效影响的投资"。

正是因为投资定义的多样性，所以在 ISDS 实践中应该注重结合案情分析涉及条约中的具体规定，现阶段概括性地、泛泛地分析投资定义并无太大意义。下面结合相关案例阐述投资的具体认定。

二、投资条约标准的"投资"认定

非 ICSID 仲裁实践中，仲裁庭主要根据投资条约中的具体规定来判断是否构成投资。如在 Petrobart 诉吉尔吉斯斯坦案中，仲裁庭需要决定不涉及资金转移或作为企业资本的财产的凝析气销售（the sale of gas condensate）合同是否构成《能源宪章条约》（ECT）项下的投资。仲裁庭指出：投资并无统一定义，含义也各不相同。虽然投资一般被认为是以获得收入为目的、用作公司或企业活动的财务基础的资本或财产，但是在投资条约中还是存在着更为广泛的定义。因此，必须依据《维也纳条约法公约》第 31（1）条对特定的投资条约中的投资加以分析。显然，当具体的投资条约中有投资定义时，仲裁庭应对该特定定义进行解释。为了确定 Petrobart 交付货物的付款权是否构成投资，仲裁庭认为应该根据 ECT 第 1（6）（c）条和第 1（6）（f）条。ECT 第 1（6）（c）条涵盖了根据具有经济价值和与投资有关的合同提出的履行和金钱诉求；第 1（6）（f）条涉及由法律或合同或在能源部门从事任何经济活动的任何许可证和许可证所授予的任何权利。第 1（5）条将"能源领域的经济活动"界定为"与勘探、开采、精炼、生产、储存、陆路运输、传输、分销、贸易、营销或销售能源材料和产品有关的经济活动"。据此，仲裁庭认为，合同赋予的从事与天然气销售有关的经济活动（包括为此类销售支付款项）的权利构成 ECT 所规定的投资。[1]

---

〔1〕　See Petrobart Limited v. The Kyrgyz Republic, SCC Case No. 126/2003, Arbitral Award, 29 March 2005, pp. 69-72.

又如，在 Pope & Talbot 诉加拿大案中，申请人对《加拿大—美国软木木材协议》的实施以及根据该协议分配的出口配额提出了质疑，并主张被申请人加拿大违反《北美自由贸易协定》。被申请人认为"软木木材"不是"投资"，与货物贸易有关的争议应根据《北美自由贸易协定》第 20 章（"机构安排与争端解决程序"）加以审理。而仲裁庭则认为，申请人所主张的对《北美自由贸易协定》的违反，涉及并损害了《北美自由贸易协定》第 11 章中的"投资者"或其"投资"。仲裁庭认为因为并不存在将投资与货物贸易完全分开的明确规定，所以如果申请人主张的事实真实，则其对此具有管辖权。[1]

再如在 Eureko B. V. 诉波兰案中，申请人 Eureko 将由波兰保险公司私有化所引发的争端提交仲裁庭，主张被申请人波兰违反了《荷兰—波兰 BIT》。Eureko 认为其拥有的 Powszechny laklad Ubezpieczen S. A（PZU，是波兰一家国有独资保险公司）20% 的股份以及从这些股份中获得的权利，即公司治理权和在特定条件下获得公司额外股份的权利构成《荷兰—波兰 BIT》中的投资。仲裁庭指出《荷兰—波兰 BIT》第 1 条中规定的投资范围非常广泛，包括从公司合资企业的股份、债券和其他利益中获得的权利，对金钱和其他资产以及具有经济价值的履行的权利，根据合同授予的开展经济活动的权利等。仲裁庭依次审查了 Eureko 从其在 PZU 的股份中获得的不同权利，并考虑了这些权利是否构成《荷兰—波兰 BIT》中的投资。最终，仲裁庭认为，授予 Eureko 公司治理权是投资的一个关键要素，这项授予具有一定的经济价值，有权得到保护，构成《荷兰—波兰 BIT》中的投资。[2]

除了上述认定构成投资的案件外，也有认定不构成投资的案件。如在 William Nagel 诉捷克案中，仲裁庭先要确定申请人是否拥有构成 1990 年《英国—捷克 BIT》中投资的资产。根据《英国—捷克 BIT》第 1（1）条，对金钱诉求或具有金融价值的合同中履行均包括在投资定义中。通过对合作协议条款加以审查，仲裁庭认为合同项下的基本承诺是双方应共同努力以取得许可证。而只有在有充分根据或至少在未来创造了一个合理的履行预期时，一项诉求才有经

---

〔1〕　See Pope & Talbot Inc. v. The Government of Canada, UNCITRAL, Preliminary Tribunal Awards, 1 January 2000, para. 26.

〔2〕　Eureko B. V. v. Republic of Poland, Partial Award, 19 August 2005, paras. 135-145.

济价值。在仲裁庭看来，因为没有且也不能保证会获得许可证，所以申请人仅仅获得交易的前景，而未达到具有金融价值的合理预期的水平。因此，仲裁庭认定申请人并不拥有构成 1990 年《英国—捷克 BIT》中投资的资产。[1]

第二节　"投资"认定的客观标准

《ICSID 公约》第 25 条规定："……直接因投资而产生并经双方书面同意提交给中心的任何法律争端。"其中"投资"并未进行界定，《执行董事关于〈ICSID 公约〉的报告》指出："公约并不打算对作为争端双方同意的重要因素投资一词进行定义，如果他们愿意，他们将考虑或不考虑将某些争端提交中心。"正是因为《ICSID 公约》采取的这种不界定的方式，导致了在实践中仲裁庭总是试图对《ICSID 公约》第 25 条的"投资"加以界定，这种界定往往并不受案件涉及的国际投资条约中的"投资"定义的限制，于是就出现了所谓的"投资"客观标准。

"投资"的客观标准主要是指 Fedax/Salini 标准（Fedax/Salini Criteria）[2]。该标准主要有三个来源：一是来自《ICSID 公约》的准备资料（travaux préparatoires）；二是学者的观点或评论；三是来自于案例。

第一，《ICSID 公约》的准备资料。世界银行工作人员的初步建议是"第一节（1）"中规定"中心的管辖权应该限于缔约国与另一缔约国的国民之间的争端，且应基于同意"。"第一节（3）"中规定："除争端双方同意外，中心对截止争端提交时低于等值 100 000 美元的诉求的争端不行使管辖权。""关于（3）"中的评论是："第（3）段对提交中心的诉求施加了金钱的限制。仲裁不

〔1〕　William Nagel v. The Czech Republic, SCC Case No. 049/2002, Final Award, 9 September 2003, paras. 286-335.

〔2〕　Chester Brown & Kate Miles ed. , *Evolution in Investment Treaty Law and Arbitration*, Cambridge University Press, 2011, pp. 42-64.

是廉价的程序，如果诉求的数量低于 100 000 美元则不能诉诸仲裁。"〔1〕

《ICSID 公约》第 25（1）条的第一稿（the First Draft）规定："中心管辖权适用于缔约国与另一缔约国国民之间与任何投资有关或由任何投资引起的，经争端双方同意提交中心的所有法律争端。" 其进一步对投资进行了规定："投资是指不确定期限的任何金钱的投入或其他有经济价值的资产，如果期限是确定的，则不应低于 5 年。"〔2〕 世界银行秘书处（Bank's Secretariat）后来也试图对投资予以定义："投资一词是指（1）设立财产权或合同权（包括特许权）。"

第二，学者的观点或评论。这个主要是克里斯托弗·朔伊尔（Christoph Schreuer）对投资的界定，其指出：《ICSID 公约》中的"投资"应该具有的五个特征：一是项目持续一定期限，二是定期的利润和回报，三是有一定的风险，四是实质性承诺，五是对东道国发展有意义。但是，克里斯托弗·朔伊尔也强调了这些特征并不是管辖权要求所必需，而仅是《ICSID 公约》中投资的典型特征。〔3〕 克里斯托弗·朔伊尔关于特征的描述，不断地被后来案件的仲裁庭援引。

第三，案例渊源。最早涉及投资客观标准（又称 ICSID 投资外部限制标准）的案件是 Fedax 案，仲裁庭指出 "依据《公共信用法》发行的本票（promissory notes）的状态也非常重要，因为作为一种投资，不仅仅是一种短期、即时性金融安排，如像流动资金一样，伴随着投资的快速收益后迅速撤资。投资的基本特征包括一定的期限（a certain duration）、定期的利润和回报（a certain regularity of profit and return）、自负风险（assumption of risk）、实质性承诺（substantial commitment）、对东道国发展有意义（a significance for the host State's development）。本案中投资的期限符合《公共信用法》关于合同需要延

---

〔1〕 ICSID，History of the ICSID Convention：Documents Concerning the Origin and the Formulation on the Settlement of Investment Disputes Between States and Nationals of Other States，Vol. 2-1，pp. 33-34，cited in Malaysian Historical Salvors, SDN, BHD v. The Government of Malaysia，ICSID Case No. ARB/05/10, Decision on the Application for Annulment, 16 April 2009，para. 64.

〔2〕 ICSID，*History of the ICSID Convention*：*Documents Concerning the Origin and the Formulation on the Settlement of Investment Disputes between States and Nationals of Other States*，Volume1，p. 116.

〔3〕 Christoph H. Schreuer et al. (eds.)，*The ICSID Convention*：*A Commentary*，2nd ed.，Cambridge University Press, 2009，p. 140.

续超过一个财务年的要求。几年期的利息回报安排也满足定期的利润和回报要求。承诺资本数量（the amount of capital committed）是相对实质性的。存在一定的风险。最为重要的是，根据《公共信用法》的要求而公布恰当的金融工具使该交易和东道国的发展存在明显的关系。因此，结合本案的具体事实，该交易满足投资的基本特征"。[1]

后来的 Salini 案中重申了 Fedax 案中提出的四个因素，并对它们之间的关系作出了界定。仲裁庭指出："ICSID 案例法和法学家同意须将投资要求（investment requirement）作为中心管辖的一个客观标准（objective condition）。"[2] "通说认为投资应具备的条件：投入（出资）（contributions）、合同履行的一定期限（a certain duration of performance of the contract）、承担一定的风险（a participation in the risk of the transaction）、根据《ICSID 公约》前言的投资对东道国经济发展的贡献（the contribution to the economic development of the host State of the investment）。这些标准是相互依赖的：交易的风险依赖投入及合同履行的期限。虽然仲裁庭基于推理的原因分别考虑这些标准，但是它们实际上应该被全面地（globally）加以评估。"[3] 这在理论和实践中被称之为 "Salini 测试"（Salini test）。

"Salini 测试"被很多案件在界定 "投资" 时援引，其中有持肯定态度的，也有持否定态度的。如 Jan de Nul N. V. 诉埃及案中，仲裁庭严格采用了 Salini 标准。[4] 除严格采用 Salini 标准外，还有仲裁庭主张在 Salini 标准基础上增加新的标准。如 Phoenix Action Ltd. 诉捷克案中，仲裁庭新增加了两个标准：投

---

〔1〕 Fedax N. V. v. The Republic of Venezuela, ICSID Case No. ARB/96/3, Decision of the Tribunal on Objections to Jurisdiction, 11 July 1997, para. 43. 实际上，案中所叙述的投资标准，来自于 Christoph H. Schreuer et al. (eds.), *The ICSID Convention: A Commentary*, 2nd ed., Cambridge University Press, 2009, pp. 355-358.

〔2〕 Salini Costruttori S. p. A. and Italstrade S. p. A. v. Kingdom of Morocco, ICSID Case No. ARB/00/4, 31 July 2001, para. 52

〔3〕 Salini Costruttori S. p. A. and Italstrade S. p. A. v. Kingdom of Morocco, ICSID Case No. ARB/00/4, 31 July 2001, para. 52

〔4〕 Jan de Nul N. V. and Dredging International N. V. v. Arab Republic of Egypt, ICSID Case No. ARB/04/13, Decision on Jurisdiction, 16 July 2006, paras. 91, 96.

资者应该符合东道国法律和善意。[1]

有的仲裁庭主张在 Salini 标准上消减第四个标准（投资对东道国经济发展的贡献）。如 Victor Pey Casado and President Allende Foundation 诉智利案中，仲裁庭采用了 Salini 标准前三个标准来确定是否构成《ICSID 公约》中的"投资"，其认为促进经济发展仅是投资希望达到的结果，而并非判断投资的标准。[2] 又如 Quiborax 诉玻利维亚案中，仲裁庭认为对东道国经济发展的贡献不是投资的条件，而仅是投资的结果，不能作为判断投资的客观标准。[3]

对 Salini 标准持否定态度的较有代表性的案件是 Biwater 诉坦桑尼亚，该案仲裁庭对投资的客观标准进行了全面驳斥。仲裁庭指出所谓投资标准是来源于 Fedax 案，并在 Salini 案中得以知名的五个标准（Salini 标准，Salini Criteria）：持续；风险；利润和回报；实质性出资；对东道国发展的意义。仲裁庭认为 Salini 标准的适用并没有基础。这些标准并未在《ICSID 公约》中出现，也不具有法律的强制性。一个未在《ICSID 公约》中出现的投资定义，却被适用于实践的案例中，这一点是值得怀疑的。而且，Salini 测试本身是有问题的。如果 Salini 测试的五个"典型特征"（typical characteristics）成为固定和僵化的测试标准，则会将很多交易排除在《ICSID 公约》之外。而这些交易却很有可能在相关国家缔结具体的国际法律文件（诸如双边投资条约）中被认定为投资。

因此，仲裁庭认为依据《ICSID 公约》设立的仅适用于所有公约缔约国所设想的投资种类的特殊和优先安排绝不会成为一个优先适用所有案件中的固定或自治的投资定义，因为该缔约国所设想的投资种类事实上正是他们有意未界定的投资定义，而且是容易受到协定的影响的。仲裁庭认为考虑 Salini 案中所认同的特征，同时结合案件的各种情况，包括含有同意提交 ICSID 仲裁的法律文件中的性质，是关于界定投资定义的一个更为灵活和实用主义的恰当路径。

〔1〕 Phoenix Action, Ltd. v. The Czech Republic, ICSID Case No. ARB/06/5, 15 April 2009, Award, paras. 114-115.

〔2〕 Victor Pey Casado and President Allende Found. v. Republic of Chile, ICSID Case No. ARB/98/2, May 8, 2008, para. 232.

〔3〕 Quiborax S. A., Non Metallic Minerals S. A. and Allan Fosk Kaplún v. Plurinational State of Bolivia, ICSID Case No. ARB/06/2, ICSID Case No. ARB /06 /2, Decision on Jurisdiction, 27 September 2012, paras. 220, 222.

仲裁庭注意到近些年来已经有很多仲裁庭通过援引争端方的协议来界定投资定义，而不采用 Salini 测试中的严苛自治的投资定义。因此，仲裁庭最终认为即使坦桑尼亚证明了所有 Salini 标准都未满足，也不能必然否认管辖权。[1]

二、MHS 诉马来西亚案管辖权裁决对"客观标准"的适用

（一）案件事实[2]

1817 年 3 月驶往印度的"戴安娜"号英国商船在现在马来西亚的领海区域内沉没，船上载有大批中国瓷器。1991 年 8 月 3 日，海上打捞公司马来西亚历史打捞公司（以下简称 MHS）与马来西亚政府达成一份提供"戴安娜"号船的位置和货物的打捞合同。

MHS 同意根据合同"调查、鉴定、分类、研究、恢复、保存、鉴定、贸易、出售/拍卖沉船及其内货物，以及对其进行科学调查和打捞"。合同规定，上述工作的唯一目的是考古和历史遗产研究。政府和打捞方拥有出版和知识产权，但政府不得在商业上利用这些权利，除非将这些权利用于宣传教育、旅游、博物馆、文化历史等领域。

该合同以"无成果无报酬"的惯例为基础，即搜寻和打捞作业的所有费用及风险将由 MHS 承担，而打捞成果的所有权属于马来西亚政府，并由马来西亚政府向 MHS 支付所获成果价值的一部分。该支付主要以合同中规定的服务费的形式给予，包括拍卖所得总额的 70%，加上未拍卖物品的估价。马来西亚政府保留从拍卖中收回"国家博物馆有兴趣进行研究和展览的物品"的权利，条件是 MHS 应取得这些被收回物品所能获得的最高价值。

MHS 经过近四年的搜寻和打捞工作找到了船只残骸，并成功打捞约 24 000 件瓷器。1995 年 3 月，部分瓷器在阿姆斯特丹的克里斯蒂（Christie's）拍卖行以总共约 288 万美元的价格被拍卖，许多被打捞起来的中国古代瓷器被陈列在马来西亚国家博物馆。

---

〔1〕 Biwater Gauff（Tanzania）Ltd. v. United Republic of Tanzania, ICSID Case No. ARB/05/22, A-ward, 24 July 2008, paras. 309-322.

〔2〕 See Malaysian Historical Salvors, SDN, BHD v. The Government of Malaysia, ICSID Case No. ARB/05/10, Award on Jurisdiction, 17 May 2007, paras. 1-18.

MHS 声称，根据合同其有权获得拍卖成交金额的 70%。而实际上其仅收到了 120 万美元（即克里斯蒂拍卖行出售所得金额的 40%）。MHS 还指称，马来西亚政府拒绝出售价值超过 40 万美元的打捞物品，并且没有向 MHS 支付所获得的这些物品的最高价值的份额。

2004 年 9 月 30 日，MHS 向国际投资争端解决中心提出仲裁请求。

（二）争论焦点

双方争论的焦点问题是：打捞合同是否属于"投资"。

（三）仲裁庭推理

仲裁庭指出应从《英国—马来西亚 BIT》和《ICSID 公约》两个角度来判断打捞合同是否构成"投资"。[1] 仲裁庭首先选择了从《ICSID 公约》中"投资"的角度分析。[2]

1. 利润和回报的规律性

仲裁庭首先考虑了 Joy Mining 案中所引用"投资"特征（hallmark），即利润和回报必须有规律性。尽管朔伊尔教授提及过，但 Salini 测试中并无该特征。仲裁庭认定本案并无利润和回报的规律性，但其还是接受了申请人的意见，认为该特征对投资的确定并无决定性意义。

2. 投入

该特征在本案中并无争议，在被申请人未支付任何现金或其他经济援助的情况下，申请人以设备、专有技术或人员的形式或全部履行合同的方式，花费了自有资金。仲裁庭认为尽管投入数额不能与 Salini 案、Bayindir 案、Jan de Nul 案以及 Joy Mining 案中投入的数额相比，但是申请人在金钱、实物和工业上均进行了投入。

3. 合同持续的时间

本案打捞合同持续了近四年，因此，它符合 Salini 案所讨论的最短时间 2-5 年。但是合同约定的初始期限是 18 个月，因为偶然因素，合同得以延长。投

---

〔1〕 See Malaysian Historical Salvors, SDN, BHD v. The Government of Malaysia, ICSID Case No. ARB/05/10, Award on Jurisdiction, 17 May 2007, para. 55.

〔2〕 See Malaysian Historical Salvors, SDN, BHD v. The Government of Malaysia, ICSID Case No. ARB/05/10, Award on Jurisdiction, 17 May 2007, paras. 108-145.

资的"持续时间"特征方面要既涉及"数量"的要求，又涉及"质量"要求（"投资对东道国的贡献"）。所以尽管从"数量"方面看符合了时间特征，但是从"质量"方面来看，可能需要结合"投资对东道国的贡献"加以判断。

4. 合同承担的风险

申请人应承担所有风险。从"无成果无报酬"的约定来看，本案涉及的打捞合同应属于《ICSID 公约》第 25（1）条所指的"投资"。但是，申请人并未提供任何令人信服的理由，说明合同项下承担的风险并非正常商业风险。根据 ICSID 的实践和法理，普通的商业合同不能被视为"投资"。虽然申请人所承担的风险在"量"上满足了风险特征，但是该风险并非 ICSID 实践和法理上所承认的风险特征。因此，仲裁庭认为申请人只是在表面上满足了 Salini 投资特征，是否真正构成投资，需要更多地考虑其他投资特征。

5. 东道国经济发展

仲裁庭在通过对之前案例进行分析的基础上指出，就目前的事实而言，根据《ICSID 公约》，该打捞合同必须对被申请人的经济发展作出重大贡献才能构成"投资"。

申请人于 2006 年 12 月 7 日提交了打捞合同对东道国发展贡献的说明文件。申请人认为尽管与电力、石油勘探公司或公路建设商的投入相比，其投入可能很小，但打捞合同中的投入是打捞行业中最大的（至少 380 万美元）。

仲裁庭并不认可申请人 2006 年 12 月 7 日说明文件中打捞合同中的投入是打捞行业中最大的主张。因为根据《ICSID 公约》，确定合同是否为"投资"的参考框架不能取决于该合同是否是其特定行业内有史以来最大的投资。为了确定这项合同是否是一项"投资"，必须评估其对东道国马来西亚经济的总体贡献。

仲裁庭认为，即使接受申请人在 2006 年 12 月 17 日提交文件中的证据，该打捞合同也没有对马来西亚的经济发展作出任何重大贡献。仲裁庭认为，虽然打捞合同确实为马来西亚提供了一些好处，但它们对马来西亚的经济发展没有作出足够的贡献，不符合《ICSID 公约》第 25（1）条或《英国—马来西亚 BIT》第 1（a）条所述的"投资"的目的。仲裁庭的结论是打捞合同无实质性的贡献，因为打捞合同向马来西亚提供的利益的性质并非 ICISD 之前法理中的实质性利益。

打捞合同提供给马来西亚的利益与 CSOB、Jan de Nul 和 Bayindr 提供的利益性质不同。打捞合同产生的利益与普通服务合同履行地的利益并无区别。从公共基础设施或银行基础设施项目的角度来看，打捞合同产生的利益并不持久。历史上海洋打捞合同可能导致旅游业繁荣的说法似乎是推测性的。相比之下，CSOB 案、Jan de Nul 案以及 Bayindir 案中公共基础设施或银行基础设施项目却极有可能促进东道国积极的经济发展。

（四）最终结论[1]

仲裁庭得出结论：该打捞合同不是《ICSID 公约》第 25（1）条所指的"投资"。因此，申请人的诉求因缺乏管辖权而被驳回。

尽管该仲裁庭从一开始即提出应从《英国—马来西亚 BIT》和《ICSID 公约》两个角度来判断打捞合同是否构成"投资"，但是仲裁庭却"人为"地选择了首先从《ICSID 公约》角度来分析。因此，在得出该打捞合同不是《ICSID 公约》第 25（1）条下的"投资"的结论后，仲裁庭"被迫"认定其在本案中缺乏管辖权。因此，无需讨论打捞合同是否为《英国—马来西亚 BIT》下的"投资"。

综上，该案仲裁庭仅通过《ICSID 公约》第 25（1）条下的"投资"的"客观标准"来对打捞合同是否构成"投资"予以分析，并基于此得出了最终结论。

第三节　"投资"认定的"双锁孔路径"

一、"双锁孔路径"及其适用

在 ICSID 仲裁案件中，[2] 投资的认定一般需要通过涉及的具体国际投资条

---

　　〔1〕　See Malaysian Historical Salvors, SDN, BHD v. The Government of Malaysia, ICSID Case No. ARB/05/10, Award on Jurisdiction, 17 May 2007, paras. 146-148.

　　〔2〕　本部分中提及的投资仲裁案件如无特别说明均指基于条约的案件（treaty-based case）。

约的投资定义和《ICSID 公约》第 25 条双重检测，即所谓的"双锁孔路径"
（double keyhole approach）。如 Salini 案中，仲裁庭指出："本仲裁庭的管辖权决
定于《ICSID 公约》和 BIT 所规定的投资存在。"[1] 又如 CSOB 诉斯洛伐克案
中，仲裁庭指出："必须适用双重测试（two-fold test）来确定本仲裁庭是否有
能力考虑诉求的实体事项：是否该争端是由《ICSID 公约》中的投资所引起的
争端，以及如果是，是否是与有关双方同意 ICSID 仲裁所定义的［双方所援引
的 BIT 及该 BIT 第 1（1）条所定义的］投资的争端"[2]。再如在 Bridgestone
Licensing Services 等诉巴拿马案中，争端双方争论的一个焦点问题是商标的使
用许可是否属于投资。关于此，仲裁庭采用了"双锁孔路径"［即一方面从
《贸易保护条约》（TPA）第 10 章第 29 条的投资进行分析，另一方面又从
《ICSID 公约》第 25 条第 1 款中的"投资"入手进行分析］，最终认定了商标的
适用权属于"投资"。[3]

　　因此，"投资"定义除了需要结合具体的投资条约内容加以认定外，《IC-
SID 公约》第 25 条就成了另外一个重要（甚至可以说是必不可少的）因素。
在投资仲裁实践中，投资条约中的"投资"定义与通过《ICSID 公约》中投资
的客观标准都具有重要作用。[4] 两种路径之间的差异可能是学术性的。实践
中，这些差异不太可能对仲裁庭的最终裁决产生重大影响，而且在确定是否存
在第 25（1）条中的"投资"时，ICSID 仲裁庭倾向于采用经验方法而非理论
方法。[5]

---

〔1〕 Salini Costruttori S. p. A. and Italstrade S. p. A. v. Kingdom of Morocco［I］, ICSID Case No. ARB/
00/4, 31 July 2001, para. 44

〔2〕 Ceskoslovenska Obchodni Banka, A. S. v. The Slovak Republic, ICSID Case No. ARB/97/4, Deci-
sion of the Tribunal on Objections to Jurisdiction, 24 May 1999, para. 68.

〔3〕 See Bridgestone Licensing Services, Inc. and Bridgestone Americas, Inc. v. Republic of Panama, IC-
SID Case No. ARB/16/34, Decision on Expedited Objections, 13 December 2017, paras. 153-222.

〔4〕 Mahnaz Malik, Definition of Investment in International Investment Agreements, https://
www. iisd. org/sites/default/files/publications/best_ practices_ bulletin_ 1. pdf, pp. 5-10.

〔5〕 See Malaysian Historical Salvors, SDN, BHD v. The Government of Malaysia, ICSID Case No. ARB/
05/10, Award on Jurisdiction, 17 May 2007, paras. 105-106.

二、MHS 诉马来西亚案撤销裁决对"双锁孔路径"的适用

（一）案件事实[1]

Malaysian Historical Salvors 诉马来西亚案中仲裁庭（独任仲裁员）作出驳回管辖权裁决后，申请人根据《ICSID 公约》第 52（1）（b）条，于 2007 年 9 月 7 日提出撤销原裁决的申请。争端双方就原仲裁庭是否超越其权力进行了辩论。

（二）撤销委员会的推理[2]

根据《维也纳条约法公约》第 32 条的规定，《ICSID 公约》第 25（1）条中的"投资"是"意义仍属不明或难解"时，得使用解释之补充资料，包括条约之准备工作及缔约之情况在内。

本案中的"投资"同时出现在《ICSID 公约》第 25（1）条以及《英国—马来西亚 BIT》中，撤销委员会首先从后者入手进行考察。《英国—马来西亚 BIT》第 1 条将投资定义为：

（1）（a）"投资"是指各种资产，特别是，包括但不限于：

......

（ii）公司的股份、股额及债权证或该等公司的财产权益；

（iii）对金钱或对具有经济价值的合同项下的任何履行的索赔；

（iv）知识产权……；

（v）根据合同授予的商业特许权……

马来西亚政府与马来西亚历史打捞公司间的打捞合同是一种资产；政府和打捞方之间的争议涉及金钱的诉求和具有经济价值的合同项下的履行；合同涉及知识产权；授予打捞权可以被视为依据合同的商业特许权。

根据《英国—马来西亚 BIT》的定义及目的，打捞合同属于投资。审理本案管辖权的独任仲裁员却忽视了该路径的认定，排他性地选择了根据《ICSID

---

〔1〕 See Malaysian Historical Salvors, SDN, BHD v. The Government of Malaysia, ICSID Case No. ARB/05/10, Decision on the Application for Annulment, 16 April 2009, paras. 24-55.

〔2〕 See Malaysian Historical Salvors, SDN, BHD v. The Government of Malaysia, ICSID Case No. ARB/05/10, Decision on the Application for Annulment, 16 April 2009, paras. 56-79.

公约》第25（1）条中"投资"的客观标准来判断打捞合同的性质，经过一番论证后，发现打捞合同未满足该路径下的"投资"要求，从而认为没必要再讨论《英国—马来西亚 BIT》项下的"投资"。然而独任仲裁员在推理过程中却指出，虽然打捞合同确实为马来西亚提供了一些好处，但它们对马来西亚的经济发展没有作出足够的贡献，不符合《ICSID 公约》第25（1）条或《英国—马来西亚 BIT》第1（a）条所述的"投资"的目的。经过广泛分析他支持了其根据《ICSID 公约》得出的结论，但对《英国—马来西亚 BIT》的结论却并未进行分析。撤销委员会并未发现独任仲裁员通过《英国—马来西亚 BIT》路径得出打捞合同不是投资的结论分析。相反，撤销委员会认为打捞合同构成一项投资。

撤销委员会经过审查《ICSID 公约》起草的历史发现，"准备工作"（tra-vaux préparatoires）并未支持独任仲裁员在本案中所施加的"外部限制"（outer limits）。"准备工作"中的"外部限制"仅将简单的买卖和类似的暂时性商业交易排除在 ICSID 管辖的"投资"之外。从《ICSID 公约》起草者的目的来看，这些客观标准缺乏支持。

《ICSID 公约》准备工作以及《执行董事关于〈ICSID 公约〉的报告》表明：①故意不对第25（1）条中的"投资"进行定义；②投资价值的下限被拒绝；③不确定的投资期限要求或不少于5年的投资期限被拒绝；④采用的关键标准是双方同意。根据他们的同意条款，他们可以定义公约下的管辖权。

第25段的通过是否表明第25（1）条所用的"投资"具有经当事方同意不能改变的客观内容？答案可能仅限于以下有限范围。"争端的性质"似乎是指争端属于法律争议。"争端各方"一词仅指争端在中心管辖范围内时，争端各方必须是缔约国和另一缔约国国民。这些基础与投资不是像"买卖"的基础假设一样似乎包含"外部限制"，而至于内部同意则是由各方同意 ICSID 管辖权的条款加以定义的。

尽管《ICSID 公约》通过时可能并未预见到之后的 2800 个双边投资条约和3个多边条约均采用宽泛的投资定义。其中 1700 个投资条约和多边条约（特别是《能源宪章条约》）授权 ICSID 以重要的管辖权。正是这些双边和多边条约才是 ICSID 有效管辖权的引擎。忽视或贬低其赋予 ICSID 的管辖权的重要性，而仅选择依赖于《ICSID 公约》第 25（1）条中对"投资"进行有问题的解释，可能会消弱该机制。

鉴于《ICSID 公约》的准备工作的历史以及上述对《执行董事关于〈ICSID 公约〉的报告》的分析，撤销委员会发现，独任仲裁员甚至没有考虑（更不用说适用）《英国—马来西亚 BIT》的投资定义，这是一个严重错误，构成明显的未行使管辖权。

（三）撤销委员会的结论[1]

撤销委员会基于以下原因认为仲裁庭未能行使《ICSID 公约》和《英国—马来西亚 BIT》授予的管辖权，从而构成明显超越其权力：

第一，它完全没有考虑和适用《英国—马来西亚 BIT》中的宽泛和具有包容性的投资定义，而选择将自己限制在《ICSID 公约》解释基础上标准的分析。

第二，它将这些标准上升为管辖条件，并明确解释了所谓对东道国经济发展作出贡献的条件，进而排除了小额贡献和文化、历史性质的贡献。

第三，它没有考虑到《ICSID 公约》的准备工作，尤其是在关键方面得出的结论与准备工作不一致，特别是《ICSID 公约》起草人关于拒绝投资金额的货币下限的决定，拒绝明确的投资期限，不对投资进行定义，并授予缔约方在诉诸 ICSID 的法律文件中对投资加以定义的很大权重。

因此，撤销委员会撤销了独任仲裁员的裁决。至于 ICSID 仲裁庭是否对本案有管辖权，需要由新成立的仲裁庭来确定。

第四节 争端性质及投资与争端的关系

除了上述对投资的认定外，属物管辖权还涉及争端的法律性质以及投资与争端的关系两个问题。这两个问题在非 ICSID 仲裁中并不是必须审查的要件。与对投资要件的审查类似，非 ICSID 仲裁在审查这两个问题时，也主要依据对

---

[1] See Malaysian Historical Salvors, SDN, BHD v. The Government of Malaysia, ICSID Case No. ARB/05/10, Decision on the Application for Annulment, 16 April 2009, paras. 80-83.

案件涉及的国际投资条约进行分析。如果条约中并无这两个要件的规定，则仲裁庭一般也并不会"强加"给申请人，要求其在案件中举证证明。如在 Pope & Talbot 诉加拿大案中，被申请人提出的其中一个管辖权异议是申请人所主张的被申请人违反条约的措施与申请人或其投资无关。申请人则提出反对，认为《北美自由贸易协定》第 1101 条并无类似的要求。被申请人还进一步指出，如果措施是与贸易有关，则申请人就不能依据《北美自由贸易协定》第 11 章而应该依据第 20 章的争端解决机制来解决。[1] 尽管该主张得到了墨西哥的认可，但是仲裁庭还是指出了该主张的悖论，并最终驳回了被申请人的该项管辖权异议。[2]

在非 ICSID 仲裁中，仲裁庭在分析投资与争端的联系时往往参照争端所涉及的国际投资条约。如 Methanex Corporation 诉美国案中，就涉及缔约一方采取的与缔约另一方投资者及其投资有关的措施的争端。仲裁庭认为：根据《维也纳条约法公约》第 31（1）条所载的解释规则以及《北美自由贸易协定》第 11 章的目的，《北美自由贸易协定》第 1101（1）条中的"与……有关"一词不仅意味着措施对投资者或投资的影响，而且它还要求在投资者或投资之间建立一种法律上的明显联系。[3] 基于此，仲裁庭认为本案中涉及的美国措施争端与申请人及其投资间缺少明显法律联系要求，最终认定其对本案无管辖权。

因为《ICSID 公约》第 25 条第 1 款规定："中心的管辖适用于缔约国（或缔约国向中心指定的该国的任何组成部分或机构）和另一缔约国国民之间直接因投资而产生并经双方书面同意提交给中心的任何法律争端。"所以在 ICSID 仲裁中，争端及其法律性以及投资与争端的关系是必须满足的要件。被申请人往往会结合案件的具体情况提出相应的管辖权异议。

---

〔1〕 Pope & Talbot Inc. v. The Government of Canada, UNCITRAL, Preliminary Tribunal Awards, 1 January 2000, paras. 27−32.

〔2〕 Pope & Talbot Inc. v. The Government of Canada, UNCITRAL, Preliminary Tribunal Awards, 1 January 2000, paras. 33−34.

〔3〕 Methanex Corporationv. UnitedStates, UNCITRAL, Preliminary Award on Jurisdiction and Admissibility, 7 August 2002, para. 147.

一、争端的法律性质

《执行理事关于〈ICSID 公约〉的报告》将法律争端界定为"是否存在法律权利或义务及其范围的大小，或因违反法律义务而产生的赔偿的性质或范围"。ICSID 仲裁庭以此为依据，对被申请人基于争端的经济或政治性质提出的管辖权异议进行审查。如在 CSOB 诉斯洛伐克案中，被申请人强调本案涉及的争端的政治性质，且与前捷克和斯洛伐克联邦共和国解体存在密切联系。仲裁庭认为 CSOB 并不是诉求与两个共和国之间的资产和负债分配有关的决定，虽然国家作为争端一方的投资争端经常具有政治因素或涉及政府行为，但是只要这些争端涉及法律权利或义务，或违反权利或义务的后果，则这些争端就不会失去法律性质。因此仲裁庭认定 CSOB 的诉求具有法律性质。[1]

Camuzzi 诉阿根廷案中，仲裁庭认为本案中的法律争端的存在是很清楚的，首先证据显示争端双方关于各自权利和期待的性质和程度明显不同，这种不同不仅表现在事实方面也表现在法律方面，投资者的诉求是基于《阿根廷—比利时卢森堡 BIT》中权利和保证的违反提出的，因此本案中争端的法律性质毋庸置疑。[2]

显然，只要符合《执行理事关于〈ICSID 公约〉的报告》关于法律争端的界定，ICSID 仲裁庭一般会驳回被申请人提出的争端法律性质的管辖权异议。

二、投资与争端的联系

一般而言，实践中仅存在投资不足以满足仲裁庭行使管辖权的要求的情形。因为在多数国际投资条约中的"投资者与国家争端解决"条款一般会明确定义该机制适用的争端性质，如规定"投资者与国家争端解决"机制适用于"与投资有关"或"由投资引起"等。因此，仲裁庭在确定自身属物管辖权时，往往必须对投资与争端之间的联系进行分析。

---

〔1〕 Ceskoslovenska Obchodni Banka, A. S. v. The Slovak Republic, ICSID Case No. ARB/97/4, Decision of the Tribunal on Objections to Jurisdiction, 24 May 1999, para. 61.

〔2〕 Camuzzi International S. A. v. The Argentine Republic, ICSID Case No. ARB/03/2, Decision on Objection to Jurisdiction, 11 May 2005, para. 55.

在 ICSID 仲裁中，投资与争端之间的联系要求不仅要满足国际投资条约中的具体规定，还要满足《ICSID 公约》中的规定。《ICSID 公约》第 25（1）条规定："中心的管辖适用于缔约国（或缔约国向中心指定的该国的任何组成部分或机构）和另一缔约国国民之间直接因投资而产生并经双方书面同意提交给中心的任何法律争端。"其中，"直接因投资而产生"的"任何法律争端"是 ICSID 仲裁的属物管辖权要求。具体包括三个要素：一是必须存在争端；二是必须具有法律性质；三是必须直接因投资产生。前两个要素在实践中较易满足，鲜有案件对此进行论证；而第三个要素在实践中却被较多地提及。

《ICSID 公约》第 25（1）条所要求的"直接因投资产生"的争端，可能对很多国际投资条约产生重大的实际影响。因为该要求是管辖权的客观标准，所以其独立于当事人的同意而存在。因此无论争端双方所依据的国际投资条约的规定如何，只要将争端提交 ICSID 仲裁，则就必须受"直接因投资产生"要求的限制。

"直接因投资产生"中的"直接性"要求在 Fedax 诉委内瑞拉案中得到了澄清。被申请人委内瑞拉指出与其发行的六张期票有争议的交易因为不是"直接"投资，所以不构成《ICSID 公约》项下的"投资"。仲裁庭认为《ICSID 公约》第 25（1）条所规定的"直接"一词与"争端"相连，而与"投资"无关。因此，仲裁庭对非直接投资也可能有管辖权，只要此类投资（交易）"直接"产生争议即可。[1]

关于"直接因投资产生"的认定在 Metalpar 等诉阿根廷案中有所体现，仲裁庭指出，就本案中涉及的"直接"因投资产生的法律纠纷来说，东道国的行为与此类行为对受保护投资的影响之间必须存在直接的"因果"关系；必须首先能够确定在投资和造成损害的东道国行为之间有因果关系。但这并不意味着国家采取的措施必须专门针对投资。可以在对投资造成的损害和导致损害的行为之间建立直接（而不是远程）联系就足够了。[2]

---

〔1〕 Fedax N. V. v. Republic of Venezuela, ICSID Case No. ARB/96/3（1）, Decision on Objections to Jurisdiction, 11 July 1997, para. 24.

〔2〕 Metalpar S. A. and Buen Aire S. A. v. Argentine Republic, ICSID Case No. ARB/03/5, Decision on Jurisdiction, 27 April 2006, para. 95.

又如在 CSOB 诉斯洛伐克案中，仲裁庭指出投资通常是相当复杂的业务，由各种相互关联的交易组成，其中的每个单独存在的交易并不是在所有情况下均具备投资资格。因此，一项单独存在的即使不符合《ICSID 公约》规定的投资条件的交易，只要该项特定交易构成一项整体投资的组成部分，则 ICSID 也可认定基于该交易的争端与投资存在直接关系。[1]

实践中，需要注意可能出现这样一种情况，申请人举证满足了投资条约中的要求，而未满足《ICSID 公约》的"直接因投资产生"的要求，诉求以缺少管辖权为由予以驳回，从而丧失通过国际投资仲裁解决争端的机会。因此，投资者需要评估选用 ICSID 进行仲裁的此类风险。

---

〔1〕 Ceskoslovenska Obchodni Banka, A. S. v. The Slovak Republic, ICSID Case No. ARB/97/4, Decision of the Tribunal on Objections to Jurisdiction, 24 May 1999, para. 72.

第三章 仲裁合意

自愿管辖又称仲裁合意（Ratione Voluntatis；Consent to arbitration；Parties' Consent），是国际商事仲裁的基石，同样，争端双方的同意也是国际投资仲裁的基石。本章将对国际投资仲裁中同意的作出方式，同意仲裁的范围及国家通知与国家同意的关系等问题进行阐述。

第一节 同意的作出方式与无默契仲裁

一、同意的作出方式

从同意作出的主体来看，国际投资仲裁中同意主要可分为国家同意的作出和投资者同意的作出两个方面。其中，前者更为复杂，后者则相对简单。国家同意的作出方式主要有三种：一是通过国际投资条约的方式作出；二是通过国内立法的方式作出；三是通过与投资者订立仲裁合同（或在投资合同中纳入仲裁条款）。[1]

（一）通过国际投资条约的方式作出的国家同意

绝大多数现存国际投资条约中均包含国家同意仲裁的条款，一般情况下，投资条约的缔约国会同意多种国际投资仲裁方式。如《中国—瑞士 BIT》（2009，2010）第 11 条"缔约一方与缔约另一方投资者之间的争议"规定：

---

〔1〕 R. Doak Bishop, James Crawford, W. Michael Reisman, "Foreign Investment Disputes：Cases, Materials and Commentary", *Kluwer Law International*, 2014, p. 341.

"二、如果自书面请求磋商之日起 6 个月内上述磋商仍没有结果，投资者可以将争议提交给其投资所在的缔约方法院或者行政庭，或者将争议提交国际仲裁。在后一种情况下，投资者有权选择提交给：（一）依据 1965 年 3 月 18 日在华盛顿开放签署的《解决国家和他国国民之间投资争端公约》设立的'解决投资争端国际中心'，或者（二）根据《联合国国际贸易法委员会仲裁规则》设立的专设仲裁庭，除非争议双方另有约定。"显然，中国和瑞士均同意，在满足一定条件的情况下，将投资争端提交"解决投资争端国际中心"或《联合国国际贸易法委员会仲裁规则》设立的专设仲裁庭加以解决。

（二）通过国内立法的方式作出的国家同意

有的国家会在本国的法律中规定，外国投资者可将投资争端提交国际仲裁机构加以仲裁。外国投资者可以此为依据提出国际仲裁。如在 Tradex 诉阿尔巴尼亚案中，申请人以阿尔巴尼亚为被申请人向 ICSID 提出仲裁申请，主要依据便是 1993 年《阿尔巴尼亚第 7764 号法》（Albanian Law No. 7764）的第 8（2）条。其规定："如果外国投资者与阿尔巴尼亚共和国之间发生外国投资争端，且不能友好解决，则外国投资者根据其法律可选择将该争端提交阿尔巴尼亚共和国的主管法院或行政法庭解决。此外，如果争端是由第 7 条规定的征收、征收补偿或歧视以及转让引起或与之相关，外国投资者可将争端提交 1965 年 3 月 18 日在华盛顿签订的《解决国家与其他国家国民之间投资争端公约》（ICSID 公约）设立的国际投资争端解决中心（中心）解决，阿尔巴尼亚共和国特此同意该提交。"经分析，仲裁庭最终裁定其基于 1993 年《阿尔巴尼亚第 7764 号法》对本案有管辖权。[1] 与前一种方式相比，通过国内立法的方式作出的国家同意的数量较少。

（三）通过与投资者约定作出的国家同意

这种方式大致包括两种情况：一是在争端发生前国家与投资者就投资争端解决达成协议（或通过专门的投资仲裁合同或通过在投资合同中纳入投资仲裁的条款）。二是在争端发生后，双方达成投资仲裁合同（书面或口头）。前一种

---

[1] Tradex Hellas S. A. v. Republic of Albania, ICSID Case No. ARB/94/2, Decision on Jurisdiction, 24 December 1996, pp. 174-195.

情况较为普遍，而后者相对较少。如 CDSE 诉哥斯达黎加案中，被申请人哥斯达黎加就是在涉及征收赔偿问题的争端发生之后，于 1995 年 3 月 21 日通过信件的方式同意通过 ICSID 仲裁解决争端。申请人 CDSE 于 1995 年 5 月 31 日也提交了自己的同意书，并要求被申请人进一步确认其已满足了 ICSID 管辖权的要求。1996 年 3 月 19 日，申请人通知 ICSID，其 1995 年 5 月 31 日提交的仲裁申请确实已提交，即从 CDSE 正式登记同意该程序时，ICSID 仲裁程序启动。[1]

投资合同无效并不会使其中的仲裁条款（同意）无效。仲裁条款是否无效将由仲裁庭或委员会来决定。主要原因包括仲裁条款的可分割性（severability）原则；仲裁庭的假设（当争端双方同意仲裁时，即意味着他们同意将包括该条款有效性问题的所有争端提交仲裁）；禁止反言。[2]

二、无默契仲裁

上述前两种国家同意的方式会出现无默契仲裁（Arbitration Without Privity）情形。所谓无默契仲裁是指国际投资仲裁中的双方同意并非必须通过争端双方达成的同意合同（条款）来实现，而是投资者通过接受国家在投资争端发生前通过国际投资条约或国内立法作出的单方国家同意"要约"来达到双方同意的效果。[3] 具体做法一般是缔约国在缔结的国际投资条约中事先发出了一个同意投资仲裁的"要约"，而在发生投资争端后，投资者只需要向特定的投资仲裁机构（如 ICSID）提交仲裁申请，即"接受"国家同意的"要约"，相应的投资仲裁机构即开始启动相关仲裁程序。实际上，投资者享有"启动"国际投资仲裁机制的最终决定权。[4]

实践中，无默契仲裁可能会引起争议，如以尤科斯诉俄罗斯案为例，2014

---

〔1〕 Compañia del Desarrollo de Santa Elena S. A. v. Republic of Costa Rica, ICSID Case No. ARB/96/1, Award, 17 February 2000, paras. 1-26.

〔2〕 R. Doak Bishop, James Crawford, W. Michael Reisman, "Foreign Investment Disputes: Cases, Materials and Commentary", *Kluwer Law International*, 2014, pp. 342-343.

〔3〕 Jan Paulsson, Arbitration Without Privity, *ICSID Review*, 1995, 10 (2): 232-257.

〔4〕 参见陈正健:《投资者与国家争端解决中的国家反诉》, 载《法商研究》2017 年第 1 期, 第 167 页。

年 7 月 18 日常设仲裁法院根据《联合国国际贸易法委员会的规则》组成的仲裁庭作出了有利于尤科斯的裁决（500 亿美元的赔款），之后俄罗斯向海牙地方法院提出了撤销该裁决的申请，2016 年 4 月 20 日，海牙地区法院以无管辖权为由撤销了尤科斯案的裁决。该案争论的焦点问题之一便是无默契仲裁，申请人与被申请人俄罗斯之间并不存在仲裁合同（仲裁条款），申请人依据被申请人在其缔结的《能源宪章条约》中作出的国家同意发起了投资仲裁申请。俄罗斯针对该无默契仲裁提出了异议，其指出俄罗斯仅签署了《能源宪章条约》而并未批准，即《能源宪章条约》对俄罗斯并未生效，所以其也就未提前作出有效国家同意。常设仲裁法院并不认同俄罗斯的抗辩，其认为根据《能源宪章条约》第 45（1）条中"临时适用"的规定，在《能源宪章条约》与签署国宪法、法律或法规不冲突的范围内（to the extent），仅签署《能源宪章条约》也可对国家产生"临时适用"（provisional application）的效果，从而裁定其对该案有管辖权。[1] 而海牙地区法院在审查常设仲裁法院作出的裁决时，对该案涉及的无默契仲裁问题作出了相反的认定，其认为《能源宪章条约》第 45（1）条的"临时适用"规定与俄罗斯的宪法、法律或法规相冲突，即俄罗斯未事前作出同意仲裁的要约。因此，海牙地区法院最终根据《荷兰民事诉讼法典》（Dutch Code of Civil Procedure）第 1065.1（1）条中无有效仲裁协议（absence of valid arbitration agreement）的仲裁应予撤销的规定撤销了常设仲裁法院作出的裁决。显然，常设仲裁法院和海牙地区法院对该案涉及的无默契仲裁是否达成作出了不同的认定。[2]

就 ICSID 仲裁而言，需要注意以下几个问题：

首先，国家批准或加入《ICSID 公约》并不意味着其承担了将国际投资争端提交 ICSID 调解或仲裁的义务。国家同意还是需要通过上述三种方式作出。同时，争端双方同意一旦达成，该双方同意便不能通过单方撤回。同意的不可

---

〔1〕 Hulley Enterprises Limited（Cyprus）v. The Russian Federation, UNCITRAL, PCA Case No. AA 226, Final Award, 18 July 2014; Yukos Universal Limited（Isle of Man）v. The Russian Federation, UNCITRAL, Final Award, PCA Case No. AA 227; Veteran Petroleum Limited（Cyprus）v. The Russian Federation, UNCITRAL, PCA Case No. AA 228, Final Award, 18 July 2014.

〔2〕 Yukos Universal Limited（Isle of Man）v. The Russian Federation, Judgment of Hague District Court, 20 April 2016.

撤销性由《ICSID 公约》的前言和《执行董事关于〈ICSID 公约〉的报告》加以确认，但是双方可以在任何时候联合同意终止该同意。

其次，退出《ICSID 公约》不会影响已经作出的同意。根据《ICSID 公约》第 72 条的规定："缔约国依照第 70 条[1]或第 71 条[2]发出的通知，不得影响该国或其任何组成部分或机构或该国的任何国民在保管人接到上述通知以前由他们其中之一所表示的同意受中心的管辖而产生的由本公约规定的权利和义务。"

《ICSID 公约》第 25 条第 3 款规定"某一缔约国的组成部分或机构表示的同意，须经该缔约国批准，除非该缔约国通知中心不需要予以批准"。一旦同意由指定的组成部门或机构作出，则该同意便不能再由该指定的组成部门或机构加以撤回或使其无效。如果同意管辖权限制在东道国所核准的投资上，则一旦核准和同意作出，同意便有效和不可撤销。随后的授权撤销不能使同意仲裁撤销。[3]

最后，同意的效果。争端双方一旦同意将争端提交 ICSID 解决，即对争端双方产生法律约束力。表现在：①同意排除外交保护。《ICSID 公约》第 27 条规定："缔约国对于其他国民和另一缔约国根据本公约已同意交付或交付仲裁的争端，不得给予外交保护或提出国际要求，除非该另一缔约国未能遵守和履行对此争端所作出的裁决。"至于纯粹为了促进争端的解决而进行的非正式的外交上的交往，则不包括在外交保护之内。该条规定主要是避免缔约一方不受外来压力的影响，从而保证 ICSID 的管辖权不受政治的不当干预。②排除其他救济方法。《ICSID 公约》第 26 条规定："除非另有约定，双方同意根据本公约交付仲裁，应视为同意排除任何其他救济方法而交付上述仲裁。"但是，根据规定，缔约国可以要求以用尽该国行政或司法救济作为其同意根据《ICSID 公约》交付仲裁的条件。也就是说东道国不能以用尽当地救济相对抗，而拒绝交

---

〔1〕《ICSID 公约》第 70 条规定："本公约应适用于由一缔约国负责国际关系的所有领土，但不包括缔约国在批准、接受或核准时，或其后以书面通知本公约的保管人予以除外的领土。"

〔2〕《ICSID 公约》第 71 条规定："任何缔约国可以书面通知本公约的保管人退出本公约。该项退出自收到该通知 6 个月后开始生效。"

〔3〕 R. Doak Bishop, James Crawford, W. Michael Reisman, "Foreign Investment Disputes: Cases, Materials and Commentary", *Kluwer Law International*, 2014, pp. 342-343.

付国际仲裁。但是，其有权将当地救济作为提交 ICSID 仲裁的前提条件。③争端双方一旦达成提交 ICSID 仲裁的同意，任何一方不得单方撤销其同意。该规定主要针对的情况之一是，当一个投资协议（合同）中包含提交 ICSID 仲裁的条款，而根据东道国的法律该协议（合同）被认为是无效时，则东道国不得根据协议（合同）无效，而认定其中的提交 ICSID 仲裁的条款无效，从而拒绝 ICSID 的管辖。

第二节　同意仲裁的范围

同意仲裁的范围决定了争端双方有权将哪些争端提交仲裁，同时也是国际投资仲裁机构决定其管辖权的主要依据。尽管同意仲裁的范围需要由争端双方决定，但是国家同意仲裁的范围往往具有决定意义，这在无默契仲裁中体现得尤为明显。各国做出国家同意仲裁的范围不一，此处主要以中国做出的同意仲裁范围为例，进行大致阐述。

一、传统的"保守主义"模式

长期以来，中国在投资条约中作出的同意仲裁的范围一直是"与征收补偿额有关的争端"。

尽管中国对外签订的第一个双边投资条约——《中国—瑞典 BIT》（1982，1982）中并无"投资者—国家争端解决"的规定，但是之后不久，中国对外签订的第二个双边投资条约——《中国—德国 BIT》（1983，1985）就首次纳入"投资者—国家争端解决"机制。尽管 1983 年《议定书》做了简单的规定，但是也依然可以较清晰地看到中国同意仲裁的范围。《议定书》第 4（3）条规定"本协定第 4 条第 1 款所指的'补偿'，应符合宣布征收前一刻被征收的投资的价值。投资者和缔约另一方将为确定该补偿金额进行协商。如开始协商后 6 个月内意见未获一致，应投资者的请求，由采取征收措施一方有管辖权的法院或国际仲裁庭，对补偿金额予以审查。"显然，《中国—德国 BIT》的《议定书》规定的同意仲裁的范围是"征收"的"补偿金额"。

自《中国—德国 BIT》开始，在其后很长一段时期内，中国在同意仲裁范围方面一直持"保守主义"立场。如《中国—葡萄牙 BIT》（1992，1992）第 8 条规定"一、缔约一方的投资者与缔约另一方之间就在缔约另一方领土内的投资产生的争议应尽量由当事方友好协商解决。二、如争议在 6 个月内未能协商解决，当事任何一方有权将争议提交接受投资的缔约一方有管辖权的法院。三、如涉及征收补偿款额的争议，在诉诸本条第 1 款的程序后 6 个月内仍未能解决，可应任何一方的要求，将争议提交专设仲裁庭。如有关的投资者诉诸了本条第 2 款所规定的程序，本款规定不应适用。"又如《中国—瑞士 BIT》（1986，1987）第 12 条"缔约一方与投资者的仲裁"规定："一、如果缔约一方与缔约另一方投资者发生争议，并且未能在 6 个月内友好解决，投资者可将下列争议提交国际仲裁：（一）有关本协定第 7 条所述的补偿额的争议；（二）当事双方同意提交国际仲裁的有关本协定其他问题的争议。"该条约中"当事双方同意提交国际仲裁的有关本协定其他问题的争议"的规定并非本文此处讨论的国家同意仲裁的范围，因为国家并未在条约中作出明确同意仲裁的意思表示，而是要国家与投资者就此另行作出约定。

二、完全的"自由主义"模式

《中国—巴巴多斯 BIT》（1998，1999）改变了中国在同意仲裁范围方面长期以来一直奉行的"保守主义"做法，采用了完全的"自由主义"模式。《中国—巴巴多斯 BIT》第 9 条"投资争议的解决"规定："一、缔约一方的投资者与缔约另一方之间任何投资争议，应尽可能由投资者与缔约另一方友好协商解决。二、如本条第 1 款的争议在争议一方自另一方收到有关争议的书面通知之日后 6 个月内不能协商解决，投资者有权选择将争议提交下述两个仲裁庭中的任意一个，通过国际仲裁的方式解决：（一）依据 1965 年 3 月 18 日在华盛顿签署的《关于解决一国与他国国民间投资争端公约》设立的'解决投资争端国际中心'；（二）根据《联合国国际贸易法委员会仲裁规则》设立的仲裁庭。该规则中负责指定仲裁员的机构将为'解决投资争端国际中心'秘书长。"之所以说《中国—巴巴多斯 BIT》采用了完全的"自由主义"模式，是因为"缔约一方的投资者与缔约另一方之间任何投资争议"中不加限制（既无与本条约有关的限制，又无投资争议范围的限制）的"任何投资争端"。

因此可以说，《中国—巴巴多斯 BIT》从根本上改变了中国在同意仲裁范围方面长期以来一直奉行的"保守主义""惯例"（"立场"）。自此，中国对外缔结的投资条约进入了"任何投资争议"的完全自由主义模式阶段。根据"任何投资争议"是否有"本投资条约中义务"的限制，可将该阶段的投资条约分为两大类：

第一，是无"本投资条约中义务"限制的"任何投资争议"。如《中国—瑞士 BIT 及议定书》（2009，2010）第 11 条"缔约一方与缔约另一方投资者之间的争议"规定："一、为了解决缔约一方与缔约另一方投资者之间关于投资的争议，在不违反本协议第 12 条（缔约双方间的争议）的前提下，争议双方应当进行磋商。二、如果自书面请求磋商之日起 6 个月内上述磋商仍没有结果，投资者可以将争议提交给其投资所在的缔约方法院或者行政庭，或者将争议提交国际仲裁。……三、缔约方在此同意将投资争议提交给国际仲裁。"

除此之外，《中国—伊朗 BIT》（2000，2005）的 12 条、《中国—朝鲜 BIT》（2005，2005）第 9 条、《中国—印度 BIT》（2006，2007）第 9 条、《中国—尼日利亚 BIT》（2001，2010）第 9 条、《中国—突尼斯 BIT》（2004，2006）第 9 条、《中国—赤道几内亚 BIT》（2005，2006）第 9 条、《中国—马达加斯加 BIT》（2005，2007）第 10 条、《中国—马里 BIT》（2009，2009）第 9 条、《中国—塞浦路斯 BIT》（2001，2002）第 9 条等均采用了类似方式。

第二，是有"本投资条约中义务"限制的"任何投资争议"。如《中国—圭亚那 BIT》（2003，2004）第 9 条"缔约一方与缔约另一方投资者争议解决"："一、本协定内，'投资争议'是指缔约一方与缔约另一方投资者因履行本协定下与投资有关的义务所产生的争议……四、如投资争议在 6 个月内未能通过协商友好解决，作为投资争议一方的投资者可以自提交书面请求通知之日起，将投资争议提交下列方式之一解决：（一）依据 1965 年 3 月 18 日在华盛顿签署的《解决国家和他国国民之间投资争端公约》设立的"解决投资争端国际中心"；或（二）根据投资争端双方达成的特别约定设立的专设仲裁庭。"《中国—特立尼达多巴哥 BIT》（2002，2004）第 10 条、《中国—韩国 BIT》（2007，2007）第 9 条等也采用了该路径。

三、限制性"自由主义"模式

《中国—古巴 BIT》（2007，2008）改变了之前的完全的"自由主义"模式，而采用限制性"自由主义"模式。其第 9 条规定："（一）本条适用于缔约方与缔约另一方的投资者（争议双方）之间的争议，该争议是由缔约一方违反其在本协定第 2 至第 7 条下的义务致使该投资者遭受损失引起……（三）如争议不能在第 9 条第 2 款规定的通知之日起 180 天内友好解决，则投资者应当依据以下规则提交仲裁：（1）联合国国际贸易法委员会仲裁规则，在本协定生效之日起有效；（2）国际法院常设仲裁庭（PCA）1993 年 7 月 16 日生效的有一方是国家的仲裁选择性规则，包括其修订。仲裁应当依照所选择的仲裁程序进行，除非本协定作出修改。"《中国—古巴 BIT》中将同意仲裁的范围限定在该条约"第 2 至第 7 条下的义务致使该投资者遭受损失引起"的争端，分别是"促进和保护投资"、"公平公正待遇"和"最惠国待遇"、"征收"、"转移"和"代位"。

从中国同意仲裁的范围来看，《中国—古巴 BIT》具有相当的代表性，较符合当下世界范围内国际投资条约的主流发展潮流，既强调加强对投资者的保护，同时又不至于范围过于宽泛（"自由化"）而导致国家遭遇投资者的滥诉。在此之后至少还有 3 个投资条约也采用了该限制性"自由主义"模式：《中国—乌兹别克斯坦 BIT》（2011，2011）、《中国—加拿大 BIT》（2012，2014）、《中国—坦桑尼亚 BIT》（2013，2014）。

客观来讲，在《中国—巴巴多斯 BIT》之后的一段时期内，中国对外缔结的投资条约在完全的自由主义模式与限制性自由主义模式之间徘徊。这两种模式在一段时期内是交叉出现的。从数量上来看，完全的自由主义模式占据优势，但是从未来的发展趋势来看，限制性自由主义模式更符合世界发展的潮流和中国自身的发展水平，可以预见未来中国在同意仲裁的范围方面将朝着限制性自由主义模式的方向发展。

中国对外缔结的投资条约中同意仲裁的范围问题实际上较为客观地反映了世界范围内关于此问题的发展趋势。尽管各国在具体的措辞上并不一致，尤其是各国的发展阶段和水平也不尽相同，同意仲裁的范围不尽相同。在分析具体案件时，还要结合涉及的投资条约来确定具体的同意仲裁范围。除此之外，关于同意仲裁的范围在实践中有三个方面应引起注意：

首先，通过国内法律或国际投资条约的方式作出的同意在范围方面可能存在争议。一些国内法律中规定的同意仲裁的要约范围较为狭窄，例如在 Tradex 诉阿尔巴尼亚案中，涉及的 1993 年《阿尔巴尼亚外国投资法》就将同意仲裁的范围限定在征收所引起的有关争端上，该案仲裁庭认为，其对决定征收是否发生有管辖权。[1] 该问题也存在于一些 BIT 中，尤其是中国早期对外缔结的一些投资条约。尽管目前投资仲裁实践中倾向于采用宽泛同意的解释路径，但是关于这种宽泛同意的解释仍存在争议。关于此将在下文结合中国案例进行讨论。

其次，大多数仲裁庭将"所有与投资有关的争端"扩展至不仅包括违反投资条约的诉求，而且还包括违反投资合同的诉求。如在 SGS 诉巴基斯坦案中，仲裁庭认为《瑞士—巴基斯坦 BIT》第 9 条的"与投资有关的争端"并未隐含地表明缔约双方将"BIT 诉求和纯合同诉求"均包括在内，从而裁定对该案无管辖权。[2] 此处涉及保护伞条款问题将在下文中予以讨论。

最后，最惠国待遇条款对同意范围的扩大。当申请人试图通过最惠国待遇条款扩展同意的范围时，仲裁庭的态度倾向于保守。在 Salini 诉约旦案中，申请人主张通过最惠国待遇条款将可适用仲裁条款的范围扩展至合同诉求，但是仲裁庭予以了否决。[3] 在 Plama Consortium 诉保加利亚案中，仲裁庭认为一个清晰且明确的同意是不能在 ICSID 仲裁中通过援引其他的仲裁合同而达成的。[4]

---

〔1〕 Tradex Hellas S. A. v. Republic of Albania, ICSID Case No. ARB/94/2, Decision on Jurisdiction, 24 December 1996, pp. 182, 195−196.

〔2〕 See SGS Société Générale de Surveillance S. A. v. Islamic Republic of Pakistan, ICSID CASE No. ARB/01/13, Decision of the Tribunal on Objections to Jurisdiction, 6 August 2003, paras. 161−173.

〔3〕 Salini Costruttori S. p. A. and Italstrade S. p. A. v. The Hashemite Kingdom of Jordan, ICSID Case No. ARB/02/13, Decision on Jurisdiction, 9 November 2004, paras. 102−119.

〔4〕 Plama Consortium Limited v. Republic of Bulgaria, ICSID Case No. ARB/03/24, Decision on Jurisdiction, 8 February 2005, paras. 183−227.

第三节　国家通知与国家同意的关系[1]

一、国家通知及其效果争论

《ICSID 公约》第 25 (4) 条规定:"任何缔约国可以在批准、接受或核准本公约时,或在此后任何时候,把它将考虑或不考虑提交给中心管辖的一类或几类争端通知中心。秘书长应立即将此项通知转送给所有缔约国。此项通知不构成第 1 款所要求的同意。"根据该条的授权,缔约国可以向"解决国家与他国国民投资争端中心"(以下简称"ICSID"或"中心")发出国家通知。截至目前,《ICSID 公约》的 154 个缔约国[2]中仅 7 个国家据此作出了国家通知,主要包括:

第一,牙买加 1974 年 5 月 8 日通知中心:"牙买加政府特此通知中心以下种类的争端在任何时候都不受中心管辖:由矿产及其他自然资源直接引起的争端。"

第二,巴布亚新几内亚 1978 年 9 月 14 日通知中心:"鉴于缔约国可以依据公约第 25 条第 4 款在接受公约时由此将其考虑或不考虑提交给中心管辖的一类或几类争端通知中心;现特此通知中心本国仅考虑将涉及投资本身至关重要的争端提交中心。"

第三,沙特阿拉伯 1980 年 3 月 8 日通知中心:"王国保留不通过调解或仲裁方式向中心提交涉及石油和涉及主权行为的所有问题的权利。"

第四,土耳其 1989 年 3 月 3 日通知中心:"根据《ICSID 公约》第 25 (4)

---

[1] 陈正健:《论解决投资争端国际中心国家通知的撤回》,载《环球法律评论》2019 年第 4 期,第 178—192 页。

[2] 截至 2018 年 8 月 27 日,共有 162 个国家签署了《ICSID 公约》,其中 154 个为缔约国(随着 2018 年 8 月 26 日《ICSID 公约》正式对墨西哥生效,墨西哥成为自该公约 1966 年生效以来的第 154 个缔约国),详见 https://icsid.worldbank.org/en/Pages/about/Database-of-Member-States.aspx,最后访问时间:2019 年 1 月 27 日。

条的规定，特此通知：只有根据土耳其共和国有关外资立法获得必要许可，并已经有效启动的投资活动直接产生的争端应由中心管辖，涉及房地产和房地产物权的争端完全由土耳其法院管辖，不得提交给中心管辖。"

第五，中国 1993 年 1 月 7 日通知中心："根据公约第 25（4）条，中国政府仅考虑将征收及国有化导致的补偿争端提交国际投资争端解决中心管辖。"

第六，危地马拉 2003 年 1 月 16 日通知中心："危地马拉共和国不接受将由武装冲突或内乱引起的损害诉求争端提交中心管辖。"

第七，印度尼西亚 2012 年 9 月 27 日通知中心："印度尼西亚共和国政府不考虑将由印度尼西亚共和国政府签发的行政决定引起的争端提交 ICSID 管辖。"

历史上圭亚那、以色列、厄瓜多尔也曾经发出过该类通知。圭亚那 1974 年 7 月 8 日通知中心："圭亚那不考虑直接由涉及矿产或其他自然资源的投资所引起的法律争端提交中心管辖。"1987 年 9 月 29 日圭亚那撤回了该通知。1983 年 6 月 22 日以色列通知中心："以色列仅考虑将与依据以色列资本投资鼓励法批准的投资有关的争端提交中心管辖。"该通知于 1991 年 3 月 21 日被撤回。厄瓜多尔 2007 年 12 月 4 日通知中心："厄瓜多尔共和国不同意将涉及自然资源开发（诸如石油、天然气、矿产或其他）经济活动中的由有关投资待遇事项所引起的争端提交 ICSID 管辖。任何包含厄瓜多尔之前表达过其愿意将某类争端提交中心管辖的法律文件，在提交该通知日期之前还未通过缔约方另一方的表达和明确同意而有效（perfected），从该日期起予以撤回，即刻生效。"2009 年 7 月 6 日公约保管人收到厄瓜多尔退出公约的书面通知。根据公约第 71 条，该项退出将会自收到厄瓜多尔退出通知 6 个月后生效，即 2010 年 1 月 7 日厄瓜多尔退出公约从而实际上撤回了上述依据第 25（4）条作出的通知。其后来均撤回通知或直接退出了《ICSID 公约》。

关于《ICSID 公约》第 25（4）条国家通知（"中国通知"）在中国理论界主要存在四种观点：一是认为国家通知具有限制 ICSID 管辖权的功能和意义。如沈虹教授主张："缔约国的声明是对 ICSID 管辖权的限制，而不是不具有法律拘束力的意向。"〔1〕　二是认为中国通知不具有限制 ICSID 管辖权的功能和意义，并主张撤回该通知。如银红武教授指出："中国在加入 ICSID 公约时所做的通知更应被视为一项仅具有宣示性质的通告，并不具有法律拘束力，亦不能起到限制 ICSID 管辖权的作用……综上，中国在加入 ICSID 公约时所做的通知仅为一项具有宣示性质的通告或声明，并不具有法律约束力。相反，为了避免相关方今后在解释与运用这一通知方面可能引发的分歧与争论，作者建议中国政府应尽早撤回该项通知。"〔2〕　除银教授外，罗依凯也在其硕士论文中明确指出："通知并没有对其他缔约方产生具体有影响的效果，既没有创设义务也不会增加权利，只是一个预告性的意向声明，中国签订的 BIT 数量足够让其他缔约国了解中国的意向，并不需要通知来进一步说明。综上，中国在加入《公约》时作出的通知，并不具有法律拘束力，而是意向性说明，为了避免日后在相关方面解析与运用这一通知会发生不必要的误解与争论，笔者建议中国政府应当尽早撤回该通知。"〔3〕　三是认为国家通知有解释同意的参考或补充价值。如单文华教授指出："对 ICSID 仲裁庭来说，这个通知（笔者注：根据第 25（4）条的规定向 ICSID 发出的通知）既不能构成东道国同意仲裁的意思表示，也不能构成当事国不同意仲裁的意思表示……如果一个有关同意的规定不甚明确，'在解释这个规定之时，可能就要参考东道国之前发出的通知，因为东道国已在通知中就哪些类型的争端明确表达了其意图'。"〔4〕　又如漆彤教授指出："有关通知的效力还是存在一些争议，即缔约国向中心所做通知是否会影响其根据《公约》第 25 条第 1 款所作出的同意……由于缔约国根据《公约》第 25 条第 4 款所做通知并不等同于对公约的保留，并且缔约双方在表示同意后，不得单方面撤销其同意……只有在双方同意条款的解释面临困难难以判断当事国

〔1〕　沈虹：《论 ICSID 对涉中国投资条约仲裁的管辖权》，载《法学杂志》2011 年第 7 期，第 129 页。

〔2〕　银红武：《ICSID 公约理论与实践问题研究》，中国政法大学出版社 2016 年版，第 45-46 页。参见银红武、罗依凯：《中国加入〈ICSID 公约〉所作通知的性质及效力》，载《时代法学》2018 年第 1 期，第 98 页。

〔3〕　罗依凯：《中国加入〈ICSID 公约〉所作通知的研究》，湖南师范大学 2017 年法学院硕士学位论文，第 40-41 页。

〔4〕　单文华，[美] 娜拉-伽拉赫：《中外投资条约研究》，魏艳茹、李庆灵译，法律出版社 2015 年版，第 353-354 页。

意图的情况下，通知内容可依据《维也纳条约法公约》第 32 条视作解释时的补充工具。"[1] 四是认为国家通知有"事先预告"的性质，并可对之后发生的争端产生影响。如陈安教授指出："值得注意的是，《公约》第 25 条第 4 款所规定的通知既无赋予亦无否定'中心'管辖权的效果，该通知仅是让外国投资者知道东道国不愿意提交'中心'管辖的某类争端，外国投资者则可预见到就该类争端要求缔约国同意提交'中心'管辖时，该东道国不会作出此项同意……根据《执行董事关于〈ICSID 公约〉的报告》的解释，《公约》缔约国依照《公约》第 25 条第 4 款规定所作出的通知，具有'事先预告'（in advance）性质。也就是说，该项通知只是对将来所发生的争端产生影响，而不具有溯及既往的作用。在阿尔克公司诉牙买加案（Alcoa v. Jamaica）中，牙买加政府就曾以其作出上述通知为由否定'中心'的管辖权，但是仲裁庭认为，通知不能对其以前所作出的同意产生撤销的效果，从而驳回了牙买加政府的主张。"陈安教授还指出："'中心'调解或仲裁中所约定的事项，必须与缔约国根据《公约》第 25 条第 4 款已经向'中心'作出的通知的内容相一致，也就是说，所约定的事项必须是缔约国同意提交'中心'管辖的事项。如前所述，在缔约国根据《公约》第 25 条第 4 款已经向'中心'作出的通知（特别是关于不得提交'中心'管辖的事项的通知）是否可以随时撤销的问题在理论上存在争议，而且'中心'在此方面也没有案例。因此，在缔约国已经事先通知'中心'某些事项不得提交'中心'管辖的情况下，如果投资者希望就这些事项与缔约国约定提交'中心'调解或仲裁，则应当要求缔约国先行撤销的其曾经作出的此项通知，然后再订立'中心'调解或仲裁条款。"[2] 王海浪博士提出了与陈安教授相似的观点，此处不再赘述。[3] 尽管两位学者的上述论述并非特指中国通知，但是这种一般性的讨论显然将中国通知也包括在内。

可见，国内关于此问题的认识存在一定分歧，说明国家通知到底有什么功

---

〔1〕 漆彤：《论中国在 ICSID 被诉第一案中的仲裁管辖权问题》，载《南京大学法律评论》（2014 年春季卷），第 257-258 页。

〔2〕 陈安：《国际投资仲裁——"解决投资争端国际中心"机制研究》，复旦大学出版社 2001 年版，第 83-84 页，第 109 页。

〔3〕 王海浪：《ICSID 管辖权新问题与中国新对策研究》，厦门大学出版社 2017 年版，第 25-27 页。

能或意义还有进一步探讨的理论空间。

二、国家通知的性质

《ICSID 公约》第 25（4）条对国家通知的性质进行了限定："此项通知不构成第一款所要求的同意。"为了进一步防止歧义，《执行董事关于〈ICSID 公约〉的报告》中又专门对此进行了澄清："缔约国一方将会向中心提交某种类型的争端的声明仅为信息目的（serve for the purposes of information only），不构成给予中心管辖权所需的同意。当然，排除某些类别争端的声明不属于对《公约》的保留。"在理论和实践中，国家通知不构成对《ICSID 公约》的保留并无异议。但是关于国家通知不构成国家同意的问题尚存在不确定性，需要进一步阐述。

（一）双方同意还是单方同意

同意并非专指双方同意（合意）。在很多情况下，同意指的是单方意思表示。如《布莱克法律词典》（第 9 版）将 consent 界定为"一个有能力的人自愿地作出关于某些行为或目的的协议、批准或许可"。[1] 有的词典中同意既包括单方同意也包括双方同意。如《元照英美法律词典》中对"consent"的界定是："同意；赞同；答应；允许；合意。指一个智力正常的人对他人的建议自愿作出理智的选择，即同意的意思表示，并不存在胁迫、欺诈或错误理解等情况。同意是合同关系的基本构成要素。同意是殴打、损害名誉、侵犯隐私权、侵占和不法侵入等侵权行为的抗辩理由。但是同意一般不能作为对刑事指控的抗辩理由，强奸案件可能除外。在有关强奸罪的法律中，'同意'系指内心同意。除妇女在受威吓或恐惧时的同意不是其真实意思表示；在有服从和反抗两种选择时，如反抗已不能抵御暴力或已无用时，则此后的顺从不能称为同意"。[2] 又如《英汉法律词典》（第 3 版）对"consent"的界定是"合意、同意、赞成、答应、协议、承诺"。[3]

---

〔1〕 *Black's Law Dictionary*，346（9th ed. 2009）.
〔2〕 薛波主编：《元照英美法律词典》，北京大学出版社 2017 年版，第 288 页
〔3〕 夏登峻主编：《英汉法律词典》（第 3 版），法律出版社 2008 年版，第 199 页。

因此，实践中关于同意认定需要根据具体情况加以分析。《ICSID 公约》第 25（4）条最后一句话（"此项通知不构成第 1 款所要求的同意"）通过否定性措辞限定了通知的性质。该规定中援引的关键限定词"第 1 款"指的是第 25（1）条规定，因此，对于第 25（1）条中同意的准确理解是我们界定第 25（4）条通知性质的前提和关键。

第 25（1）条规定："中心的管辖适用于缔约国（或缔约国向中心指定的该国的任何组成部分或机构）和另一缔约国国民之间直接因投资而产生并经双方书面同意提交给中心的任何法律争端。当双方表示同意后，任何一方不得单方面撤销其同意。"显然，该项规定中的"同意"有双方同意和单方同意的区分。第 25（1）条中共包含了三处同意，分别是"双方书面同意"（"the parties to the dispute consent in writing"）、"双方表示同意"（"the parties have given their consent"）及"其同意"（"its consent"）。尽管这三处都是同意，但是因为其前面主体的不同，从而导致了同意的性质不同。具体来看，前两处同意的主体均为"双方"（the parties），而第三处同意的主体则是"其"（一方，its）。[1]

因此，第 25（4）条最后一句中的关于国家通知的性质就出现了两种情况：一是国家通知不构成双方同意，即仲裁合意；二是国家通知不构成单方同意，即国家同意。

（二）国家通知不构成仲裁合意

从理论上来看，国家单方发出的通知不构成第 25 条第 1 款规定的双方同意（仲裁合意）似乎是应有之意。只有争端双方均作出单方同意的意思表示，合意才能达成。除下文提及的无默契仲裁外，任何一方单方同意仲裁的意思表示只能是"一厢情愿"。但是理论上可能存在这样一种情况，即投资者先向 IC-SID 发出请求仲裁的要约，国家在之后向 ICSID 发出的通知，如果恰巧能涵盖投资者要约的范围，是否构成对于投资者仲裁要约的接受，从而同时形成仲裁合意呢？尽管通知由秘书长转送给所有缔约国，而并非专门针对某个国家的投资者作出的，但是如果国家通知构成单方同意的话，则理论上还是可能构成国

---

〔1〕 实际上整个《ICSID 公约》中的同意也分为双方同意和单方同意，经统计，《ICSID 公约》中共出现 18 处同意仲裁（管辖），其中 11 处是双方同意，4 处单方同意仲裁，其他 3 处并不明确双方同意还是单方同意。关于 ICSID 公约中的同意规定，将另文进行阐述。

家对投资者要约的接受，从而形成仲裁合意。从实践来看，目前只有 7 个国家
向 ICSID 发出了有效通知，而且最近的国家通知是在 2012 年作出的，即这些国
家通知要想达到仲裁合意的效果，需要投资者在国家发出这些通知之前就作出
请求仲裁的要约，而且要约的内容需要与国家通知的内容相匹配，显然这种情
况在实践中几乎没有可能出现。除此之外，该情况的出现是以国家通知构成单
方同意为前提的，关于此是否成立还存在争议，下文将对此进行阐述。

（三）国家通知不构成单方同意

双方同意是中心管辖权的基石。[1] 在国际商事仲裁中一般通过签订仲裁
协议或在商事合同中订立仲裁条款来达成"仲裁合意"。当然这也是国际投资
仲裁达成仲裁合意的途径之一。然而，与国际商事仲裁不同的是，投资者与国
家争端解决（国际投资仲裁）中的仲裁合意经常采用的途径具有特殊性。根据
第 25（1）条关于仲裁合意的规定，争端双方不必同时作出同意的意思表示，
各自发出的单方同意也不必在同一个文件里。[2] 实践中，投资争端双方同意
的达成通常需要两步：其一，国家通过国际投资条约或国内立法发出了一个永
久的仲裁"要约"，即国家单方同意；其二，投资者向国家提交一份要求仲裁
的书面文件（a separate written communication）或发起 ICSID 仲裁程序（institu-
te proceedings）来表示"接受"国家之前作出的仲裁要约，即投资者的单方同
意。[3]"承诺—要约"一旦完成，争端双方就达成了将投资争端提交国际仲裁
机构进行仲裁的合意。[4] 投资者与国家争端解决程序启动的最终决定者一般

〔1〕 Report of the Executive Directors on the ICSID Convention, International Centre for Settlement of In-
vestment Disputes, March 18, 1965, p.43, https：//icsid. worldbank. org/en/Documents/icsiddocs/ICSID%
20Co nvention%20English. pdf，最后访问时间：2019 年 8 月 18 日。

〔2〕 Report of the Executive Directors on the ICSID Convention, International Centre for Settlement of In-
vestment Disputes, March 18, 1965, p.43, https：//icsid. worldbank. org/en/Documents/icsiddocs/ICSID%
20Co nvention%20English. pdf，最后访问时间：2019 年 8 月 18 日。

〔3〕 See ICSID, *History of the ICSID Convention： Documents Concerning the Origin and the
Formulation on the Settlement of Investment Disputes Between States and Nationals of Other States*, Vol. II,
pp. 274-275；also see Christoph H. Schreuer et al. (eds.), *The ICSID Convention： A Commentary*, 2nd
ed., Cambridge：Cambridge University Press, 2009, p. 196.

〔4〕 参见陈正健：《投资者与国家争端解决中的国家反诉》，载《法商研究》2017 年第 1 期，第
167 页。

为投资者，此即无默契仲裁或国际强制仲裁。[1]

国家通知的内容明确了"将考虑或不考虑提交中心的一类或几类争端通知中心"，然而如果国家通过国内立法或国际投资条约作出的仲裁同意要约具有模糊性（难以确定是否同意上述争端提交 ICSID 仲裁），或者国家根本就未作出任何仲裁同意要约。那么此时，ICSID 是否可以将国家通知认定为国家同意，从而确定投资者基于该国家通知所作出的接受并获得该争端的管辖权？这实际上是学界关于第 25（4）条规定的国家通知性质争议的主要症结之一。如果认为国家通知仅是"信息目的"，则显然国家通知不能对国家同意进行修改，同时也不能构成一个新的国家同意。在此情况下，第 25（4）条的国家通知本身会对国家同意产生什么实际意义还不得而知。

但是，这种信息目的在理论上是否具有足够的说服力是存疑的，尤其是在国家同意是模糊不清的，或国家根本未作出任何国家单方同意的情况下，国家通知在理论上具有扮演国家同意的角色的可能性，主要原因是其并未明确被第 25（4）条和第 25（1）条的规定禁止。正如朔伊尔教授所说："尽管管辖权的确定必须独立于第 25（4）条下的通知，但是这些通知还是会对管辖权产生间接作用。当一个同意条款不是非常明确时，可以通过援引之前的同意来确定该国的意图。如果没有相反的证据，可以假定该国在作出该同意时意图保持通知作出的限制。"[2]可见，国家通知性质的第二种可能，即国家通知不构成单方同意（国家同意）可能并不是那么确定。

三、国家通知的功能

（一）对属物管辖权的界定

《ICSID 公约》中的属物管辖权（*ratione materiae*）是指"直接因投资而产生的任何法律争端"。有仲裁庭将是否根据第 25（4）条发出通知作为确定其

---

[1] Jan Paulsson, "Arbitration without Privity", *ICSID Review* (1995) 10 (2)：232-257, 254-256.

[2] See Christoph H. Schreuer et al. (eds.), *The ICSID Convention：A Commentary*, 2nd ed., Cambridge：Cambridge University Press, 2009, p. 346.

属物管辖权的重要因素或依据。[1] 具体来看，属物管辖权的核心问题是确定"投资"的定义和范围。

是否以及如何对"投资"进行界定是《ICSID 公约》谈判过程中最具争议的问题之一，[2] 经过争论，《ICSID 公约》最终对"投资"采用了模糊化搁置处理，将这一问题留给缔约国"自行决定"。[3] 从缔约实践来看，各国均从定义和范围两个方面来界定投资。而在国际投资仲裁中，"投资"的定义及范围往往是仲裁庭管辖权确定阶段争论的焦点。仲裁庭对"投资"的认定有多种路径，其中一个便是通过国家是否根据第 25（4）条发出通知来判断《ICSID 公约》规定的"投资"，即如果东道国未发出通知，则仲裁庭一般会推定该国认可的"投资"的定义和范围具有广泛性。如 CSOB v. 斯洛伐克案中，斯洛伐克对仲裁庭的管辖权提出了异议，所依据的一个理由是争端所涉及的"交易"（transaction）并非《ICSID 公约》中的投资。仲裁庭并不认同该观点，其指出，缔约国若想限制中心的管辖权可以根据第 25 条第 4 款的规定作出声明。因为斯洛伐克共和国未作出该声明，所以表明其广泛地同意将全部的诉讼标的物（subject matter）提交公约管辖。[4] 又如 Fedax 诉委内瑞拉案中，仲裁庭将委内瑞拉未根据《ICSID 公约》第 25（4）条发出通知这一情况作为其认定贷款或其他信贷措施属于"投资"的重要依据。[5] 再如在 Abaclat 诉阿根廷案中，阿根廷主张申请人基于主权债务重构的诉求不应提交 ICSID 仲裁。对此，仲裁庭指出，国家可以依据《ICSID 公约》第 25（4）条将其不考虑提交中心管辖

〔1〕 See Compañía de Aguas del Aconquija, S. A. & Compagnie Générale des Eaux v. Argentine Republic, ICSID Case No. ARB/97/3, Award, November 21, 2000, para. 52.

〔2〕 See ICSID, *History of the ICSID Convention: Documents Concerning the Origin and the Formulation on the Settlement of Investment Disputes Between States and Nationals of Other States*, Volume I, p. 34, p. 116; Volume II-1, p. 54, pp. 566-567.

〔3〕 See Philip Morris Brands Sàrl, Philip Morris Prducts S. A. and Abal Hermanos S. A. v. Oriental Republic of Uruguay, ICSID Case No. ARB/10/7, Decision on Jurisdiction, ICSID Case No. ARB/10/7, 2 July 2013, paras. 197-198.

〔4〕 See Ceskoslovenska Obchodni Banka, A. S. v. The Slovak Republic, ICSID Case No. ARB/97/4, Decision of the Tribunal on Objections to Jurisdiction, 24 May 1999, paras. 62-65.

〔5〕 See Fedax N. V. v. The Republic of Venezuela, ICSID No. ARB/96/3, Decision of the Tribunal on Objections to Jurisdiction, 11 July 1997, para. 33.

的一类或几类争端通知中心，而阿根廷并未作出该种通知，亦即阿根廷同意主权债务重构的争端属于 ICSID 的管辖范围。[1] 还有 Lundin Tunisia B. V. 诉坦桑尼亚案中，被申请人坦桑尼亚主张，仲裁庭对税收争端没有管辖权。仲裁庭认为《ICSID 公约》规定的"法律争端"涵盖任何性质的争端，其主要依据是坦桑尼亚在加入《ICISD 公约》时并没有根据第 25（4）条作出过保留；而"特许协议"也未把税收争端从其中的争端解决条款中"剔除"。[2]

显然，作为授权条款的第 25（4）条赋予缔约国一项对投资定义及范围进行限定的权利，如果国家选择放弃该权利，实际上是放弃了《ICSID 公约》项下对"投资"进行限定的权利。如果国家未另外通过其他法律文件（如国际投资条约、投资合同等）对"投资"进行限定，则仲裁庭一般倾向于将投资的范围界定得较为宽泛。从这个角度来看，第 25（4）条的该作用可能被很多缔约国忽略了。可见，第 25（4）条和国家通知是仲裁庭认定"投资"定义和范围可能考虑的一个重要因素，对管辖权的确定具有间接影响。[3]

（二）对国家同意的撤回

1. 国家通知能否撤回仲裁合意

一般来说答案是否定的。因为双方合意一旦达成，即意味着契约已经成功缔结，根据"契约必守原则"，任何一方的单方行为均不可撤销合意，一个国家向 ICSID 作出的单方通知试图修改仲裁合意实际上就是一种违约行为。而且，第 25（1）条的最后一句："当双方表示同意后，任何一方不得单方面撤销其同意。"这里的"其同意"尽管是单方面同意，但是因为是在"双方表示同意后"作出的，所以，结合第 25（4）条最后一句的规定，可以推知：争端双

---

〔1〕 See Abaclat and Others v. The Argentina Republic, ICSID CASE NO. ARB/07/5, Decision on Jurisdiction and Admissibility, 4 August 2011, paras. 476-479.

〔2〕 See Lundin Tunisia B. V. v. Tunisian Republic, ICSID Case No. ARB/12/30, Award, 22 December 2015, p. 2.

〔3〕 Christoph H. Schreuer et al. (eds.), *The ICSID Convention: A Commentary*, 2nd ed., Cambridge: Cambridge University Press, 2009, p. 346.

方达成仲裁合意后，任何一方不得在此种情况下撤回单方同意。[1] 如在 Alcoa 诉牙买加案中，牙买加政府分别与投资者之间签订了包含"不增税"（"no further tax"）条款及同意 ICSID 管辖条款的铝矿开采（bauxite mining）合同。为了评估牙买加根据《ICSID 公约》第 25（4）条的规定于 1974 年 5 月 8 日作出的通知[2]对管辖权意义（jurisdictional import），仲裁庭援引了第 25（1）条的最后一句："当双方表示同意后，任何一方不得单方面撤销其同意"。仲裁庭主张该通知不能取消（abrogate）牙买加之前同意由与 Alcoa Minerals 达成的投资合同所引起的争端的 ICSID 仲裁。本案中涉及包含在牙买加和 Alcoa Minerals 之间仲裁条款中的书面同意，该同意一旦达成即不能撤回。依据第 25 条作出的通知仅能通过信息的方式在涉及牙买加的矿产和其他自然资源事务（undertaking）时才对中心和潜在的未来投资者发生作用。仲裁庭还指出，如果作出相反的裁决，则即使不是全部，也将会是绝大部分地剥夺《公约》的实际价值。[3]与该案情形类似的 Kaiser Bauxite 诉牙买加案和 Reynolds 诉牙买加案的仲裁庭均认为，牙买加政府不能以 25（4）条下的通知来限制或撤回其对管辖权的同意。[4] 显然，该案仲裁庭认为，国家通知不能撤回之前的国家同意（仲裁合意），国家通知可能通过信息的方式对之后的争端产生影响，但并未明确指出会产生什么具体影响。

2. 国家通知能否撤回国家单方同意

如果无默契仲裁中的国家单方同意被投资者接受，则争端双方的仲裁合意

---

[1] 朔伊尔也认同这种观点，其认为"同意一旦有效作出即不可被后续的第 25 条第 4 款下的通知所改变"。根据该文其后列举的 3 个案例（Alcoa v. Jamaica 案、Kaiser Bauxite v. Jamaica 案、Reynolds v. Jamaica 案）可知，此处的同意指的是双方同意，即合意。See Christoph H. Schreuer et al. (eds.), *The ICSID Convention: A Commentary*, 2nd ed., Cambridge: Cambridge University Press, 2009, p. 347.

[2] 牙买加政府 1974 年 5 月 8 日向 ICSID 作出的通知内容："牙买加政府特此通知中心以下种类的争端在任何时候都不受中心管辖：由矿产及其他自然资源直接引起的争端。"值得注意的是，美国在收到秘书长发来的牙买加的通知后，立即表示了反对，其指出牙买加的通知只有在未来运行。

[3] Schmidt, J. T., "Arbitration under the Auspices of the International Centre for Settlement of Investment Disputes (ICSID), Implications of the Decision on Jurisdiction in Alcoa Minerals of Jamaica Inc. v. Government of Jamaica", 17 *Harvard International Law Journal* 90 (1976), pp. 102–103.

[4] Christoph H. Schreuer et al. (eds.), *The ICSID Convention: A Commentary*, 2nd ed., Cambridge: Cambridge University Press, 2009, pp. 256–257.

随即达成。此时，根据第 25（1）条最后一句的规定，第 25（4）条项下的国家通知不能撤回已经达成合意的国家单方同意。

更为重要的是，国家通知是否能够撤回或限制"纯粹的"国家单方同意？《ICSID 公约》第 25（1）条没有对这些问题给出明确答案，而这显然也是第 25（4）条试图通过援引第 25（1）条中的同意来限制国家通知所遗留或未考虑到的问题。以下主要分为两种情况加以探讨：

第一，国家通知能否撤回之前的国家的单方同意？从理论上来看，此情况下的国家通知不能构成国家同意，不仅是因为《ICSID 公约》的相关规定，而且更为重要的是，因为无默契仲裁中的国家同意是通过国际投资条约或国内立法来表示的，即是否能通过第 25（4）条下的国家通知撤回或限制国家同意（要约）取决于包含该同意要约的法律文件。[1] 国际投资条约是国家之间达成的协议，而如果允许国家通过单方面提交一个国家通知就能随意修改国际投资条约，显然违背《维也纳条约法公约》所规定的"条约必守原则"（pacta sunt servanda）以及修改条约的相关规定（具体涉及《维也纳条约法公约》第 26 条"条约必须遵守"、第 39-41 条"条约之修正与修改"、第 54-64 条"条约之终止及停止实施"）。同样，以国内立法所做的国家同意，也不能通过向 ICSID 提交一个国家通知就改变其本国的国内立法；而应该通过国内权力部门根据本国修改法律的相关程序进行修改，然后向 ICSID 发出通知。仅凭国家通知是不能达到修改国内立法的效果的。

国家通知不能撤回或修改之前的国家单方同意在实践中也得到了证实。如在 Murphy v. Ecuador 案[2]中，被申请人厄瓜多尔提出的第一个管辖权异议的理由是其并未作出仲裁同意。主要依据是在 2008 年 2 月 29 日申请人根据作出

---

〔1〕 如朔伊尔教授指出：通过通知撤回或限制同意要约的效果是存疑的，因为其并不符合第 25 条第 4 款的文本，而该条并非用来撤回已经作出的同意要约的。根据第 25 条第 1 款最后一句，尚未被投资者接受的同意要约并不是不可撤销的。但是要撤回或修改包含该同意要约的法律文件可能是困难的或不可能的。因为包含在 BIT 中的同意要约受到条约法的保护，它们不能被其他单方的声明撤回。Christoph H. Schreuer et al. (eds.), *The ICSID Convention: A Commentary*, 2nd ed., Cambridge: Cambridge University Press, 2009, p. 347.

〔2〕 See Murphy Exploration and Production Company International v. Republic of Ecuador, ICSID Case No. ARB/08/4, Award on Jurisdiction, 15 December 2010, paras. 60-89.

同意 ICSID 仲裁之前，厄瓜多尔已根据《ICSID 公约》第 25（4）条于 2007 年 12 月 4 日向 ICSID 发出过通知，该国家通知对 1993 年 8 月 27 日签订，1997 年 5 月 11 日生效的《厄瓜多尔—美国 BIT》第 6 条中的国家同意进行了修改。仲裁庭经审理认为：第 25（4）条的国家通知不能单方面修改（modify）在另一个条约中作出的国家同意。本案中的国家同意是在两个主权国家（厄瓜多尔和美国）之间达成的条约中作出的，授予两个国家的投资者以权利。"条约必须遵守原则"要求善意地履行 BIT 的义务。[1] 仲裁庭认为除非通过双方明确同意的机制，否则双边投资条约的缔约国作出的同意 ICSID 管辖的要约不可以被撤回或撤销（withdrawn or revoked），第 25（4）条下的通知仅有助于改变未来的同意机制，且应在缺少像 BIT 一样可以使同意机制变为强制性法律工具的情况下。因此，仲裁庭最终驳回厄瓜多尔基于 2007 年 12 月 4 日关于其同意 ICSID 仲裁的通知而缺乏管辖权的主张。

第二，国家通知能否撤回或限制之后的国家同意？答案是否定的。如 PESG v. Turkey 案。[2] 该案是美国投资者（PSEG Global Inc、North American Coal Corporation、North American Coal Corporation）作为申请人根据 1985 年 12 月 3 日签订，1990 年 5 月 18 日生效的《美国与土耳其双边投资条约》第 6 条的规定（美国和土耳其作出的将投资争端提交 ICSID 加以仲裁的同意）[3]，对被申请人土耳其发起的投资仲裁。

该案中，被申请人土耳其基于《ICSID 公约》第 25（4）条作出的通知对 ICSID 的管辖权提出了异议。土耳其指出其根据《ICSID 公约》第 25（4）条的规定，于 1989 年 3 月 3 日向 ICSID 发出如下通知："仅由根据土耳其共和国

---

〔1〕 仲裁庭援引了《维也纳条约法公约》第 26 条名为"条约必须遵守"的规定："凡有效之条约对其各当事国有拘束力，必须由各该国善意履行。"

〔2〕 See PSEG Global Inc., The North American Coal Corporation, and Konya Ilgin Elektrik Üretim ve Ticaret Limited Sirketi v. Republic of Turkey, ICSID Case No. ARB/02/5, Decision on Jurisdiction, 4 June 2004, paras. 125–147.

〔3〕 1985 年 12 月 3 日签订、1990 年 5 月 18 日生效的《美国—土耳其 BIT》第 6 条第 3 款 b 项规定："每一缔约方特此同意将投资争端提交到 ICSID 加以仲裁解决。"第 6 条第 1 款将投资争端界定为涉及以下因素的争端：（a）缔约一方与缔约另一方国民或公司之间投资合同适用的解释；（b）缔约一方外国投资主管部门对缔约另一方国民或公司的任何投资授权适用的解释；（c）对该条约授予或创设的有关投资的任何权利的违反的主张。

有关外资法获得必要许可，且已有效设业的投资行为直接引起的争端可提交中心管辖。但是有关产权（property）和不动产物权的争端应全由土耳其法院管辖，不应提交中心管辖。"土耳其认为其作出的该通知具有限制《美国—土耳其 BIT》中仲裁同意的作用。因为该案中申请人的"项目"并未有效设业，所以同意仲裁是缺失的。针对该异议，申请人则指出根据第 25（4）条作出的通知并不会产生有约束力的法律效果。

首先，关于争端双方的争论，仲裁庭指出第 25（4）条本身并不授予通知任何特别的法律效力，有关同意的全部问题由其他法律文件（如投资合同及双边投资条约）而非《ICSID 公约》加以解决，这也是第 25（4）条通过规定"该通知不构成第 1 款所要求的同意"将通知和同意区分开来的原因所在。因此，第 25（4）条下的通知自身并没有意义（life），其意义完全取决于同意机制，即国家通知并没有独立的法律效果。

其次，仲裁庭还指出通知属于国家的单边行为，国家的单边行为能否为其他国家设置义务是有争议的。事实上，国家作出通知是想在表达其同意时，保留遵循或不遵循通知措辞（terms of the notification）的自由。没有国家愿意相信其会受通知措辞的约束，因为这会使本案中的通知和同意无差别，从而违反《公约》的具体条款。

最后，仲裁指出，通知的内容只有总是包含于缔约方在日后的合同或条约的同意中才是有效的。而如果本案中条约规定的同意在通知之前，那么条约通过议定书（protocol）的方式将通知的限制包含进同意中加以补充也会出现这种效果。否则条约中规定的同意并不受通知的约束。仲裁庭因此驳回了被申请人的管辖权异议。

本案中，仲裁庭认定国家通知一般不能对其后的国家同意加以限制或修改，也不能对之前的国家同意加以限制或修改。国家通知只有包含进国家作出同意的文件中才能产生同意的效果。

四、国家通知的分类

《ICSID 公约》第 25（4）条中"将考虑或不考虑提交给中心管辖的一类或几类争端通知中心"的规定将国家通知从总体上分为了两类：肯定式通知（考

虑）和否定式通知（不考虑）。而实践中，缔约国提交的通知也确实有这样的区分，如印度尼西亚、沙特阿拉伯、牙买加、危地马拉就采用否定式通知；而巴布亚新几内亚、中国采用的则是肯定式通知。[1] 土耳其较为特殊，从其通知的措辞来看，既包含肯定式通知又包含否定式通知。学者托尼·科尔（Tony Cole）对肯定式通知和否定式通知的作用做了区分，其认为否定式通知不仅具有信息目的，而且会影响到管辖权。为了说明其观点，托尼·科尔分为五种情况从理论上对否定式通知可能产生的管辖权效果进行了如下论证：[2]

表 1　否定式通知可能产生的管辖权效果

情况 1	条件 1：A 国发出不考虑将石油引起的争端提交 ICSID 仲裁的通知 条件 2：在该通知之前 A 国与投资者达成可将任何争端提交 ICSID 仲裁的特许协议 结论：A 国通知不能撤回（withdraw）A 国同意
情况 2	条件 1：A 国发出不考虑将石油引起的争端提交 ICSID 仲裁的通知 条件 2：两年后，A 国与投资者达成可将任何争端提交 ICSID 仲裁的特许协议 结论：A 国通知不能推翻（override）A 国同意
情况 3	条件 1：A 国发出不考虑将石油引起的争端提交 ICSID 仲裁的通知 条件 2：在通知之前，A 国与 B 国的 BIT 中规定可将任何争端提交 ICSID 仲裁 条件 3：在通知之前，B 国投资者根据 BIT 的规定向 ICSID 提起仲裁 结论：A 国通知不能撤回（withdraw）A 国同意
情况 4	条件 1：A 国发出不考虑将石油引起的争端提交 ICSID 仲裁的通知 条件 2：在通知之前，A 国与 B 国的 BIT 中规定可将任何争端提交 ICSID 仲裁 条件 3：在通知之后，B 国投资者根据 BIT 的规定向 ICSID 提起仲裁 结论：A 国通知能推翻（override）A 国同意

---

〔1〕　历史上，以色列采用的是肯定式通知，而圭亚那和厄瓜多尔采用的则是否定式通知。后均撤回。

〔2〕　Tony Cole, *The Structure of Investment Arbitration*, Routledge, 2013, p. 34, pp. 38-41.

续表

情况 5	条件 1：A 国发出不考虑将石油引起的争端提交 ICSID 仲裁的通知 条件 2：在通知之前，A 国与 B 国之间的 BIT 中规定可将特定争端提交 ICSID；A 国与 C 国投资者有投资协议规定特定的争端可提交 ICSID。但这两种情况下，都未明确特定争端是否涵盖石油争端。 结论：A 国通知能排除 ICSID 仲裁（基于同意的模糊性）

《执行董事关于〈ICSID 公约〉的报告》中，仅明确了肯定式通知具有信息目的而未对否定式通知加以限定的规定，为托尼·科尔的上述观点提供了一定的合理性支撑。具体来看，前三种情况中国家通知均不能撤回或推翻国家同意，此处的国家同意实际上是指双方合意，本书对此已进行过阐述，争议不大。而情况 4 中的结论似乎已被国际仲裁实践否定。[1] 至于情况 5，其他学者也表达过相似的观点，但是却并非区分肯定式通知和否定式通知。[2] 可见，托尼·科尔关于只有否定式通知会影响到管辖权的观点是存疑的。

五、国家通知的撤回

国家是否可以随时撤回国家通知存在争议。[3] 笔者认为答案是肯定的。

---

〔1〕 See PSEG Global Inc., The North American Coal Corporation, and Konya Ilgin Elektrik Üretim ve Ticaret Limited Sirketi v. Republic of Turkey, ICSID Case No. ARB/02/5, Decision on Jurisdiction, 4 June 2004, paras. 135–147.

〔2〕 "尽管管辖权的确定必须独立于第 25 条第 4 款下的通知，但是这些通知还是会对管辖权产生间接的作用。当一个同意条款不是非常明确时，可以通过援引之前的同意来确定该国的意图。如果没有相反的证据，可以假定该国在作出该同意时意图保持通知作出的限制。" Christoph H. Schreuer et al. (eds.), The ICSID Convention: A Commentary, 2nd ed., Cambridge: Cambridge University Press, 2009, p. 346.

〔3〕 如陈安教授认为："在缔约国根据《公约》第 25 条第 4 款已经向'中心'作出的通知（特别是关于不得提交'中心'管辖的事项的通知）是否可以随时撤销问题在理论上存在争议，而且'中心'在此方面也没有案例。" 陈安:《国际投资仲裁——"解决投资争端国际中心"机制研究》，复旦大学出版社 2001 年版，第 109 页。

其一，从理论上来看，国家可以在任何时候撤回国家通知或修改国家通知。[1]这是《ICSID 公约》第 25 (4) 条规定赋予国家的权利，其规定："任何缔约国可以在批准、接受或核准本公约时，或在此后任何时候，把它将考虑或不考虑提交给中心管辖的一类或几类争端通知中心。"这就意味着国家通知具有明显的单方性、随意性（任意性）特征。这种单方性和随意性决定了国家通知在国际法上效果的"脆弱性"，这也决定了国家通知的"低效力"（低约束力）。

其二，近些年来已经不断出现国家撤回其通知的实践。如 1987 年 9 月 29 日圭亚那撤回了其 1974 年 7 月 8 日向 ICSID 发出的通知；以色列 1991 年 3 月 21 日撤回了其 1983 年 6 月 22 日向 ICSID 发出的通知。还有发出通知的国家直接退出《ICSID 公约》的方式撤销其通知的，如 2009 年 7 月 6 日公约保管人收到厄瓜多尔退出公约的书面通知。根据公约第 71 条，该项退出将会自收到厄瓜多尔退出通知 6 个月后生效，即 2010 年 1 月 7 日厄瓜多尔退出《ICSID 公约》从而实际上撤回了其 2007 年 12 月 4 日依据第 25 (4) 条作出的通知。可见，在实践中国家是可以随意撤回通知的。[2]

除了上述两种撤回国家通知的方法外，还可以通过后来的国家同意的方式达到在具体的国家之间事实上撤销或撤回国家通知的效果。如单文华教授指出："中国直到 1998 年 7 月 20 日才在与巴巴多斯之间的 BIT 中采用了宽泛的投资者—国家争端规定。随后，中国对外达成了更多的此类自由主义 BITs，至少对于受那些条约保护的投资者和投资而言，此类条约规定必然取消了根据第 25 (4) 条发出的限制性通知。显然，这些更晚近的协议将取代中国根据《ICSID 公约》第 25 条第 4 款发出的通知，后者将其所同意提交的 ICSID 管辖的事项范围局限于'因征收和国有化而产生的补偿争议'"[3]，该方式已经得到了案件

---

〔1〕 "因此第 25 条第 4 款下的通知仅具有信息目的，仅是为了避免误解。其并无任何直接法律后果。尤其是其并不约束缔约国在任何时候作出可以随时撤回或修改其通知的通知。" Christoph H. Schreuer, *The ICSID Convention：A Commentary* (2nd edition), Cambridge University Press, 2009, p. 344.

〔2〕 缔约国向 ICSID 发出的通知原文见 https：//icsid. worldbank. org/en/Documents/icsiddocs/IC-SID%208-Contracting%20States%20and%20Measures%20Taken%20by%20Them%20for%20the%20Purpose%20of%20the%20Convention. pdf，最后访问时间：2018 年 10 月 25 日。

〔3〕 单文华、［美］娜拉-伽拉赫：《中外投资条约研究》，魏艳茹、李庆灵译，法律出版社 2015 年版，第 353 页。

的支撑。如在 PESG 诉土耳其案[1]中，美国投资者作为申请人根据 1985 年 12 月 3 日签订、1990 年 5 月 18 日生效的《美国—土耳其 BIT》中土耳其作出的同意提起 ICSID 仲裁，而土耳其则以 1989 年 3 月 3 日其向 ICSID 发出的通知为由提出了管辖权异议。仲裁庭最终认定其有管辖权。根据该裁决结果，显然土耳其的通知并不对之后的国家同意有限制，或者说，国家同意实际上可以达到撤销或撤回国家通知的效果。[2]

第四节　北京城建公司诉也门案

北京城建公司诉也门案涉及的核心争论之一是中国传统保守主义模式的同意仲裁范围的具体认定。[3]

一、案件事实[4]

2014 年 11 月 5 日，北京城建公司向 ICSID 提交了以也门政府为被申请人的仲裁申请，并于 2014 年 11 月 20 日对该申请进行了补充。

该案涉及 2006 年 2 月 28 日北京城建公司与也门民用航空和气象局（CA-MA）签订的一份价值 114 657 262 美元的建筑合同。按照合同约定，北京城建公司负责承建萨那国际机场二期工程项目中的新国际航站楼。

---

〔1〕 See PSEG Global Inc. , The North American Coal Corporation, and Konya Ilgin Elektrik Üretim ve Ticaret Limited Sirketi v. Republic of Turkey, ICSID Case No. ARB/02/5, Decision on Jurisdiction, 4 June 2004, paras. 135-147.

〔2〕 国家同意对国家通知予以撤回隐含地表明其可能是建立在上述关于国家通知能构成国家同意的假设基础上的，即如果一个国家未通过国际投资条约或国内立法作出国家同意，或者作出的国家同意是模糊不清的，则内容明确的国家通知"充当"了国家同意。之后国家又通过国际投资条约或国内立法作出了明确的国家同意，为新的国家同意要约，可以对以国家通知为内容的旧的国家同意要约进行修改。

〔3〕 需要说明的一点是，从该案仲裁裁决的措辞来看，"也门辩称其仅同意将补偿金额的争议提交 ICSID 仲裁"属于"属物管辖权"。但是按照本书中的框架和内容安排，该部分放在"同意仲裁的范围"似乎更为合适。

〔4〕 Beijing Urban Construction Group Co. Ltd. v. Republic of Yemen, ICSID Case No. ARB/14/30, Decision on Jurisdiction, 31 May 2017, paras. 1-27.

申请人北京城建公司主张 2009 年 7 月被申请人也门政府利用其军事力量和安全机关攻击和拘留北京城建公司的雇员，并暴力阻止北京城建公司进入项目现场，使其不能履行合同义务，从而非法剥夺了其投资。2009 年 9 月 22 日，经过为期数周精心安排的骚扰和恐吓，CAMA 以北京城建公司未能返回现场完成工程为由，发出了终止合同的通知。

二、争论焦点[1]

该案中"也门辩称其仅同意将补偿金额的争议提交 ICSID 仲裁"主要涉及《中国—也门 BIT》第 10 条"有关投资的争议解决"，其规定："一、缔约一方和缔约另一方投资者之间有关投资的争议应尽量由争议双方通过友好协商谈判解决。二、如果争议在书面提出解决之日起 6 个月内不能由争议双方通过直接安排友好解决，该争议应按投资者的选择提交：（一）投资所在的缔约一方有管辖权的法院，或者（二）1965 年 3 月 18 日在华盛顿开放签字的《关于解决国家和他国国民之间投资争端公约》下设的'解决投资争端国际中心'仲裁。为此目的，缔约任何一方对有关征收补偿款额的争议提交该仲裁程序均给予不可撤消的同意。其他争议提交该程序应征得当事双方同意。三、作为争议一方的缔约任何一方不能因为作为争议另一方的投资者可以根据保险单收取全部或部分损失的补偿，而在仲裁程序的任何阶段或在执行仲裁裁决时提出任何异议。四、仲裁庭应根据作为争议一方接受投资的缔约一方的国内法包括有关冲突法的规则、本协定的规定、为该投资签订的特别协议的规定以及国际法的原则作出裁决。五、仲裁裁决是终局的，并对争议双方均有拘束力。缔约任何一方应承诺依照其国内法执行该仲裁。"

被申请人和申请人关于第 10 条规定有广义解释和狭义解释之争。所谓狭义解释是被申请人主张第 10 条仅涵盖"征收补偿的数额"；而广义解释是申请人主张第 10 条不仅涵盖"征收补偿的数额"，而且还涵盖"征收"行为本身。

这两种解释之争的实质是"分离论"和"一体论"之争。前者是指将责

---

〔1〕 Beijing Urban Construction Group Co. Ltd. v. Republic of Yemen, ICSID Case No. ARB/14/30, Decision on Jurisdiction, 31 May 2017, paras. 48-53.

任和数额分离；后者则认为责任和数额是一体的。所谓责任是征收行为本身的认定。

如果采用分离论，则第 10 条规定的争端范围仅涵盖"征收补偿数额"，导致的结果是征收行为非由仲裁庭处理，进而导致征收行为由被申请人国内法院判断是否存在，如果国内法院判决不存在征收，则"征收补偿数额"的仲裁请求就成了子虚乌有。

如果采用一体论，则第 10 条规定的范围不仅涵盖征收补偿范围，还涵盖征收行为本身的确定。这两个事项均由 ICSID 加以管辖和处理，可以绕开被申请人国内法院的阻碍。

三、仲裁庭推理[1]

关于申请人与被申请人之间的"同意仲裁范围"的"广义"和"狭义"之争，仲裁庭主要从五个方面进行了分析：

（一）仲裁庭分析了第 10 条的文本（The Text of Article 10）

因为仲裁庭仅收到了《中国—也门 BIT》的英文版本，尽管是非官方版本，但仲裁庭还是决定以此为依据。此处双方的焦点问题是"有关征收补偿的数额"中对"有关"一词的理解。仲裁庭指出，此处真正的问题是如果对"有关"一词做宽泛理解，第 10.2 条是否可解释为仲裁庭对征收补偿数额和国家责任均有管辖权？此时需要分析第 10 条的结构和上下文。第 10 条第 1 款和第 2 款之间的连词"或者"表明该条是"岔路口条款"，该条款授权投资者对第 10.1 条所述未友好解决的所有争端在两种争端解决方式中选择一种。根据有效解释原则（effective interpretation），岔路口条款所授予的两种争端解决方式的选择，都应该是有效的。此处的"争端"（the dispute）是"法律争端"，是包括数额和责任的。

（二）仲裁庭分析了附带条件（The Proviso）

附带条件实质上还是第 10 条文本的延续。在岔路口条款后有个"附带条

---

〔1〕 Beijing Urban Construction Group Co. Ltd. v. Republic of Yemen, ICSID Case No. ARB/14/30, Decision on Jurisdiction, 31 May 2017, paras. 59-97.

件"，即"为此目的，缔约任何一方对有关征收补偿款额的争议提交该仲裁程序均给予不可撤销的同意。其他争议提交该程序应征得当事双方同意"。关于该附带条件的解释，仲裁庭认为，仅基于第 10 条的文本解释不能得出广义解释和狭义解释的认定，需要从上下文和条约的目的角度进行分析。

（三）仲裁庭分析了"第 10 条的上下文"

仲裁庭指出被申请人的狭义解释导致了这样一种情形的发生：除非被申请人承认责任，否则申请人主张征收补偿时没有选择的余地，只能将该主张提交至被申请人有管辖权的法院。而这就导致了内部矛盾：尽管 BIT 第 10 条规定了投资者有在也门法院和 ICSID 仲裁庭之间选择的权利，但被申请人实际控制了 ICSID 仲裁的进入。

也门主张是否构成征收应由其法院决定。但关于征收需要根据《中国—也门 BIT》第 4 条的四个因素加以判断，其中第四个要件是"给予补偿"（against compensation）。因此，也门法院在判定是否构成征收时必须对"给予补偿"问题加以判定，而这与第 10 条规定的"征收补偿数额"存在内容上的交叉。按照被申请人的辩解，给予补偿包括了三方面内容：补偿的方式、是否应给给予补偿、补偿数额。

然而，这其中依然存在没有调和的内部矛盾，即如果征收问题由也门法院加以判断，则投资者享有的依据《中国—也门 BIT》第 10 条规定就征收补偿数额可在 ICSID 和也门法院的选择权被剥夺了。

仲裁庭援引了三个案例：一是 Renta 4 案指出了此种情况下的被申请人既是运动员又是裁判员。二是谢叶深诉秘鲁案，仲裁庭认为"征收有关的补偿数额"不仅包括数额的确定，同时也包括依据《中国—秘鲁 BIT》征收的判定以及征收数额是否适当。如果仅包括征收数额的确定，则根据《中国—秘鲁 BIT》第 8（3）条的最后一句话，将征收的问题交由国内法院加以判断最终会排除投资者选择依据《ICSID 公约》加以仲裁的可能性。因此，申请人提交了征收的初步申请，并基于《ICSID 公约》第 25 条和《仲裁规则》第 41 条的规定，其有权对征收的实体问题加以判断。三是新加坡上诉法院审理的 Sunum 诉老挝案，法院在分析了《中国—老挝 BIT》后，指出如果对 10.2 条进行狭义解释，则"岔路口条款"将会剥夺对投资者的保护和选择。

仲裁庭从《中国—也门 BIT》第 10 条整个结构背景来分析有争论的文本，认为缔约双方想授予投资者一种真实的选择，"有关征收补偿的数额"必须将征收是否产生的争论也包括进来。

（四）仲裁庭分析了"条约的目的和宗旨"

被申请人认为根据《中国—也门 BIT》的目的和宗旨，仲裁庭的管辖权并不涵盖征收有关的所有争端，而仅涵盖数额问题。对此仲裁庭根据《中国—也门 BIT》的目的和宗旨（"愿意为缔约一方的投资者在缔约另一方领土内的投资创造有利条件；认识到相互鼓励、促进和保护这种投资将有利于投资者的商务往来并有助于两国的繁荣；愿在平等互利的基础上，加强两国间的经济合作"）认同了被申请人的平衡路径（balanced approach），即不能用条约前言来改写有限管辖权条款以有利于投资者；不能将"有利于涵盖投资的保护"等同于投资者总是正确。尽管应该考虑平衡路径，但是本案中被申请人狭义解释确实会侵蚀 BIT 的目的和宗旨。缺少对投资者的保护不会鼓励投资，BIT 就变为诱骗投资者来投资的圈套。

（五）仲裁庭指出，中国投资条约中投资争端解决条款解释的相关历史与管辖权异议问题并不相关

仲裁庭认为关于第 10 条的解释应该依照《维也纳条约法公约》第 31 条的规定，因此排除了第 32 条的"辅助资料"的适用。中国在不同的 BITs 中立场的历史与本案中的管辖权不相关。

四、最终结论[1]

综上所述，考虑到其对当事人所依赖的《维也纳条约法公约》第 31 条中要素的讨论，仲裁庭最终裁定驳回被告管辖权异议。

---

[1] Beijing Urban Construction Group Co. Ltd. v. Republic of Yemen, ICSID Case No. ARB/14/30, Decision on Jurisdiction, 31 May 2017, paras. 109, 147.

第四章　属时管辖权

　　随着国际投资条约数量的增多,[1] 属时管辖权（Ratione Temporis Jurisdic-tion; Temporal Jurisdiction）问题也逐渐出现。如申请人依据刚生效不久的一个国际投资条约提起投资仲裁，如果争端是发生在该投资条约生效前，仲裁庭对该情况是否有管辖权即属时管辖权问题。[2] 再如新旧条约之间的适用问题等。本章主要从国家持续违反投资条约行为的认定、属时管辖权中的国家复合行为认定以及时效存在的举证责任和消灭时效等方面进行简要阐述，最后对平安公司诉比利时政府案件和韩国安城房地产公司诉中国案加以介绍。

第一节　国家持续违反投资条约行为的认定

　　习惯国际法中的"法不溯及既往"原则体现在《维也纳条约法公约》第28条的"条约不溯及既往"的规定中。[3] 根据该规定，条约不可追溯适用于在其生效前发生或不再存在的行为或事实，但应视为适用于在生效后发生或继续存在的行为、不作为、事实或行为。但是如果提交国际投资仲裁的争端是在

---

　　〔1〕　截至 2019 年 1 月 1 日，世界范围内共有 3317 个国际投资条约，其中包括 2932 个双边投资条约，以及 385 个有投资条款的条约。See UNCTAD：World Investment Report 2019：Special Economic Zone, United Nations, 2019, pp. 102-103.

　　〔2〕　Stanimir A. Alexandrov, "The 'Baby Boom' of Treaty-Based Arbitrations and the Jurisdiction of IC-SID Tribunals：Shareholders as 'Investors' and Jurisdiction Ratione Temporis", *The Law & Practice of International Courts and Tribunals*, 2005, 4（1）：19-59.

　　〔3〕　"除条约表示不同意思，或另经确定外，关于条约对一当事国生效之日以前所发生之任何行为或事实或已不存在之任何情势，条约之规定不对该当事国发生拘束力。"

国际投资条约生效之前产生，并一直持续到投资条约生效后，仲裁庭对该类争端行使管辖权并不违反"条约不溯及既往"原则。

如在 Marvin Roy Feldman Karpa 诉墨西哥案中，申请人于 1999 年 4 月 30 日向 ICSID 提起仲裁申请，声称墨西哥采取的措施违反了 1994 年 1 月 1 日生效的《北美自由贸易协定》的相关规定。仲裁庭审理发现申请人主张的被申请人违反条约的措施是在 1992 年年末、1994 年 1 月 1 日《北美自由贸易协定》生效之前。对此，仲裁庭指出，鉴于《北美自由贸易协定》于 1994 年 1 月 1 日生效，在该日期之前，墨西哥不需承担《北美自由贸易协定》项下的任何义务，而且《北美自由贸易协定》本身也并无追溯效力的规定，因此仲裁庭认为，其不应处理 1994 年 1 月 1 日前发生的作为或不作为。仲裁庭同时也指出，被申请人在 1994 年 1 月 1 日之前开始的行为一直持续到 1994 年 1 月 1 日之后也可以构成对《北美自由贸易协定》第 11 章 A 节的违反，即被申请人 1994 年 1 月 1 日之后的被诉措施属于仲裁庭的管辖范围。仲裁庭还补充指出，1994 年 1 月 1 日之前的任何措施均不属于仲裁庭的属时管辖权范围，即使该行为与 1994 年 1 月 1 日之后的行为相同。[1]

又如 Mondev 诉美国案也涉及属时管辖权问题。仲裁庭首先指出争端双方均承认本案争端发生于《北美自由贸易协定》生效之前，且《北美自由贸易协定》并无溯及力规定。他们也承认在特定情况下，发生在《北美自由贸易协定》生效之前的行为可能在《北美自由贸易协定》生效之后依然有效，从而受《北美自由贸易协定》规定的调整。仲裁庭对此表示认同。同时，其亦指出持续性行为与已经完成但却造成持续性损害的行为之间是存在区别的，行为的持续性取决于事实和主张违反的义务。[2]

关于持续性要求，在 SGS 诉菲律宾案中，仲裁庭指出：投资条约适用于持续至投资条约生效后的违反行为，而本案中未按照《CISS 合同》（SGS 与菲律宾就提供全面进口监管服务达成合同）支付服务费的行为就是持续违反行为的

---

〔1〕 Marvin Roy Feldman Karpa v. United Mexican States, ICSID Case No. ARB (AF) /99/1, Interim Decision on Preliminary Jurisdictional Issues, 6 December 2000, paras. 1, 60–63.

〔2〕 Mondev International Ltd. v. United States of America, ICSID Case No. ARB (AF) /99/2, Award, 11 October 2002, paras. 57–58.

典型。[1]

第二节　属时管辖权中的国家复合行为认定

违反国际投资条约义务有时是由多个国家行为（复合国家行为）共同作用引起的，尽管这些国家行为单独造成的结果可能并不严重，但是如果它们综合在一起，就可能产生违反条约义务的效果。如在 Vivendi 诉阿根廷案的撤销决定中，申请人的主张不能仅仅简化为许多个别违反特许合同或阿根廷行政法的主张，而是这些（或其中某些）主张的集合构成了对投资条约的违反，即撤销委员会认为被申请人的某个行为可能不构成对投资条约的违反，但是多个行为综合在一起就可能构成对条约的违反。[2]

就属时管辖权而言，只要作为"整体"的这些复合国家行为中有一些是在投资条约生效之后作出的，则不会违反"法不溯及既往"原则，而可能满足仲裁庭的属时管辖权要求。如在 Tecmed 诉墨西哥案中，申请人于 2000 年 7 月 28 日依据 1996 年 12 月 18 日生效的《西班牙—阿根廷 BIT》向 ICSID 提起仲裁申请。仲裁庭认为，申请人在 1996 年 12 月 18 日之前的行为是否可以被考虑在内，以确定被申请人是否违反了投资条约方面的立场存在一定的不确定性。但是，仲裁庭指出在任何情况下，被申请人在该日期之前单独存在的作为或不作为不构成对投资条约的违反。但是如果被申请人在 1996 年 12 月 18 日之前的行为被视为构成被申请人在 1996 年 12 月 18 日之后的行为的一部分（加重或减轻因素）等，就属于仲裁庭的管辖范围。[3]

---

〔1〕　SGS Société Générale de Surveillance S. A. v. Republic of the Philippines, ICSID Case No. ARB/02/6, Decision of the Tribunal on Objections to Jurisdiction, 29 January 2004, para. 167.

〔2〕　Compan i a de Aguas del Aconquija S. A. and Vivendi Universal v. Argentine Republic, ICSID Case No. ARB/97/3, Decision on Annulment, 3 July 2002, para. 112.

〔3〕　Técnicas Medioambientales Tecmed, S. A. v. The United Mexican States, ICSID Case No. ARB (AF) /00/2, Award, 29 May 2003, paras. 4, 60–68.

第三节　时效存在的举证责任和消灭时效

一、时效存在规则抗辩的举证责任

H&H Enterprises Investments 诉埃及案是时效存在规则举证责任方面较为典型的案例。该案的申请人于 2009 年 7 月 17 日向 ICSID 提起了仲裁申请。被申请人依据公正时效原则（Equitable Principles of Prescription）提出了抗辩，其认为申请人自其所称的被申请人的最后一次违约行为已逾 7 年，显然构成了不合理的诉讼拖延，同时也损害了被申请人在该仲裁中平等的抗辩能力。申请人则认为 7 年延期不足以支撑被申请人提出的申请人存在过失的主张。关于该争论，仲裁庭认为时效规则存在的证明责任在被申请人。而被申请人并未证明 ICSID 规则或 BIT 下时效存在规则（the existence of a prescription rule）。仲裁庭认为被申请人提及的诸如《北美自由贸易协定》等其他制度既不相关，也不能说服仲裁庭对此予以考虑。因此，仲裁庭驳回了被申请人基于公正时效原则提出的抗辩。[1]

二、消灭时效（extinctive prescription）的否定

Ioannis Kardassopoulos 诉格鲁吉亚案中，仲裁庭认为申请人延迟提出诉求并非是不合理的或在当时情况下是不合理的。在审查了全部证据后，仲裁庭指出申请人有充分理由认为可以按照格鲁吉亚政府提出的方式公平解决争端，前提是其不将争端提交仲裁。显然，申请人在此情况下试图避免对争端进行仲裁。被申请人所依赖的案件支持这样的结论：只要申请人在与政府谈判过程中坚持提起其诉求，则即无不适当延误；或根据其事实加以区分。仲裁庭指出，就本案而言，申请人从 1996 年开始一直向格鲁吉亚政府寻求赔偿，直到 2004 年最终被拒绝赔偿。这与 Gentini 案有明显的不同，在该案中，申请人是在其首次向委内瑞拉提出诉求之前已经超过 30 年。仲裁庭指出自 1996 年以来，申请

---

〔1〕　H&H Enterprises Investments, Inc. v. Arab Republic of Egypt, ICSID Case No. ARB 09/15, The Tribunal's Decision on Respondent's Objections to Jurisdiction, 5 June 2012, paras. 1-6, 81-88.

人一直持续不断地为其在格鲁吉亚的投资损失寻求赔偿。格鲁吉亚没有充分注意到该争端的主张是不可信的，因此仲裁庭驳回了被申请人的公平时效抗辩。[1]

第四节　涉华案件中的属时管辖权

一、中国平安公司诉比利时政府案[2]

（一）案件事实[3]

2012年9月平安公司根据2009年生效的《中国—比利时BIT》向ICSID提起仲裁申请，主张比利时对平安公司作为最大股东的富通集团进行了国有化，并将富通集团股份出售给法国巴黎银行，从而导致了平安公司遭受了其对富通集团投资总额90%的损失。

（二）争论焦点[4]

该案涉及的主要问题是中国与比利时之间的新旧投资条约交替时，对于争端解决管辖权的过渡问题，即涉及1984年签订的、1986年生效的《中国—比利时BIT》（旧）与2005年签订的、2009年12月1日生效的《中国—比利时BIT》（新）的过渡问题。本案中，平安公司依据《中国—比利时BIT》（新）的相关规定（第8.2条："如果争议未能在送达通知后的6个月内通过协商的方式解决，则投资者可选择（a）将争议提交与东道国法院进行诉讼；或（b）提交与ICSID进行仲裁"）向ICSID提出仲裁申请。被申请人比利时主张ICISD

---

〔1〕　Ioannis Kardassopoulos v. The Republic of Georgia, ICSID Case No. ARB/05/18, Award, 3 March 2010, paras. 258-268.

〔2〕　中国出口信用保险公司编著：《全球投资风险分析报告》，中国财政经济出版社2017年版，第707-708页。

〔3〕　Ping An Life Insurance Company, Limited and Ping An Insurance (Group) Company, Limited v. The Government of Belgium, ICSID Case No. ARB/12/29, Award, 30 April 2015, paras. 51-111.

〔4〕　Ping An Life Insurance Company, Limited and Ping An Insurance (Group) Company, Limited v. The Government of Belgium, ICSID Case No. ARB/12/29, Award, 30 April 2015, paras. 129-163.

仲裁庭对《中国—比利时 BIT》（新）生效前发生的争端无管辖权。

（三）仲裁庭推理[1]

平安公司和比利时的投资争端发生在《中国—比利时 BIT》（新）生效前，平安公司在《中国—比利时 BIT》（新）生效后（2012 年 9 月）依据《中国—比利时 BIT》（新）中的争端解决条款—向 ICSID 提出仲裁申请。于是，平安公司是否能够依据《中国—比利时 BIT》（新）的争端解决条款提出仲裁申请，就成了 ICSID 仲裁庭判断是否其具有管辖权的关键。

根据《中国—比利时 BIT》（新）中第 10 条"过渡"第 2 款的规定："本条约适用于一方投资者在另一方领土之内的所有投资，无论该投资是否于本条约生效之前还是之后作出，但不适用于本条约生效前已进入司法或仲裁程序的与投资有关的任何争议或索偿。此等争议或索偿应继续按照旧约的规定解决。"

ICSID 仲裁庭在解读该条款时，分为三种情况：一是已经进入司法或仲裁程序的争议，应按照《中国—比利时 BIT》（旧）加以解决；二是《中国—比利时 BIT》（新）生效后发生的争议，应按照新约加以解决；三是已经通知但未达到可以进入司法或仲裁程序的争议，没有规定属于"真空"状态。

（四）最终结论[2]

仲裁庭认为其对《中国—比利时 BIT》（新）生效前产生的争端无管辖权，因此，最终裁定其对本案无管辖权。

二、韩国安城房地产公司诉中国案

（一）案件事实[3]

2006 年 11 月，韩国安城房地产公司（Ansung）管理层决定以收购射阳海滨公司的方式，在射阳县开发高尔夫球场。Ansung 规划在射阳海滨的 1500 亩土地以及相邻的另外 1500 亩土地——共计 3000 亩土地上，建设 27 洞高尔夫球

---

[1] Ping An Life Insurance Company, Limited and Ping An Insurance (Group) Company, Limited v. The Government of Belgium, ICSID Case No. ARB/12/29, Award, 30 April 2015, paras. 164-233.

[2] Ping An Life Insurance Company, Limited and Ping An Insurance (Group) Company, Limited v. The Government of Belgium, ICSID Case No. ARB/12/29, Award, 30 April 2015, paras. 164-233.

[3] Ansung Housing Co., Ltd. v. People's Republic of China, ICSID Case No. ARB/14/25, Award, 9 March 2017, paras. 32-55.

场及相关配套设施。Ansung 向射阳港工业区管理委员会党委（"委员会"）提出申请，以获得射阳县地方政府的投资许可，该申请附有一份报告，概述 Ansung 高尔夫球场项目总体方案中球洞在 18 洞以上，但不超过 36 洞。2007 年 7 月 10 日，Ansung 成立了中方公司，"射阳 Mirage 有限公司"（"Mirage"），在其中的 300 亩土地上开发项目一期的会所和公寓部分。2011 年 10 月，Ansung 以比其已投资金额显著较低的价格将高尔夫业务的全部资产，包括其在 Mirage 的股权，出售给一个中方买家，由此 Ansung 产生严重的财务损失。

2014 年 10 月 7 日，ICSID 收到了 Ansung 对中国提起的仲裁申请的电子版，日期注明为 2014 年 10 月 7 日，并于 2014 年 10 月 27 日和 2014 年 11 月 3 日提交了 C-001 至 C-008 证据，作为仲裁申请书（"RFA"或"申请"或"仲裁申请"）的补充。2014 年 10 月 8 日，ICSID 秘书处收到了申请的打印件。

（二）争论焦点[1]

被申请人与申请人就时效期限（《中国—韩国 BIT》第 9 条第 7 款：尽管有本条第 3 款的规定，如果投资者首次知悉或应该首次知悉其所受损失或损害超过 3 年未提出索赔，则投资者不得依照本条第 3 款提出索赔）的开始日期和结束日期产生争议。

被申请人认为：申请人"知悉其损失或损害之日起 3 年多后提起本 ICSID 仲裁"。根据 Ansung 的诉状，其首次知悉其射阳县高尔夫球场项目损失或损害是 2011 年 10 月以前的某个时间。因此，"按照第 9 条第 7 款的明确规定，Ansung 的索赔请求为其所同意援引的条文禁止，其依该条款请求仲裁庭管辖"，"其主张明显缺乏法律依据"。

而申请人则认为，若其所称事实被采纳，按照《中国—韩国 BIT》第 9 条第 7 款的规定，其符合 3 年期限。Ansung"于 2011 年 12 月 17 日左右知悉或者应该知悉其损失或损害"，并于 2014 年 5 月 19 日发出仲裁意向通知书提出索赔，大概是其后两年半以后。或者，申请人认为其 2014 年 10 月 7 日提出索赔，提交仲裁申请，这也符合《中国—韩国 BIT》第 9 条第 7 款中规定的为期 3 年

---

[1] Ansung Housing Co. , Ltd. v. People's Republic of China, ICSID Case No. ARB/14/25, Award, 9 March 2017, paras. 74-104.

的时效期限。因此，Ansung 的索赔请求不能基于超过时限而被认为是明显没有法律依据的。

（三）仲裁庭推理[1]

仲裁庭指出根据申请人提供的事实，Ansung"首次知悉或应该首次知悉其在射阳县的夭折高尔夫球场项目的损失或损害"，根据该条约第 9 条第 7 款，是在 2011 年 10 月前的某天，但记录并没有提供确切的日期，但可以合理假设是在 2011 年夏末或秋初，接近 10 月的某天（时效期限的开始日期）。

仲裁庭指出申请人于 2014 年 10 月 7 日以电子方式将申请书提交至 ICSID，于 2014 年 10 月 8 日以书面形式提交（时效期限的结束日期）。任何一个日期都在 2011 年夏末或 2011 年秋季或 2011 年 10 月初的三年多以后。

因此，Ansung 根据条约第 9 条第 3 款和第 7 款向 ICSID 提交争议、提出索赔是 Ansung 首次知悉损失或损害之日起 3 年以后。索赔超过时限，因此显然没有法律上的依据。

（四）最终结论[2]

申请人的诉求超过时效，驳回申请人的诉求。

---

[1] Ansung Housing Co., Ltd. v. People's Republic of China, ICSID Case No. ARB/14/25, Award, 9 March 2017, paras. 105-122.

[2] Ansung Housing Co., Ltd. v. People's Republic of China, ICSID Case No. ARB/14/25, Award, 9 March 2017, p. 50.

第二编　实体篇

第五章　公平公正待遇

第一节　公平公正待遇的表现形式

在 2000 年以前，公平公正待遇（Fair and Equitable Treatment，FET）仅仅被认为是一个有关东道国保护外国投资的目的的原则性宣言，而绝非一个有着实体内容适当的法律保护。当国际仲裁庭开始对公平公正待遇进行解释时，一切都改变了。现在，公平公正待遇俨然成为了国际投资仲裁中最容易被违反的条款。[1] 换言之，很长一段时间以来，公平公正待遇并没有引起世界各国的关注，因为其根本就不是一个问题。然而，这一情况在人类进入 21 世纪后明显改变了。公平公正待遇几乎成为了国际投资仲裁实践中每案必涉的核心问题。近二十年过去，人们发现关于公平公正待遇的适用或认定问题还远未终结，国际社会并没有找到一个为世界各国所普遍认同的解决该问题的路径。

众所周知，现存国际投资条约主要是由数量众多的双边投资条约和（跨）区域投资条约构成的。不同投资条约的条款措辞呈现出各式各样不同的表现形式，之所以会这样，主要有以下四个原因：其一，缔结条约的国家不同，条约涉及的利益、地理、文化、习俗等也各不相同；其二，国家之间缔结的投资条约呈现出多种不同形式，如双边投资条约、区域贸易协定中的投资章节、税收协定中的投资条款等；其三，各国基于其特殊国情的不同考虑以及条约缔结的

---

〔1〕　See Sebastián López Escarcena, "The Elements of Fair and Equitable Treatment in International Investment Law", http：//ghum. kuleuven. be/ggs/publications/policy_ briefs/pb14. pdf.

不同环境和不同国家在不同时期对待不同国家的不同态度；其四，有的国家缺乏缔结投资条约一以贯之的政策，如缺少一以贯之的投资条约范本。

　　这些原因当然也导致了公平公正待遇的表达出现了不同的措辞，而且还使其成为投资条约中用语比较"混乱"的最具代表性的一个。公平公正待遇条款混乱的用语必然导致国际投资仲裁实践中出现不同的解释，即在适用公平公正待遇时出现不同的路径，可能导致完全不同的仲裁结果。加之，在仲裁实践中，先例的使用以及最惠国待遇条款的存在为仲裁机构"挑选"对外国投资者利益更为有利的公平公正待遇条款成为了可能。经过分析和综合，公平公正待遇标准至少存在以下四种表现形式：

一、没有限制的公平公正待遇条款

　　许多国际投资条约都运用了简单的没有任何限制的措辞，即仅规定东道国应给予外国投资者的投资以公平公正待遇。如 2009 年《比利时—卢森堡与塔吉克斯坦 BIT》第 3 条规定："一缔约方的投资者之所有投资在另一缔约国境内都应该享有公平公正待遇。"中国对外缔结的投资条约很多都属于这一类型。如 2004 年 6 月中国与突尼斯共和国签订的《中国—突尼斯 BIT》第 3（1）条规定："缔约一方的投资者在缔约另一方的领土内的投资应始终享受公平与公正的待遇。"又如 2008 年 7 月生效的《中国—西班牙 BIT》第 3（1）条规定："缔约一方的投资者在缔约另一方的境内的投资应始终享受公平与公正的待遇。"

　　在没有对 FET 进行限制的条约中，还经常出现将 FET 标准与保护安全标准放在同一个条款中的规定，中国对外缔结的一些双边投资条约也经常这样规定，如 2002 年 6 月签订的《中国—波斯尼亚和黑塞哥维纳 BIT》第 2（2）条规定："缔约一方投资者在缔约另一方境内的投资，应始终被赋予公正和公平的待遇并享受充分的保护和安全。"又如 1992 年 11 月签订的《中国—阿根廷 BIT》第 3（1）条规定："缔约一方投资者在缔约另一方领土内的投资及与投资有关的活动应受到公正和公平的待遇和持久的保护和保障。"显然，这样的措辞从词意上来看与单独规定没有限制的 FET 标准没有什么区别，即并不会改变 FET 标准的解释；它仅仅在同一个条款中列举了两个待遇标准（关于 FET 与保护安全标准的关系问题将会在下一章中进行论述)。

没有限制的公平公正待遇条款的规定路径可能会引起这样一个问题，即按照此种表述的公平公正待遇条款是否能依据习惯国际法的外国人最低待遇标准进行解释或者是否其指的是一个没有限制的独立自主标准，而只能援引"公平"和"公正"概念从一般意义上的含义逐案地进行解释。

在国际投资条约中最早使用"公平公正待遇"一词的是 1967 年 OECD《外国财产保护公约草案》，同时，其亦是主张将没有限制的公平公正待遇条款认定为依据习惯国际法最低待遇标准进行解释的有代表性的投资条约。该《外国财产保护公约草案》第 1 (a) 条采用了没有限制的 FET 路径（即"每一缔约方应该始终确保其他缔约方国民的财产以公平公正待遇"），同时，《外国财产保护公约草案》中进一步对"公平公正待遇"术语进行了解释，指出公平公正待遇要求遵循作为习惯国际法组成部分的最低标准，并要求每一缔约方不是仅仅做到保证，而是要确保其他缔约方国民的财产享有公平公正待遇。[1] 显然，从最早开始使用公平公正待遇条款的《外国财产保护公约草案》的规定来看，公平公正待遇是等同于习惯国际法最低标准的。[2]

尽管《外国财产保护公约草案》在国际社会中有很深远的影响，但是，毕竟其没有法律上的约束力，因此，在具体的国际投资仲裁实践中，投资仲裁庭一般会选择将这种没有限定的 FET 作为独立自主的条约标准。显然，这样的解释无疑会给予仲裁庭更为宽泛的自由裁量权，从而在仲裁实践中会出现 FET 适用范围扩张的情形。FET 的这一扩展性必然会与东道国的政府行为产生冲突。没有限制的路径实际上是为违反 FET 设定了一个非常低的门槛，因此国家的行为很容易被认定为构成对 FET 的违反。这一情况的出现，使人们开始对早期缔结的投资条约中这种简单的没有任何限制的 FET 措辞进行了反思，并开始对其进行适当的限定。一个很明显的趋势是晚近以来各国都纷纷接受了对 FET 进行限制的思路，但是在具体的缔结条约过程中却有不同的方式。从投资条约缔结

---

〔1〕 OECD, "Draft Convention on the Protection of Foreign Property", http：//www. oecd. org/investment/internationalinvestmentagreements/39286571. pdf.

〔2〕 See Pope & Talbot, INC. v. The Government of Canda, Uncitral, Fourth Submission of The United States of America, 1 Novernber 2000, para. 5.

的现实来看，对 FET 进行限定采用的较为常见的方式包括：与国际法相连的方式、以习惯国际法最低待遇标准来对 FET 进行限定、采用一些内涵和外延较为固定的实体或程序性术语对 FET 进行限制等。

二、与国际法相连的 FET

为了限制投资仲裁庭对 FET 解释的宽泛的自由裁量权，一些投资条约采用了将 FET 与国际法相连的方式。较为常见的有三种方式：依据国际法、不低于国际法、根据国际法原则。

第一，依据国际法方式。这种方式一般使用"according to"的英文措辞。采用这种方式对 FET 进行限定，实际上就是想通过"国际法"来对 FET 扩展的范围进行限定。如 1994 年 1 月 1 日生效的美国、加拿大和墨西哥三国间的《北美自由贸易协定》，其第 1105（1）条"最低待遇标准"规定："每一缔约方得依据国际法给予缔约他方投资者以待遇，包括公平公正待遇和全面的保护和安全。"又如 2004 年的《克罗地亚—阿曼 BIT》第 3（2）条规定："一缔约方的投资者的投资和收益都应该根据国际法以及本条约的其他条款给予公平公正待遇。"显然，这种方式是想排除那种主张 FET 是独立自主的条约标准的路径，东道国的行为或采取的措施只要符合国际法的要求，即被认为是符合投资条约的公平公正待遇。但是，我们知道国际法的渊源实际上是非常广泛且有时并不是非常明确的，这就会带来一个较为棘手的问题，到底东道国的行为要符合所有国际法渊源还是仅符合其中一种渊源即可，如果是前者，满足所有的国际法渊源，那么对国家来说是很难做到的，由于国际法的"碎片化"性质，现存国际法渊源还存在很多不统一和矛盾，国家的某一行为不可能既满足此要求同时还满足彼要求；如果是后者，那么就需要解决满足特定国际法的问题，而这一点如果不在投资条约中明确规定，则在实践中可能引起争议。

第二，不低于国际法路径。这一限定的方式一般采用的措辞是"no…less favorable than"，中文即为"不低于"。如 1999 年《巴林—美国 BIT》就采用了这一路径，其第 2（3）（a）条规定："每一缔约方应该在任何时候给予涵盖投资公平公正待遇和全面保护和安全，以及在任何情形下给予的待遇都不应该低于国际法所要求的待遇。"显然，这一路径也涉及国际法的渊源问题。严格来讲，其不仅要求国家的行为满足国际法的要求，而且还需要不低于国际法的要求。此处的国际法只是为东道国行为设置了一个"地平线"，FET 义务绝不能低于该地平线，但是从文本上来看，该条款给了将 FET 解释为添加（adding to）在国际法要求之上更大的空间。可见，该路径不仅遇到"依据国际法"方式的棘手问题，而且相比较而言，其与没有任何限定的 FET 更加接近，也给了投资仲裁员非常宽泛的自由裁量权。

第三，与国际法原则相连。从文本上来看，这一限定路径是想对上述两种路径遇到的广泛的国际法渊源进行限定。因为依据《国际法院规约》第 38 条之规定，国际法原则仅是众多国际法渊源的一种，这就在实际上排除了其他种类的国际法渊源。较为有代表性的投资条约是《阿根廷—法国 BIT》，其第 3 条规定："每一缔约方都应该保证在其境内根据国际法原则给予另一缔约方投资者的投资以公平公正待遇。"相比较而言，这种方式是与国际法相连的路径中争议最少的一种，其有助于解决投资仲裁庭对 FET 宽泛的解释，同时也避免了广泛国际法渊源带来的棘手问题。但是，由于国际法原则本身所遇到的界定问题，可能带来 FET 适用时的不确定性。值得一提的是，这种与国际法原则相连的方式在实践中还并不是常见的形式。

三、与习惯国际法的最低待遇标准相连的 FET

对 FET 进行限定除了上述与国际法相连的方式外，一个更为常见的方式是将 FET 与习惯国际法外国人最低待遇标准相连。这种方式最早出现在《北美自由贸易协定》中。上文指出《北美自由贸易协定》第 1105（1）条 "最低待遇标准"所规定的 FET 采用的是"依据国际法"路径。这一路径的 FET 在《北美自由贸易协定》背景下很快出现了争端，最为核心的争议问题是 FET 与习惯国际法外国人最低待遇标准之间的关系。NAFTA 生效后，涉及 FET 的三个案件麦塔科拉德公司诉墨西哥（Metalclad Corporation v. United Mexican States）

案[1]、波普与塔波特诉加拿大（Pope & Talbot v. Canada）案[2]、S. D. 梅耶斯诉加拿大（S. D. Myers v. Canada）案[3]，在处理 FET 与习惯国际法最低待遇标准关系问题时基本都采用"添加"的路径，即认为 FET 是"添加"在习惯国际法最低待遇标准之上的。仲裁庭的这种解释方法使三个缔约国感到了担忧，于是，2001 年《北美自由贸易协定》"自由贸易委员会"发布了《关于第十一章特定条款的解释声明》（Notes of Interpretation of Certain Chapter 11 Provisions），对"最低待遇标准"进行了解释："（1）第 1105（1）条规定将习惯国际法外国人最低待遇标准作为给予缔约他方的投资者投资的最低待遇；（2）公平公正待遇和全面保护与安全概念不要求超过习惯国际法的外国人最低待遇标准；（3）对 NAFTA 其他条款或其他条约的违反并不构成对第 1105（1）条的违反。"[4] 可见，《关于第十一章特定条款的解释声明》明确否定了之前的投资仲裁庭采用的"添加"解释路径，将 FET 严格地限定在习惯国际法外国人最低待遇标准上，不允许有任何扩展。从文本上来看，这种方式有效地限定了 FET 范围的扩展。

《北美自由贸易协定》中"自由贸易委员会"《关于第十一章特定条款的解释声明》将 FET 等同于习惯国际法外国人最低待遇标准的做法很快被很多国际投资条约（范本）采用。

（一）双边投资条约（范本）体现

《北美自由贸易协定》成员方美国和加拿大在 2004 年发布的双边投资条约范本中非常一致地采用了这一路径。如 2004 年美国 BIT 范本第 5 条"最低待遇标准"规定："（1）每一缔约方应该依据习惯国际法给予涵盖投资待遇，包括公平公正待遇和全面保护与安全。（2）为进一步确定，第 1 款中规定的是依

[1] See Metalclad Corporation v. The United Mexican States, CASE No. ARB（AF）/97/1, Award, 30 August 2000, paras. 74-101.

[2] See Pope &. Talbot INC, v, the Government of Canada, UNCITRAL Arbitration, Award on the Merits of Phase 2, paras. 110-118.

[3] See S. D. Myers, Inc. v. Gov't of Canada, Ad hoc-UNCITRAL Arbitraction Rules, Partial Award, Nov. 13, 2000, paras. 264-266.

[4] NAFTA Free Trade Commission, Notes of Interpretation of Certain Chapter 11 Provisions, 31 July 2001, http：//www. international. gc. ca/trade-agreements-accords-commerciaux/topics-domaines/disp-diff/ nafta-interpr. aspx？ lang=eng.

据习惯国际法外国人之最低待遇标准给予涵盖投资。公平公正待遇和全面保护与安全的概念不要求添加或超越该标准，也不创设额外之实体权利……"[1] 2004 年加拿大 BIT 范本第 5 条"最低待遇标准"也采用了将 FET 与习惯国际法外国人最低待遇标准相等同的路径。[2]

《北美自由贸易协定》成员方除了在其双边投资条约范本中采用这一路径，实际上他们还在对外缔结的投资条约中使用这一路径，如 2005 年《美国—乌拉圭 BIT》第 5 条"最低待遇标准"采用了与美国 2004 年 BIT 范本完全相同的规定。[3] 又如 2012 年缔结的《加拿大—中国 BIT》第 4 条也采用了这样的规定。[4]

除了《北美自由贸易协定》成员国发布的双边投资条约范本和缔结的双边投资条约用习惯国际法外国人最低待遇标准来限定公平公正待遇外，其他一些国家也采用这一方式，如中国近些年来也开始采用这一路径对公平公正待遇进行限定，2008 年《中国—哥伦比亚 BIT》第 2 条就是一个有代表性的例子。[5]

（二）TIPs 中最低待遇标准的纳入

引入最低待遇标准对公平公正待遇和保护安全标准进行限定的路径很快被一些含有投资章节（条款）的经济贸易协定（Treaty with Investment Provisions, TIPs）借鉴。

首先，这一路径表现在《北美自由贸易协定》成员方对外缔结的一系列贸易协定中，如 2006 年《美国—阿曼自由贸易协定》第 10 章"投资"的第

〔1〕　2004 US Model BIT, http：//www. ustr. gov/archive/assets/Trade _ Sectors/Investment/Model _ BIT/asset_ upload_ file847_ 6897. pdf.

〔2〕　Canada 2004 Model BIT, http：//italaw. com/documents/Canadian2004-FIPA-model-en. pdf.

〔3〕　Treaty Between the United States of America and the Oriental Republic of Uruguay Concerning the Encouragement and Reciprocal Protection of Investment, http：//unctad. org/sections/dite/iia/docs/bits/US_ Uruguay. pdf.

〔4〕　Article 4 of Agreement Between the Government of Canada and the Government of the People's Republic of China for the Promotion and Reciprocal Protection of Investments, http：//www. international. gc. ca/trade-agreements-accords-commerciaux/agr-acc/fipa-apie/china-text-chine. aspx? lang=eng.

〔5〕　Article 2 of Bilateral Agreement for the Promotion and Protection of Investments Between the Government of the Republic of Colombia and the Government of the People's Republic of China, http：//unctad. org/sections/dite/iia/docs/bits/colombia_ china. pdf.

10.5 条规定："最低待遇标准" 规定采用了与《北美自由贸易协定》的《关于第十一章特定条款的解释声明》以及美国双边投资条约范本中几乎相同的措辞。[1] 除此之外，2006 年《美国—秘鲁贸易促进协定》[2]、《美国—哥伦比亚自由贸易协定》[3] 以及 2007 年《美国—韩国自由贸易协定》[4]、《美国—巴拿马贸易促进协定》[5] 等都采用了基本相同的措辞。

其次，近些年来，很多非《北美自由贸易协定》成员方国家缔结的贸易协定也采用了这一路径。如 2009 年的《印度—韩国综合经济伙伴条约》第 10.4 条规定："（1）每一缔约方在其境内应该给予另一缔约方投资者的投资以公平公正待遇以及全面的保护与安全。公平公正待遇和全面保护和安全概念不要求添加或超出习惯国际法外国人最低待遇标准所要求的待遇。"[6] 又如 2012 年 9 月签订的《中国—智利自由贸易协定关于投资的补充协定》第 6 条 "最低待遇标准" 也采用了类似的措辞。[7]

最后，采用这一路径的贸易协定还有 2006 年《日本—菲律宾经济伙伴关

---

〔1〕 2004 US Model BIT, http：//www. ustr. gov/archive/assets/Trade_ Sectors/Investment/Model_ BIT/asset_ upload_ file847_ 6897. pdf.

〔2〕 See "Investment of United States - Peru Trade of Promotion Agreement", http：//www. ustr. gov/ sites/default/files/uploads/agreements/fta/peru/asset_ upload_ file78_ 9547. pdf.

〔3〕 See "Investment Chapter of Free Trade Agreement Between the United States of America and the Republic of Colombia", http：//www. ustr. gov/sites/default/files/uploads/agreements/fta/colombia/asset_ upload_ file630_ 10143. pdf.

〔4〕 See "Investment Chapter of Free Trade Agreement Between the United States of America and the Republic of Korea", http：//www. ustr. gov/sites/default/files/uploads/agreements/fta/korus/asset_ upload_ file587_ 12710. pdf.

〔5〕 See "Investment Chapter of United States - Panama Trade of Promotion Agreement", http：// www. ustr. gov/sites/default/files/uploads/agreements/fta/panama/asset_ upload_ file684_ 10351. pdf.

〔6〕 See "India - Republic of Korea Comprehensive Economic Partnership Agreement", http：//commerce. nic. in/trade/india%20korea%20cepa%202009. pdf.

〔7〕 "Article 6 of The Supplementary Agreement on Investments of the Free Trade Agreement Between the Government of the People's Republic of China and the Government of the Republic of Chile", http：// fta. mofcom. gov. cn/chile/xieyi/tzxd-en. pdf.

系协定》〔1〕、2009年《中国—秘鲁自由贸易协定》〔2〕、2009年《马来西亚—新西兰自由贸易协定》〔3〕、2009年《东南亚联盟与澳大利亚和新西兰建立自由贸易区协定》〔4〕等。

这些条约将FET与最低待遇标准明确地联系在一起，是为了阻止仲裁庭对于FET标准的过度解释（overexpansive interpretations），通过将FET的渊源限制在习惯国际法上，这些条约试图用确定的FET的内容来限制仲裁庭的自由裁量权。换言之，这些条约通过将援引习惯国际法的外国人最低标准合并进来，向仲裁员传递了这样一个信息，即FET不应该超越习惯国际法所阐明的最低待遇标准的内容。

值得注意的是，采用这一路径实际上是建立在国际社会对习惯国际法外国人最低待遇标准的构成要件存在一致同意的假定之上的。但是，现实中习惯国际法最低标准本身就存在着较大的不确定性，缺少明确的内容，还需要进行解释。确定习惯国际法内容的过程（确定国家实践和法律确念）在方法论上是困难的，并且给申请人（原告）施加了一个非常困难的（举证）负担。目前仲裁庭并没有统一的关于FET与外国人最低待遇标准条款的解释路径，因此一定程度的不可预测性将长期持续。然而，将FET与习惯国际法外国人最低待遇标准相连的路径会促使仲裁庭在决定FET的违反时不得不去适用与没有限制的FET条款相比更高的标准，因此从东道国的视角看，这一做法确实具有进步意义。

---

〔1〕 See "Article 91 of Agreement Between Japan and the Republic of the Philippines for an Economic Partnership", http：//www. mofa. go. jp/region/asia-paci/philippine/epa0609/main. pdf.

〔2〕 See "Investment Chapter of China-Peru FTA", http：//fta. mofcom. gov. cn/bilu/annex/bilu_ xdwb_ 10_ en. pdf.

〔3〕 See "Investment Chapter of New Zealand - Malaysia Free Trade Agreement", http：//www. mfat. govt. nz/downloads/trade-agreement/malaysia/mnzfta-text-of-agreement. pdf.

〔4〕 See "Agreement Establishing the ASEAN - Australia - New Zealand Free Trade Area", http：// www. asean. fta. govt. nz/assets/Agreement-Establishing-the-ASEAN-Australia-New-Zealand-Free-Trade-Are-a. pdf.

四、与其他要素相连的 FET

将 FET 与一些内容相对固定的其他要素相连，有助于更准确地界定 FET 义务，从而使 FET 更具可预见性。因为一般来说，条约越具体，则其范围和内容就越清晰。[1] 通过归纳，我们可以看到在投资条约的实践中一般有以下四种情况：

第一，用一些具体的程序和实体内容对 FET 进行限定，如："禁止拒绝司法"、"禁止武断、不理性、歧视性"等措辞。

（1）禁止拒绝司法。

近期大量的国际投资条约中的 FET 条款包括援引拒绝司法。这种做法包括两种路径：一是"包括"模式，即规定 FET"包括"在法律和行政程序中不能拒绝司法的义务。如上文提及的《美国—阿曼自由贸易协定》中的规定："'公平公正待遇'包括依据世界主要的法律体系中之正当程序原则，在刑事、民事或行政裁决程序中不得拒绝司法。""包括"一词指的是不拒绝司法的义务成为了 FET 标准的一部分，但是 FET 却并不仅仅局限于拒绝司法，其亦包括其他因素。除了特别提到拒绝司法外，该条款也指向外国人最低待遇标准这一更宽泛概念。因此也可以看出，拒绝司法是导致违反 FET 标准的更为严重的情况。

二是"指向"模式，即直接在条约中指出公平公正待遇的禁止拒绝司法义务。如 2009 年《东南亚综合投资条约》（ASEAN Comprehensive Investment Agreement）第 11 条规定："……（2）为了进一步确定：（a）公平公正待遇要求每一缔约方应该依据正当程序原则，在任何法律或行政程序中都不能拒绝司法。"这里所用的措辞应该被解读为暗示 FET 是限定在拒绝司法上的，因为其所规定的"公平公正待遇"是"要求"而不是"包括"。又如 2009 年 8 月签订的《中华人民共和国政府与东南亚国家联盟成员国政府全面经济合作框架协议投资协议》第 7 条"投资待遇"规定："……为进一步确定：公平公正待遇

---

[1] See UNCTAD, *Fair and Equitable Treatment*: *A Sequel*, UNCTAD Series on Issues in International Investment Agreements II, p. 29.

指的是每一缔约方在任何法律或行政程序中有义务不拒绝司法。"〔1〕除此之外，《东南亚综合投资条约》和《中华人民共和国政府与东南亚国家联盟成员国政府全面经济合作框架协议投资协议》中，都没有提及习惯国际法最低待遇标准，这就更证明了 FET 义务不仅是限制在禁止（不）拒绝司法上的，而且也不包括可能存在于外国人最低待遇标准中的其他保护义务。

（2）禁止武断、不理性或歧视性措施。

一些国际投资条约除了规定一般的 FET 标准外，还特别规定了"禁止武断、不理性或歧视性措施"。"禁止武断、不理性或歧视性措施"的概念是 FET 固有的概念，即可认为这些措辞与那些一般性的 FET 标准规定的措辞相比，有更进一步的实体内容。如 1991 年《（前）捷克斯洛伐克—荷兰 BIT》第 3（1）条规定："每一成员方应该确保另一成员方的投资者之投资享有公平公正待遇，不应该以不合理或歧视性措施损害投资者的运营、管理、维持、使用、享有或处置。"〔2〕

因此，如果一个国家想要将 FET 条款的范围限制在禁止武断、不理性或歧视性措施上，或者其他特定行为上（如拒绝司法），可以用包含特别限制的条款来代替一般 FET 待遇的规定。

第二，与相对标准相连。国际投资法中的相对标准有具体的可参照内容，如将一国的外国投资者与本国投资者和其他国家的外国投资者同等对待，其基本要求就是无差别待遇标准。如 2000 年《泰国—印度 BIT》第 4（1）条规定：投资者的投资应该享有的公平公正待遇应该不低于另一方给予其国民或第三国国民的待遇。显然，该条款是将公平公正待遇与国民待遇和最惠国待遇相联系。

第三，用国内的具体国情进行限制。如维护公共秩序、国家发展水平、国内法等。这种对 FET 标准进行具体限定的方式逐渐成为一种发展趋势。①将 FET 与维护公共秩序相连，如 2001 年《摩洛哥—巴基斯坦 BIT》第 2（2）条

〔1〕《中华人民共和国政府与东南亚国家联盟成员国政府全面经济合作框架协议投资协议》，http://fta.mofcom.gov.cn/inforimages/200908/20090817113007764.pdf.

〔2〕See Andrew Newcombe and Lluis Paradell, "Law and Practice of Investment Treaties: Standards of Treatment", *Kluwer Law International*, 2009, p. 257.

规定："每一缔约方应该总是确保公平公正待遇，严格遵守维护公共秩序的措施……"②将 FET 与国家（东道国）发展水平相连，如 2007 年《东南非共同市场共同投资区》（COMESA Common Investment Area）第 14（3）条规定："为了进一步确定，成员国理解不同的国家有不同的行政、立法和司法系统，不同发展层次的成员国不可能同时达到相同的标准。本条第 1 段和第 2 段'禁止拒绝司法和确定外国人最低待遇标准'并不是在此背景下创立一个单一的国际标准。"③将 FET 与国内法相连，如 1997 年《加勒比海共同市场—古巴 BIT》第 4 条规定："每一缔约方应该依据和遵循国内法和规则确保投资者的投资的公平公正待遇。"〔1〕

第四，通过综合性因素来界定 FET。该路径是综合运用多种因素来界定 FET，如 2008 年 4 月签订的《中国—新西兰政府自由贸易协定》第 143 条"公平和公正待遇"规定："二、公平和公正待遇包括基于一般法律原则，确保投资者不会在任何与投资者投资相关的法律或行政程序中被拒绝公正对待，或受到不公平或不公正对待的义务……四、任何一方不得对另一方投资者对投资的管理、维护、使用、收益或处置采取不合理或歧视性措施。五、违反本章任何其他条款，并不构成对本条的违反。"在该条中，对 FET 的界定因素不仅包括"禁止拒绝司法"，还包括禁止"不合理或歧视性措施"。越来越多的投资条约通过提及其实体内容的一些要素或方面来澄清 FET 标准的意思。这一路径似乎朝正确的方向迈进了一步。继续发展，可以通过将 FET 用具体的标准加以替代或者用穷尽式清单（exhaustive list）的方式，将 FET 包含的要求罗列出来。〔2〕

总之，不确定的表现形式一方面为外国投资者提供了保护自身利益的强有力的工具，另一方面且更为重要的是，为国际投资仲裁机构在处理投资争端时，尤其是在适用 FET 时提供了"无限"解释的可能性。首先，在没有限制的 FET 在实际适用过程中总是面对解释问题，这就赋予了仲裁庭一个很大的自由裁量权。其次，为了防止宽泛的自由裁量权，仲裁庭一般采用两种路径：一是

---

〔1〕《加勒比海共同市场—古巴 BIT》，http：//fta. mofcom. gov. cn/newzealand/newzealand _ xieyi. shtm.

〔2〕See UNCTAD, *Fair and Equitable Treatment*：*A Sequel*，UNCTAD Series on Issues in International Investment Agreements II, p. 35.

用很多其他要素来解释 FET，二是将 FET 用国际法或习惯国际法进行限定。前者导致了包含要素种类的不确定性，而后者则实际上成为了 FET 的第二种和第三种表现形式，实际上第二种和第三种表现形式很大程度上集中于最低待遇标准的内涵上，而最低待遇标准的具体内涵随着国际政治经济等形势的变化而具有明显的不确定性，从而使这种最低待遇标准的限制往往流于形式。最后，与其他要素相连的 FET 中，有一些条款在实践中确实起到了平衡投资者与东道国之间利益的作用，但是毕竟其数量相对有限，而其他更多的 FET 条款中的要素本身也存在内涵的不确定性问题，而最终导致 FET 内容的不确定。

第二节 公平公正待遇的具体认定

近些年来，国际投资条约和仲裁实践关于界定 FET 的一个重要趋势是对 FET 所包含的要素进行列举，这被认为是限制 FET 较为重要和有效的一种方式。但这种限定方式除了极个别要素外（如"投资者行为"），不但未能有效地限定和澄清 FET，而且还可能进一步导致了 FET 的不确定性。

一、FET 包含要素种类的不确定性

实际上，晚近以来不断有机构和学者指出 FET 所包含的要素。经过梳理发现，关于 FET 要素不同的仲裁庭有不同的认定，有的仲裁庭或仅指出一种要素或同时指出几种要素。有国际机构或学者也对以前的仲裁实践进行过总结：

第一，UNCTAD 认为 FET 包含的要素有：①投资者合法预期；②明显武断；③拒绝司法和正当程序；④歧视；⑤滥用待遇；⑥投资者行为的功能；⑦责任的门槛；⑧差别标准的审查；⑨FET 违反的损害。[1]

第二，OECD 也曾指出 FET 包含的要素有：①适当注意；②正当程序；③透明度；④善意原则（包括尊重基本预期、透明度、无需存在专断要素的组

---

〔1〕 See UNCTAD, *Fair and Equitable Treatment*；*A Sequel*，UNCTAD Series on Issues in International Investment Agreements II, pp. 61–89.

合）；⑤自主的公平要素。[1]

第三，Roland Kläger 认为 FET 主要分为两大类，一是实体原则，其具体包括：①主权；②合法预期；③非歧视。二是程序原则，其具体包括：①公平程序；②透明度。[2]

第四，Sebastián López Escarcena 认为 FET 的要素有：①正当程序要求；②非武断；③非歧视；④适当谨慎；⑤合法预期；⑥稳定和可预见；⑦透明度；⑧善意。FET 的轮廓还远未准确。但是，这些因素允许裁决作出者在特定的情况下去适用该标准。毕竟，FET 的目的是使东道国给投资者提供善治。也就是说，要求一个尊重法治的、透明的、一致的以及负责的公共管理。[3]

第五，Abhijit P. G. Pandya 主张 FET 的要素有：①合法预期原则；②透明度、③一致行为和远离武断干扰；④禁止拒绝司法等。[4]

第六，Schill 教授指出 FET 包括：①法律框架稳定、可预见和一致性；②合法性原则；③投资者信任或合法预期保护；④程序的正当过程和拒绝司法；⑤实体的正当过程或保护免受歧视或武断；⑥透明度要求；⑦合理性和比例性要求。[5]

第七，Gabriel Cavazos Villanueva 在其博士论文中指出了 Schill 所指出的要素外，投资者的行为成为了 FET 标准的新要素。[6]

第八，Marcela Klein Bronfman 认为 FET 包含的要素至少包括：①善意和公

〔1〕 See OECD, Fair and Equitable Treatment Standard in International Investment Law, Directorate For Financial and Enterprise Affairs, Working Papers on International Investment, Number 2004/3, pp. 25–39.

〔2〕 See Roland Kläger, "*Fair and Equitable Treatment*" in International Investment Law, Cambridge University Press, 2011.

〔3〕 See "Sebastián López Escarcena, The Elements of Fair and Equitable Treatment in International Investment Law", http://ghum.kuleuven.be/ggs/publications/policy_ briefs/pb14.pdf, pp. 3–6.

〔4〕 See "Abhijit P. G. Pandya, Interpretations and Coherence of the Fair and Equitable Treatment Standard in Investment Treaty Arbitration", Ph. D. Law (Submission) London School of Economics, pp. 45–154.

〔5〕 See Stephan W. Schill, "Fair and Equitable Treatment under Investment Treaties as an Embodiment of the Rule of Law", IILJ Working Paper 2006/6, Global Administrative Law Series, pp. 9–22.

〔6〕 See Gabriel Cavazos Villanueva, The Fair and Equitable Treatment Standard in International Investment Law: the Mexican Experience, A Dissertation Submitted on the Seventh Day of November 2007 to the School of Law in Partial Fulfillment of the Requirements of Tulane University for the Degree of Doctor of Philosophy, pp. 246–250.

平预期；②法律和商业环境的稳定；③适度谨慎。[1]

第九，中国著名学者余劲松教授通过分析近几年的 ICSID 仲裁案件，对 FET 的解释，指出实践中的 FET 要素主要包括：①稳定和可预见的法律和商业环境；②投资者的基本预期；③不需要有专断和恶意；④违反 FET 需要进行赔偿。[2]

第十，还有知名学者徐崇利教授也通过对仲裁庭和西方学者的观点进行总结，归纳出了 FET 的 11 种要素。其经过分析认为，这些要素可具体分为五类：①外资最低待遇的保证，正当程序、不歧视、不专断；②对外资良知的保证：投资者合法预期、稳定和可预见的法律和商业框架、透明度；③较高保证：政府适当目的形式权力、不越权行事；④外资保证的辅助性因素：善意和非不当得利；⑤由其他条款进行的保证：适当审慎。[3]

有学者指出，仲裁实践中出现的 FET 的要素有助于更进一步准确理解 FET 概念以及消除 FET 适用的模糊性。[4] 还有仲裁员甚至指出，FET 术语是"一个特意的模糊术语，这样设计是为了给仲裁员准立法（quasi-legislative）的权威，以清楚地表达各种不同的规则，进而完成具体争端中条约的目的"。仲裁庭有很大的责任来促进该标准内容的发展。"从正统来看，国家创造国际法，而国际法院仅仅解释和适用它……但是实践中，国际法院却在发展国际法方面发挥了重要的作用，因为解释和创造法律之间的区别是虚幻的（fiction）……法院被要求去解释宽泛的条款，填补空白，澄清模糊之处（ambiguities）。这些司法解释最终被国家、其他法院以及专业人员看作是国际法内容的证据。"[5] 因为 FET 条款包含要素种类的不确定性不仅导致了东道国往往"疲于应对"外

---

〔1〕　See Marcela Klein Bronfman, "Fair and Equitable Treatment: An Evolving Standard", *Max Planck UNYB* 10（2006）, pp. 637-646.

〔2〕　参见余劲松、梁丹妮：《公平公正待遇的最新发展动向及中国的对策》，载《法学家》2007 年第 6 期。

〔3〕　参见徐崇利：《公平公正待遇：真意之解读》，《法商研究》2010 年第 3 期。

〔4〕　See Roland Kläger, "Fair and Equitable Treatment" and Sustainable Development, in Marie-Claire Cordonier Segger Markus W. Gehring, Andrew Newcombe eds., "Sustainable Development in World Investment Law" 241, *Kluwer Law International*, 2010, p. 119.

〔5〕　See UNCTAD: "Investment Policy Framework for Sustainable Development", http://unctad. org/en/PublicationsLibrary/diaepcb2012d5_ en. pdf, pp. 61-62.

国投资者以 FET 条款为依据提起的投资仲裁，而且国际投资仲裁机构在处理该问题时，也不得不考虑与 FET 相关联的"宽泛"要素，从而使可以纳入到 FET 项下的因素不断增多，换言之，FET 条款包含要素种类的不确定性必然导致 FET 条款像一个"无所不包"的"大篮子"一样，会不断装进新的内容，而这种 FET 项下因素不断增多的情形可能会"挤占"国家基于公共利益采取措施的空间。

二、具体要素内容认定的不确定性

不仅 FET 包含要素种类存在不确定性，而且 FET 所包含的这些要素的具体内容也存在不确定性。其中投资者的合法预期所表现出来的不确定性较具代表性。

投资者的合法预期已经被很多投资仲裁庭确认为公平公正待遇的一个重要因素。与投资者的合法预期紧密联系或者说相互矛盾的是商业环境的改变。因为一般说来，投资具有以下特征：从属性上来看，投资属于一次性交易、投资金钱数额较大且投资持续时间以及等待回报的时间很漫长。例如，投资经常是基于东道国的一项特许经营合同，而这些合同的标的一般都是技术性要求高、过程相当复杂、投入很大的基础性工程。因此，这就更加需要东道国一贯保持良好的投资环境。有学者指出，自 2004 年以来，国家行为影响投资者的基本预期已经成为违反公平公正待遇标准的最重要的方面。[1]

但是，我们知道国家所面对的国际社会情况瞬息万变，其国内事务也复杂而多变，一些诸如纯经济因素（如技术革新，价格的起起落落以及竞争者的相对经济力量）等所导致的投资者投资时的商业环境的改变在所难免。其中很多原因并不能成为外国投资者提起国际投资仲裁的理由，从实践来看，东道国当局采用直接或间接、一般或特别方式作出的涉及外国投资者的一些规则、法律、政策、合同等的改变可能会被认为是违反了公平公正标准，而且关于违反合法预期的主张一般是在投资者由于国家特定措施遭受损失时提出的。换言

---

[1] See Thomas J. Westcott, "Recent Practice on Fair and Equitable Treatment", 8 *J. World Investment & Trade* 409（2007）, p. 414.

之，当东道国的行为对投资造成了不利影响时，投资的经济价值会减少，投资者可能会主张国家违反了其在进行投资时的合法预期。问题是公平公正待遇标准是否或在多大程度上包括这样的合法预期。

投资仲裁中使用的合法预期概念几乎适用于所有种类的 FET 条款。它经常被解释为"稳定的法律和商业环境"、"稳定的行政行为"以及"稳定的合同关系"等。

（一）稳定的法律和商业环境

仲裁庭在适用 FET 时经常将"稳定的法律和商业环境"作为其中一个重要因素。如在 Occidental 诉厄瓜多尔案中，仲裁庭首先提到了本案所依据的双边投资条约的序言，即"为投资维持一个稳定的框架"。仲裁庭认为，法律和商业框架的稳定性是公平公正的根本要素。接着，仲裁庭指出被申请人厄瓜多尔对投资者所依靠的框架进行了大幅度的改变，而且也没有对改变的内容进行澄清。[1] 厄瓜多尔税法的这些改变使投资者 OEPC 不能确定自己是否能够拿到退税，于是投资者要求税收当局对这一情形给予澄清，但是税收当局在接到此要求后的行为是含糊的，因为其一开始同意退还，但是后来却取消了该决定，并要求投资者返还退款。[2] 因此，仲裁庭认为被申请人有保证不改变投资者进行投资时的法律和商业环境的义务。[3] 可见，对投资者所依赖的环境的改变以及未对这种改变的内容加以澄清的做法是可能被认定为违反 FET 的。

又如 Tecmed 诉墨西哥案也是一个较典型的例子。本案是关于垃圾填埋运营的开放许可证由有限期限的许可证所替代引起的。申请人主张投资的法律和商业环境的改变违反《西班牙—墨西哥 BIT》第 4（1）条规定的"公平公正待遇条款"。仲裁庭经过审理支持了申请人的主张，即被申请人墨西哥当局以一种模糊和不确定的方式替代了许可证，因此，侵犯了申请人的合法预期。仲裁庭认为《西班牙—墨西哥 BIT》中的公平公正待遇条款应该依据国际法中的善

〔1〕 See Occidental Exploration and Production Company v. The Republic of Ecuador, Final Award, Case No. UN 3467, 1 July 2004, para. 183.

〔2〕 See Occidental Exploration and Production Company v. The Republic of Ecuador, Final Award, Case No. UN 3467, 1 July 2004, para. 32.

〔3〕 See Occidental Exploration and Production Company v. The Republic of Ecuador, Final Award, Case No. UN 3467, 1 July 2004, paras. 186–187.

意原则进行解释，该原则要求缔约方给予不影响投资者进行投资时所考虑的基本预期的国际投资待遇。外国投资者要求东道国以一致的行为行事，其行为应该具有确定性，符合完全透明度要求，以便使投资者事前知道所有可能会限制其投资的规则与制度，事先知道有关的政策和行政实践的目标，以便能安排其投资和遵守相关的规则。[1]

还有一些案件的裁决也持与 Tecmed 诉墨西哥案相类似的观点。如 CMS 诉阿根廷和 Enron 诉阿根廷案，两个仲裁庭均认为，FET 标准包括了一个"为投资保持稳定的框架"。其中的主要依据是《美国—阿根廷 BIT》中序言的规定。该序言中明确地规定了"投资者的 FET 需要保持稳定的投资框架"。仲裁庭认为阿根廷在 2000-2002 年的经济危机时所采取的紧急措施违反了 FET，因为它们改变了促进投资者进行投资的关税保证体制，进而改变了投资的所有稳定框架。阿根廷以其采取措施的意图进行抗辩，仲裁庭并未采纳，相反其认为措施的意图与是否违反 FET 并不相关，即使假设被申请人是由最好的意图所指导，但还是客观上违反了 FET。[2] 可见，由稳定的法律和商业环境的改变所导致的 FET 的违反可能并不会因法律和商业环境改变的意图而得以豁免。

在 PSEG 诉土耳其案中，仲裁庭强调了法律环境的改变以及涉及投资的行政政策和态度与"为投资者的运营确保一个稳定和可预见的商业环境"相违背。这种形式是复杂的，因为法律是持续改变的。因此，东道国为投资者创造一个过山车的效应并且破坏了法律体制的可预见性。[3]

通过分析这些案件的裁决可知，仲裁庭指出东道国在商业或法律框架的不利改变可能会影响投资者的合法和稳定预期，从而导致其对 FET 的违反。显然这种分析路径存在一定的不足，因为它不仅忽略了投资者应该合理地预见到法律和政策会随着时间的推移而改变的正常运行规律，而且还潜在地阻止了东道国合法规则的改变。因此，一些仲裁庭开始要求对投资者的合法预期要素要进行更进一步界定。

〔1〕 See Tecmed v. Mexico, ICSID Case No ARB（AF）/00/2, Award, 29 May 2003, para. 154.

〔2〕 Tecmed v. Mexico, ICSID Case No ARB（AF）/00/2, Award, 29 May 2003, paras. 274-276.

〔3〕 PSEG Global, Inc., The North American Coal Corporation, and Konya Ingin Electrik Üretim ve Ticaret Limited Sirketi v. Republic of Turkey, ICSID Case No. ARB/02/5, 19 January 2007, paras. 238-256.

（二）稳定的行政行为

行政行为与上述的法律框架有一定的联系，但是存在区别。在国际投资仲裁中，投资者所要求的稳定的行政行为一般指的是东道国政府授予投资者的某项许可或特权的行为。稳定的行政行为是要求东道国对其作出的许可或授权要保持一致性，不能无故或借故撤销。违反这一要求就很有可能构成对公平公正待遇的违反。Metalclad 诉墨西哥案是其中一个较为典型的代表。该案是关于墨西哥当局许可申请人承建一处危险废物填筑地工程的案件。申请人 Metalclad 已经从联邦和州政府获得了废物填筑地建设许可，但就是得不到市政当局的相关许可，尽管联邦政府已经宣称市政当局并没有拒绝许可的法律基础。[1] 仲裁庭认为市政当局的这一行为是不适当的，[2] 其认为被申请人墨西哥没有为投资者提供透明和稳定的框架，所有证据均表明，被申请人墨西哥未提供恰当的程序和及时的安排来保证投资者预期。[3] 除此之外，TECMED SA 诉墨西哥等案件中仲裁庭也认为政府的行政行为不一致会导致对公平公正待遇的违反。[4]

（三）稳定的合同关系

稳定的合同关系又称为合同的稳定性，即要求东道国遵守其在合同中所作出的承诺。尽管有的投资条约中将其作为保护伞条款加以规定，但是这并不妨碍在没有此规定的情况下，将其作为公平公正待遇中的构成要素加以适用。在这种情况下，如果违反了合同义务，则就可能构成对公平公正待遇的违反。例如，Eurko B. V. 诉波兰案就是这样一个典型的案例。在该案中，荷兰的投资者在波兰私有化过程中购买了 PZU（是波兰一家著名的保险公司）20%的股份。根据 Eurko 和波兰国家保险当局的股份购买合同，投资者有权额外获得公共销售证券的股份，以便获得 PZU 最大的控制权。由于私有化工程的改变，股票购

［1］ See Metalclad Corporation v. The United Mexican States, CASE No. ARB（AF）/97/1, Award, 30 August 2000, paras. 85-94.

［2］ See Metalclad Corporation v. The United Mexican States, CASE No. ARB（AF）/97/1, Award, 30 August 2000, para. 97.

［3］ See Metalclad Corporation v. The United Mexican States, CASE No. ARB（AF）/97/1, Award, 30 August 2000, para. 99.

［4］ See Técnicas Medioambientales Tecmed, S. A. v. The United Mexican States, ICSID Case No. ARB（AF）/00/2, Award, 29 May 2003, para. 154.

买合同的时间表一再推迟，公开销售证券根本没有进行。[1] 基于此，仲裁庭认为，投资者 Eurko 很明显没有得到公平公正待遇。[2] 仲裁庭亦认为波兰政府由于自身的政治原因而没有遵守其与投资者达成的股票购买合同。[3] 很显然，波兰政府因为没有履行其合同义务，导致违反了公平公正待遇标准。

除了投资者合法预期外，对 FET 中的"善意"（good faith）因素的认定也存在不确定性，如在 S. D. Myers Inc. 诉加拿大案中，美国的 S. D. Myers 公司对加拿大颁布的出口禁令提出了仲裁申请，在提出该出口禁令违反了 FET 的主张时，其认为加拿大以拒绝司法和有违国际法上的善意要求的不公正行为违反了 FET。[4] 而在 ADF Group 诉美国案中，ADF 公司指出，美国没有善意地遵守《北美自由贸易协定》第 1105（1）条的规定，从而违反了依据习惯国际法善意履行其义务的义务。仲裁庭指出违反习惯国际法下的善意义务对于确定 FET 的内容只有微不足道的作用。[5]

但是在 TECMED S. A. 诉墨西哥案中，仲裁庭却认为投资条约中的公平公正待遇条款是根据国际法中的善意原则建立起来的，其要求缔约方提供不能影响外国投资者进行投资时所考虑的基本预期的国际投资待遇。外国投资者的这些预期包括希望东道国以一种一致、毫不含糊、完全透明的方式行事……外国投资者还希望东道国采取一致的行为，如不任意撤销已经存在的决定或撤销国家颁发的而投资者据以安排其商业活动的许可证。外国投资者还希望国家使用法律工具来管理投资者的行为，不能在没有赔偿的情况下剥夺投资。实际上，东道国不遵守上述行为将会影响到投资者去衡量东道国给予的待遇和保护，以及东道国的行为是否违反了公平公正待遇原则。因此，上述这些行为与公平公正待遇有着密切的关系。[6]

---

〔1〕 See Eureko B. V. v. Republic of Poland, Partial Award, 19 August 2005, paras. 34-73.

〔2〕 See Eureko B. V. v. Republic of Poland, Partial Award, 19 August 2005, para. 231.

〔3〕 See Eureko B. V. v. Republic of Poland, Partial Award, 19 August 2005, paras. 231-233.

〔4〕 See S. D. Myers, Inc. v. Gov't of Canada, UNCITRAL, Partial Award, Nov. 13, 2000, para. 136.

〔5〕 See ADF Group INC., United States of America, Award, Case No. ARB（AF）/00/1, January 9, 2003, para. 191.

〔6〕 See Técnicas Medioambientales Tecmed, S. A. v. The United Mexican States, ICSID Case No. ARB（AF）/00/2, Award, 29 May 2003, para. 154.

　　总之，从上述关于公平公正待遇的论述可知，公平公正待遇不仅包含种类各异的要素，而且这些要素的具体内容也具有相当的不确定性。

第三节　公平公正待遇与最低待遇标准的关系

　　FET 与 MST（最低待遇标准）的关系问题是 FET 标准认定的核心问题之一，近年来备受争议。关于两者关系，无论在理论还是实践中都有不同的认定。至今尚未有统一的认识。[1] 经过对有着统一措辞条约条款的《北美自由贸易协定》所引发的仲裁实践以及措辞不统一的其他投资条约所引发的仲裁实践的梳理，两者关系的认定主要包括三种路径：一是"无关路径"，即将 FET 认定为独立自主的条约标准，其与最低缔约标准并无明确关系，这一路径一般将 FET 认定为门槛相当低的标准，即对东道国来说，其行为很容易就违反了 FET，而对投资者来说 FET 为其提供了高水平的保护；二是"添加"路径，即认为 FET 是添加在（习惯国际法）最低待遇标准之上的标准，显然这种路径下的 FET 的保护水平"超过"了习惯国际法最低待遇标准所提供的保护水平；三是"等同路径"，即将 FET 等同于习惯国际法最低待遇标准，最低待遇标准的构成要素决定了 FET 的要素。

一、《北美自由贸易协定》背景下仲裁实践的不同认定

　　《北美自由贸易协定》第 11 章[2] 分为三个部分，A 部分是界定 NAFTA 成

---

　　〔1〕 有学者指出了三种主要路径：①FET 是习惯国际法的一部分；②FET 既不是习惯国际法的一部分，也不是 IMS 的一部分；③FET 是独立的条约标准，且已经具有习惯国际法的效果。See Alexandra Diehl, "The Core Standard of International Investment Protection: Fair and Equitable Treatment", *Wolters Kluwer Law & Business*, 2012, p. 129.

　　〔2〕《北美自由贸易协定》是一个由美国、加拿大和墨西哥三国缔结的区域性贸易协定。《美国—加拿大自由贸易协定》生效后就开始《北美自由贸易协定》的谈判。加拿大和美国都希望参与墨西哥在 1980s 开始的结构性改革、放松管制和私有化的经济自由化。经过强烈的反对和公众的投票以及三国几轮的谈判，《北美自由贸易协定》在 1993 年签署，并在 1994 年 1 月 1 日生效。成员国承诺 "为商业计划和投资确保可预见的经济框架"、"增加充分的投资机会" 以及 "创建一套有效的争端解决机制"。而我们所关注的是该协定中的投资章节——第 11 章。

员方之于投资者义务的范围和内容。FET 条款出现在第 1105（1）条最低待遇标准中。与 BIT 背景下 FET 相比，在 NAFTA 背景下，FET 有着相同的措辞，因此，最终关于该条款的认识也相当一致。由于"自由贸易委员会"（FTC）发布《关于第十一章特定条款的解释声明》后，对以前的公平公正待遇条款进行了全面地权威解释，这必然会导致最终的裁决结果较之从前有较大的变化，因此，有必要对 NAFTA 背景下的裁决分阶段分析研究。

（一）FTC "解释声明"发布前的仲裁实践

第一，在 NAFTA 背景下的案件中，Metalclad Corporation 诉墨西哥案是关于第 1105 条最早的有利于投资者的实质性裁决，代表了 FET 标准早期的路径。该争端涉及瓜达尔卡萨尔市政的废物处理站。申请人主张墨西哥错误地拒绝了其子公司运营这些设备，尽管该项目是由墨西哥官方部门所邀请，并满足了墨西哥的所有相关法律规定。在用尽当地救济后，申请人将争端提交到 ICSID，主张被告违反了第 1105 条的规定。申请人采用了添加的解释方法对 FET 进行解释，认为第 1105 条将可预见性和透明度合并进 FET 中来。与之相反，被申请人墨西哥则坚持认为要评估其行为是否违反了第 1105 条，仲裁庭认为必须考虑 NAFTA 关于环境保护的目的以及成员方之后的条约，以便能依据所有相关事实和情形进行评估。显然仲裁庭接受了申请人的解释，其认为应该注意到援引 NAFTA 前言中的可预见性和透明度，认为第 1105 条应该依据其在条约中的措辞的原始意思进行解释。[1] 经过对相关事实进行分析，仲裁庭得出结论认为，墨西哥及其当地政府扰乱了项目的发展和运行，从而违反了 FET 义务。[2] 但是，仲裁庭并没有明确对习惯国际法最低待遇标准及其与 FET 的关系进行评论。因此，该案仲裁庭实际上是将 FET 作为独立于国际法之外的自主的条约标准。

第二，Pope & Talbot 诉加拿大案仲裁庭对 NAFTA 第 1105（1）条进行了非常宽泛的解释。Pope & Talbot 公司是美国的一家从事木材业务的公司，该公司

---

〔1〕 See Metalclad Corporation v. The United Mexican States, Case No. ARB（AF）/97/1, Award, 30 August 2000, paras. 74-76.

〔2〕 See Metalclad Corporation v. The United Mexican States, Case No. ARB（AF）/97/1, Award, 30 August 2000, paras. 76-101.

主张加拿大的《软木协议》（Softwood Lumber Agreement）的实施违反了 NAFTA 第 1105 条规定的公平公正待遇和保护安全标准。[1] 投资者主张 NAFTA 第 1105（1）条中的"国际法"包括：①国际法院规约第 38 条所规定的所有国际法渊源；②"善意"概念，包括"条约必守"（"pacta sum servanda"）；③世界银行关于外国直接投资的指导；④NAFTA 成员方的其他条约义务等。而作为被申请人的加拿大则不同意这种对第 1105（1）条进行扩展解释的主张，它认为国家行为必须达到"极端恶劣"（egregious）的程度才能违反 FET。[2]

　　仲裁庭经分析认为：第 1105 条中"公正"因素的存在表明其是添加在国际法要求之上的，即投资者依据 NAFTA 享有国际法最低标准，再加上这些"公平"要素。[3] 仲裁庭将第 1105 条解释为要求涵盖投资者和投资享有一般标准的公正要素，而不必有任何极端恶劣、粗暴或令人震惊等门槛限制的行为。[4] 因此，Pope & Talbot 诉案裁定 FET 标准是"添加"在习惯国际法外国人最低标准之上的，因此仲裁庭有超越后者限制的自由。

　　第三，S. D. Myers 诉加拿大案。S. D. Myers 是美国俄亥俄州的一家私人公司，其诉称，由于加拿大颁发了出口禁令，导致其在加拿大的子公司的印刷电路板出口受到限制，从而主张加拿大的行为违反了 NAFTA 第 1105 条等规定。仲裁庭经过分析，认为 NAFTA 第 1105 条规定的"最低待遇标准"是防止出现空白或缝隙（gap）所必需的。特别用来防止只要以一种与其对待自己国家国民相同的方式，政府就可以严厉、有害和不正义的方式对待外国投资者的情形。因此，最低待遇标准为政府对待外国投资者设定了一条底线，即使在政府没有以歧视的方式行事的情况下，也不能低于它。[5] 接着，仲裁庭进一步指

---

〔1〕　See Pope &. Talbot INC, v, the Government of Canada, Award on the Merits of Phase 2, 10 April 2001, para. 105.

〔2〕　See Pope &. Talbot INC, v, the Government of Canada, Award on the Merits of Phase 2, 10 April 2001, paras. 107-108.

〔3〕　See Pope &. Talbot INC, v, the Government of Canada, Award on the Merits of Phase 2, 10 April 2001, para. 110.

〔4〕　See Pope &. Talbot INC, v, the Government of Canada, UNCITRAL, Award on the Merits of Phase 2, 10 April 2001, para. 118.

〔5〕　See S. D. Myers, Inc. v. Gov't of Canada, UNCITRAL, Partial Award, 13 November 2000, para. 259.

出，第 1105 条表述的是一个整体概念，该条款必须作为一个整体加以理解。短语 FET 和全面保护和安全（FPS）不能分开理解。他们必须与"依据国际法"相连。[1] 仲裁庭认为只有当证明投资者被以一种不正义或武断的并且达到从国际视角都不能接受的方式时，才构成对第 1105 条的违反。政府当局使用自己在境内管理事项上权力必须遵守国际法上的一般规则，同时也必须考虑到适用于本案的国际法的特别规则。[2]

在确定外国投资者的公平公正待遇标准是否被违反时，东道国是否违反国际法规则并不是决定性的，但是，东道国违反那些专门设计用来保护投资者的国际法规则时将会很大地影响到是否违反了第 1105 条。[3] 仲裁庭最终裁定，加拿大违反了第 1105 条主要是建立在其违反了第 1102 条（国民待遇）的事实上的。[4] 显然，S. D. Myers 案仲裁庭采用的解释路径是不仅将 FET 等同于最低待遇标准，[5] 而且还将国民待遇标准纳入进来，使公平公正待遇涵盖范围广泛，即实际上也主要采用了添加路径。

（二）FTC"解释声明"发布后的仲裁实践

NAFTA 第 11 章（"投资"）允许缔约一方投资者通过主张缔约他方的行为违反了该章相关条款而提起投资仲裁，从而要求东道国对其所造成的金钱损失进行赔偿。像其他投资条约一样，NAFTA 创建了投资保护标准和争端解决的程序。除此之外，还有两个条款值得注意：一是根据第 1128 条的规定，任何一方可以向投资仲裁庭提交意见书，以表达其对该仲裁庭解释的质疑，而不论该方是否是争端的一方。二是根据第 1131（2）条的规定，NAFTA 成员方有一个通过 NAFTA 自由贸易委员会的方式发布关于第 11 章有约束力的解释的集体

〔1〕 See S. D. Myers, Inc. v. Gov't of Canada, UNCITRAL, Partial Award, 13 November 2000, para. 262.

〔2〕 See S. D. Myers, Inc. v. Gov't of Canada, UNCITRAL, Partial Award, 13 November 2000, para. 263.

〔3〕 See S. D. Myers, Inc. v. Gov't of Canada, UNCITRAL, Partial Award, 13 November 2000, para. 264.

〔4〕 See S. D. Myers, Inc. v. Gov't of Canada, UNCITRAL, Partial Award, 13 November 2000, para. 266.

〔5〕 See Andrew Newcombe and Lluis Paradell, "Law and Practice of Investment Treaties: Standards of Treatment", *Kluwer Law International*, 2009, p. 272.

授权。

由于对第1105条逐渐自由化的解释的关注，2001年NAFTA的FTC依据第1131（2）条的规定发布了一个解释，该解释要求仲裁庭放弃添加（附加）的自由解释路径，而是要通过MST的门槛测试国家行为来限制解释FET。可见，自由贸易委员会"解释声明"的发布可看作是三个缔约国为代表的国家与国际仲裁庭之间进行的博弈，是国家对仲裁庭采取的添加路径、扩展性解释公平公正待遇的一种限制。其实质是国家利益与投资者利益进行平衡的一次努力，亦即是对国家与投资者权利义务平衡性的一种有益尝试。然而，通过下文的分析可知，三缔约国的这种限制性尝试和努力，由于仲裁庭对习惯国际法最低待遇标准的扩展性认定（即演进性特征）而大打折扣，从而可能在实际上否定了国家平衡其与外国投资者之间利益的上述尝试。

1. Pope & Talbot案有关损害的裁决

2002年5月31日，Pope & Talbot案仲裁庭作出了有关损害的裁决（Award in Respect of Damages）。在裁决中仲裁庭指出，2001年4月10日，已经裁决加拿大的行为违反了NAFTA第1105条的规定，并认为投资者应该得到加拿大的赔偿。然而就在该裁决作出后不久，2001年7月31日NAFTA的FTC却发布了"解释声明"。[1] 仲裁庭认为，因为存在NAFTA第1131（2）条的规定，所以仲裁庭接下来面对的问题就是确定FTC所发布的该"解释声明"对本案现阶段（损害赔偿审理阶段）是否适用的问题。关于此，加拿大主张仲裁庭2001年4月10日关于加拿大违反第1105条的裁决不应该与该"解释声明"相分离。仲裁庭还没有决定关于违反第1105条的所有赔偿问题，而该问题主要依赖于关于第1105条的违反。加拿大进一步指出，由于该"解释声明"并不是一个修改，而是第1105条意思的陈述，因此对仲裁庭来说，在适用该"解释声明"时，就必须考虑其关于"违反决定"是否是正确的解释。加拿大的观点是因为仲裁庭在此阶段必须遵循第1105条，所以其必须适用该"解释声明"。[2] 与

[1] See Pope & Talbot INC, v, the Government of Canada, UNCITRAL, Award in Respect of Damages, 31 May 2002, para. 48.

[2] See Pope & Talbot INC, v, the Government of Canada, UNCITRAL, Award in Respect of Damages, 31 May 2002, para. 49.

加拿大的观点截然相反，投资者首先主张国际法没有溯及既往的效力，仲裁庭已经做出了相关决定，而且第 1101（2）条规定的"仲裁庭必须遵守的解释"仅仅指的是未来，而不是过去，仲裁庭已经做出了关于违反第 1105 条的决定。[1] 关于该"解释声明"的效力问题，不仅申请人与被申请人针锋相对，而且仲裁庭也不得不承认这是一个非常棘手的问题。经过分析，仲裁庭认为"应该受到限制"短语最好被理解为强制，而不是预期。从这个角度看，仲裁庭认为"解释声明"应该对之前的裁决有效力。[2] 仲裁庭进一步指出，FTC的"解释声明"认为第 1105 条规定了将外国人之习惯国际法最低待遇标准作为给予其他成员方的投资者之投资的最低待遇标准，该解释并不是要忽略"FET"和"FPS"，而是要将其作为最低待遇标准的组成部分。[3] 因此，该解释实际上是要求每一缔约方给予投资者之投资的公平要素是包含在习惯国际法之内，而不是添加在习惯国际法之外的。[4] 那么，从这个角度来看，显然仲裁庭 2001 年 4 月 10 日所作出的加拿大的行为违反了 NAFTA 第 1105 条规定的裁决与 FTC 所作的该"解释声明"是不同的，因为该"解释声明"不认为FET 是添加在习惯国际法之外的，而之前的裁决中仲裁庭的观点则正好相反。[5] 可见，Pope & Talbot Award on Damages 案仲裁庭明确认为应该遵守NAFTA 的 FTC 所发布的"解释声明"，即应该将 FET 认定为等同于习惯国际法最低待遇标准的标准。

2. Mondev 诉美国案

Mondev 国际有限公司是一家依据加拿大法律成立的公司，其在美国马萨诸塞州拥有一家名为 Lafayette Place Associates（LPA）的公司，1978 年 12 月 LPA

---

〔1〕 See Pope & Talbot INC, v. the Government of Canada, UNCITRAL, Award in Respect of Damages, 31 May 2002, para. 50.

〔2〕 See Pope & Talbot INC, v. the Government of Canada, UNCITRAL, Award in Respect of Damages, 31 May 2002, para. 51.

〔3〕 See Pope & Talbot INC, v. the Government of Canada, UNCITRAL, Award in Respect of Damages, 31 May 2002, para. 53.

〔4〕 See Pope & Talbot INC, v. the Government of Canada, UNCITRAL, Award in Respect of Damages, 31 May 2002, para. 54.

〔5〕 See Pope & Talbot INC, v. the Government of Canada, UNCITRAL, Award in Respect of Damages, 31 May 2002, para. 55.

公司与波士顿市签订了商品房地产开发合同。1992 年 LPA 公司将波士顿市与波士顿重建当局诉至马萨诸塞州的高级法院，经过审理，马萨诸塞州高级法院判决支持波士顿市及波士顿重建当局。LPA 公司不服，向美国最高法院申请复审，其请求被一一驳回。随后，Mobdev 公司依据 NAFTA 第 1116 条和《ICSID 附加便利规则》向 ICSID 提起了仲裁请求，其主张马萨诸塞州高级法院的判决和波士顿市以及波士顿重建当局的行为表明美国违反了 NAFTA 第 11 章 "投资" 项下的义务，包括对 NAFTA 第 1105 条（"最低待遇标准"）等规定的违反。LPA 公司要求美国给予不低于 5000 万的赔偿，并加上利息和成本。[1] 2000 年 1 月 12 日该案仲裁庭成立，并开始启动相关审理程序。[2] 2001 年 7 月 31 日，FTC 发布 "解释声明" 后，被申请人根据该 "解释声明" 于同年 10 月 1 日提出相关异议。[3] 申请人声称对 FTC 的 "解释声明" 有些困惑，其认为被申请人试图改变 NAFTA 原来条款的意思，而本案依据原来条款已经展开。其对美国在该案审理过程中，且在知道第 1105 条对该案将会发挥重要作用时，而改变其意思的善意提出了质疑。申请人认为该解释就是一项修改，并认为这一解释与之前的 NAFTA 的三个案例相冲突。[4] 被申请人则主张关于第 1105 条的意思最终由 FTC 的 "解释声明" 所确定。"解释声明" 也是 "成员方当初设计该条约的最终渊源"。第 1105（1）条的义务是有意地限定在已存在的习惯国际法义务上。FET 和 FPS 相应地包含在最低待遇标准内。NAFTA 成员方采用了被以前的 NAFTA 仲裁庭看作是误解的解释。被申请人这样做并非针对申请人的诉求，其亦没有不善意或滥用权力的基础。同时，被申请人还指出在任何情况下，NAFTA 第 1131 条都是该游戏规则的一条，其当初设计的目的就是为了确保成员方能在发生误解的情况下澄清相关措辞。申请人所诉称的该 "解

〔1〕 See Mondev International LTD. v. United States of America, Award, Case No. ARB（AF）/99/2, 11 October 2002, paras. 1-2.

〔2〕 See Mondev International LTD. v. United States of America, Award, Case No. ARB（AF）/99/2, 11 October 2002, paras. 15-30.

〔3〕 See Mondev International LTD. v. United States of America, Award, Case No. ARB（AF）/99/2, 11 October 2002, paras. 31-33.

〔4〕 See Mondev International LTD. v. United States of America, Award, Case No. ARB（AF）《99/2, 11 October 2002, para. 102.

释声明"构成对第 1105 条的修改也是不成立的。[1] 仲裁庭经过分析，认为投资者的投资应当依据 NAFTA 成员方对第 1105 (1) 条的"解释声明"中的习惯国际法而被给予公平公正待遇。[2]

3. Loewen 诉美国案

Loewen 案仲裁庭援引了 FTC 对 NAFTA 第 1105 (1) 条规定的"解释声明"，并指出根据第 1131 (2) 条的规定，FTC 作出的该"解释声明"对仲裁庭有约束力。[3] 仲裁庭进一步指出尽管申请人在书面材料中指出 FTC 的"解释声明"超出了解释而达到了对 NAFTA 未经授权的修改，但是在口头审理过程中，申请人却没有提出这一点。[4] 因此，仲裁庭指出 FTC 的"解释声明"认为 FET 和 FPS 不是独立的条约标准，只有在违反了习惯国际法时才构成对他们的违反。同样，违反 NAFTA 的其他条款并不表示违反了第 1105 (1) 条。在这种意义上，NAFTA 之前的 Metalclad 案仲裁庭、S. D. Myers 案仲裁庭、Pope 案 (Award on the Merits, Phase 2) 仲裁庭表达了相反的观点，而这些观点是不可取的 (those views must be disregarded)。[5]

4. ADF Group 诉美国案

本案涉及由斯普林菲尔德立体交叉道项目建设所引发的一系列法律争议。斯普林菲尔德立体交叉道是一个过度使用和事故频发的高速公路枢纽，坐落在华盛顿特区以南大约 20 公里处的北弗吉尼亚。[6] 1998 年 9 月弗吉尼亚交通部发出斯普林菲尔德立体交叉道第 2、3 期项目建设和交付的投标邀请函。最终

---

〔1〕 See Mondev International LTD. v. United States of America, Award, Case No. ARB (AF) /99/2, 11 October 2002, para. 103.

〔2〕 See Mondev International LTD. v. United States of America, Award, Case No. ARB (AF) /99/2, 11 October 2002, para. 125.

〔3〕 See The Loewen Group, Inc. and Raymond L. Loewen v. United States of America, Award, Case No. ARB (AF) /98/3, 26 June 2003, paras. 124-126.

〔4〕 See The Loewen Group, Inc. and Raymond L. Loewen v. United States of America, Award, Case No. ARB (AF) /98/3, 26 June 2003, para. 127.

〔5〕 See The Loewen Group, Inc. and Raymond L. Loewen v. United States of America, Award, Case No. ARB (AF) /98/3, 26 June 2003, para. 128.

〔6〕 See ADF Group INC. v. United States of America, Case No. ARB (AF) /00/1, Award, 9 January 2003, para. 44.

雪莉承包公司（Shirley Contracting Corporation）提交了最低的报价，并签订了该项目的合同（主合同）。雪莉承包公司的报价包括该项目所需的大约 1680 万美元的结构钢款项。[1] 作为主合同签约一方的雪莉承包公司依次发出该项目所包含的特定部分的招标邀请函，包括该项目的结构钢需求。ADF 国际公司提交了最低报价，并于 1999 年 5 月 19 日与雪莉承包公司签订了分包合同，约定由 ADF 国际公司向雪莉承包公司承建的 9 (9) 桥提供和交付所有结构组件。[2] 1999 年 4 月 19 日雪莉承包公司向弗吉尼亚交通部通告了 ADF 国际公司承诺履行分合同项下的使用美国生产的钢材，并在加拿大利用 ADF 国际公司的母公司的设备对美国生产的钢材进行特定的加工义务。[3] 1999 年 4 月 28 日，弗吉尼亚交通部告知雪莉，承包公司 ADF 国际公司的上述已经成为主合同组成部分的运营方案不符合美国相关法律中的第 102.05 节 "使用国内材料" 特别条款（Use of Domestic Material）和 23 CFR 635.410 "购买美国产品" 条款（Buy America Requirements）。[4] ADF 国际公司与美国的相关部门进行了一系列商谈，但最终均不欢而散，并没有达成一致性的意见。[5] ADF 国际公司随后将美国诉至 ICSID，申请人主张第 1105 (1) 条应该被解释为一项消除商品和服务贸易的障碍，从而达到 NAFTA 目标的义务。其认为，应该以一种宽泛和自由的方式有目的地消除对 NAFTA 目的实现的障碍。[6] 对申请人来说，第 1105 (1) 条并不是简单禁止给予另一方投资者的投资的待遇构成过分的（e-

〔1〕 See ADF Group INC. v. United States of America, Case No. ARB（AF）/00/1, Award, 9 January 2003, para. 46.

〔2〕 See ADF Group INC. v. United States of America, Case No. ARB（AF）/00/1, Award, 9 January 2003, para. 47.

〔3〕 See ADF Group INC. v. United States of America, Case No. ARB（AF）/00/1, Award, 9 January 2003, para. 49.

〔4〕 See ADF Group INC. v. United States of America, Case No. ARB（AF）/00/1, Award, 9 January 2003, para. 50.

〔5〕 See ADF Group INC. v. United States of America, Case No. ARB（AF）/00/1, Award, 9 January 2003, paras. 51-55.

〔6〕 See ADF Group INC. v. United States of America, Case No. ARB（AF）/00/1, Award, 9 January 2003, para. 69.

gregious）行为，而是禁止任何其自身就是不公平不公正的待遇。[1] 投资者认为美国的一些措施没有达到这些法律要求。其一，"购买美国产品"条款本身在 NAFTA 背景下就是不公平不公正的。其二，"购买美国产品"条款没有充分地控制美国政府当局的自由裁量权。其三，适用于投资者的"购买美国产品"条款武断地破坏了其关于购买国内产品政策的合法预期。其四，在承担了NAFTA 第 10 章排除"购买美国产品"条款后，美国不应该间接地强迫各州适用该条款。允许各州实施"购买美国产品"条款是一个问题，但是积极地强迫各州实施是另一个问题。[2] 作为回应，被申请人认为根据第 1131（2）条的规定，FTC 的"解释声明"对仲裁庭具有约束力。[3] 根据 FTC 的"解释声明"，被申请人指出如果申请人想支持其提出的美国违反了第 1105（1）条的规定，其必须证明有问题的措施是与习惯国际法的具体规则不相符的。被申请人认为申请人并没有确定也不可能确定任何习惯国际法规则禁止美国在政府采购中施加国内成分（含量）要求。相似地，投资者并没有举证证明弗吉尼亚交通部在行政管理过程中发布的关于"购买美国产品"条款的解释，即要求钢材产品生产的所有制作过程，包括后期产品制造，都必须在美国进行。被申请人认为投资者并没有证明美国违反了包含在第 1105（1）条的习惯国际法义务。[4] 仲裁庭在听取了申请人和被申请人双方的阐述后，认为在讨论投资者关于美国的措施是否与 NAFTA 第 1105（1）条相一致时，应该考虑相关请求和 FTC 的"解释声明"。[5] 仲裁庭首先注意到 FTC 在 2001 年发布的"解释声明"。该 NAFTA 条款的"解释声明"是根据 NAFTA 第 1132（2）条的关于对任何依据第 11

---

〔1〕　See ADF Group INC. v. United States of America, Case No. ARB（AF）/00/1, Award, 9 January 2003, para. 71.

〔2〕　See ADF Group INC. v. United States of America, Case No. ARB（AF）/00/1, Award, 9 January 2003, para. 72.

〔3〕　See ADF Group INC. v. United States of America, Case No. ARB（AF）/00/1, Award, 9 January 2003, para. 102.

〔4〕　See ADF Group INC. v. United States of America, Case No. ARB（AF）/00/1, Award, 9 January 2003, para. 103.

〔5〕　See ADF Group INC. v. United States of America, Case No. ARB（AF）/00/1, Award, 9 January 2003, para. 175.

章成立的仲裁庭有约束力的规定发布的。[1] 仲裁庭接着指出投资者并没有对
FTC 的"解释声明"的约束特征有争议。但是，投资者却提出了该"解释声
明"是对原条款的修改，而并非解释。仲裁庭认为该解释声明并非修改，而就
是解释，其认为没有必要在该解释声明到底是解释还是修改上进行争论。[2]
仲裁庭基于将 FET 等同于最低待遇标准的路径对申请人的诉求进行了分析，并
最终驳回了申请人关于第 1105（1）条的主张。[3]

通过对上述案件的分析可知，FTC "解释声明"的发布对于在 NAFTA 背
景下 FET 解释路径的认定上发挥了重要作用，即 FTC "解释声明"发布后，
NAFTA 背景下的仲裁庭基本都选择遵循将 FET 等同于最低待遇标准的路径，
从而放弃了之前采取的"添加"解释路径。换言之，实践中仲裁庭在确认 FET
和最低待遇标准的关系问题上基本达成了一致。这样，NAFTA 背景下的 FET
与 MST 关系的争论就基本解决了。[4] 但是，正如有的学者所指出的，FTC "解
释声明"最终并没有解决关于 FET 含义的争论问题，因为它并没有澄清 MST
的内容，特别是没有澄清仲裁庭对其他国际投资条约中 FET 的含义。[5] 因此
需要对其他国际投资条约中的 FET 与 MST 之间的关系进行阐释。

二、其他投资条约背景下仲裁实践的不同认定

关于 FET 与习惯国际法的关系问题不仅在 NAFTA 背景下的仲裁实践中得
到了详细的阐述，而且在 NAFTA 之外的其他投资条约背景下的仲裁实践中也
引起了较大关注。很显然，大量的 NAFTA 裁决和关于该问题的热烈的讨论已
经影响到其他投资条约背景下关于此的认定。但是，仲裁庭强调最低待遇标准

---

〔1〕 See ADF Group INC. v. United States of America, Case No. ARB（AF）/00/1, Award, 9 January
2003, para. 176.

〔2〕 See ADF Group INC. v. United States of America, Case No. ARB（AF）/00/1, Award, 9 January
2003, para. 177.

〔3〕 See ADF Group INC. v. United States of America, Case No. ARB（AF）/00/1, Award, 9 January
2003, paras. 178-192.

〔4〕 See Thomas Westcott, "Recent Practice on Fair and Equitable Treatment", 8 *J. World Investment &
Trade* 409（2007）, p. 409.

〔5〕 See Andrew Newcombe and Liuis Paradell, "Law and Practice of Investment Treaties: Standards of
Treatment", *Kluwer Law International*, 2009, p. 274.

的演进特征的实用主义路径导致了对公平公正待遇的解释是否还对该冲突依然有实践意义的问题出现。[1]

（一）没有提及（习惯）国际法的 FET 标准的认定

国际投资条约中大都包含公平公正标准，具体措辞存在较大差异。一些国际投资条约仅仅简单地涉及"公平公正待遇"，而没有对它进行任何限制；另一些国际投资条约通过与国际法或习惯国际法或者国际法原则相连来限定FET；还有一些干脆就直接将 FET 的具体内容列举出来，以澄清其内涵。不同国际投资条约中关于 FET 的不同措辞使适用某一 FET 条款的仲裁庭所作出的裁决对适用其他措辞 FET 的仲裁庭似乎并没有什么可借鉴性。

但是一般而言，仲裁庭对没有提及（习惯）国际法的 FET 标准的认定通常采用通过解读条约术语的纯文本方式，即采用 FET 的"无关路径"对其进行解读。

1. MTD Equity 诉智利案

该案中，申请人 MTD 是一家马来西亚公司，其诉称智利政府由于实施了当地城市发展政策阻挠了 MTD 的投资从而违反了 FET。仲裁庭依据《维也纳条约法公约》中的解释原则对 FET 进行了解释，依据其通常含义，《马来西亚—智利 BIT》第 3（1）条规定："缔约一方投资者在缔约另一方领土内的投资应得到公平公平待遇，并不得低于任何第三国投资者所作投资的待遇。"其中的"公平""公正"指的是"正义的"（just）、"不偏不倚的"（even-handed）、"无偏见的"（unbiased）及"合法的"（legitimate）。[2] 仲裁庭接着从条约的上下文开始分析，关于条约的目的和宗旨，仲裁庭指向了《马来西亚—智利 BIT》的序言，缔约方陈述了他们的目的是"为一缔约方的投资者在其他缔约方的境内创造有利的环境"，并且认识到条约规定的保护缔约双方投资者的投资以及刺激投资的流动和个体商业的主动性，从而促进缔约双方的经济繁荣。因此，依据《马来西亚—智利 BIT》，FET 应该被理解为以一种公平和公正的方式，有

---

〔1〕 See Roland Kläger, "*Fair and Equitable Treatment*" *in International Investment Law*, Cambridge University Press, 2011, pp. 76-77.

〔2〕 See MTD Equity Sdn. Bhd. and MTD Chile S. A., v. Republic of Chile, Award, Case No. ARB/01/7, 25 May 2004, para. 112.

利于促进投资。其术语应该被建构成积极的陈述、促进、创造及刺激，而不是应对国家消极行为的处方或者是防止对投资者的偏见行为。[1] 仲裁庭强调了缔约方鼓励互惠投资的意图，对 FET 进行了"无关路径"解读，最终得出结论认为智利违反了该条款。[2]

2. Saluka 诉捷克案

Saluka 诉捷克案涉及的 FET 条款(《荷兰—捷克与斯洛伐克联邦共和国 BIT》第 3（1）条"每一缔约方应该确保其他缔约方的投资者的投资公平公正待遇，且不应该通过不合理或歧视的措施损害投资者运营、管理、维持、使用、享有或处置其财产"）并没有提及（习惯）国际法或国际法原则。因此，从总体上来看，本案仲裁庭也将 FET 作为独立自主的条约标准。仲裁庭首先指出，为了探明捷克共和国给予 Saluka 的 FET 的一般义务的具体内容，其不得不根据 1969 年《维也纳条约法公约》第 31 条的"解释规则"对《荷兰—捷克与斯洛伐克联邦共和国 BIT》第 3 条进行解释。《维也纳条约法公约》的这些解释规则对缔约方都有约束力，而且一般被认为是习惯国际法。[3] 接着仲裁庭按照《维也纳条约法公约》第 31（1）条规定逐一进行分析：（1）通常意义。FET 的通常意义只能通过与之几乎同等模糊的术语进行解释。如在 MTD 案中，仲裁庭就指出："公平"和"公正"指的是"正义的"、"不偏不倚的"、"无偏见的"和"合法的"。在该类似的定义的基础上，没有谁会比 S. D. Myers 案仲裁庭所阐述的还要详尽，其指出要违反该标准需要这些不正义或武断的方式达到了从国际视角看不可接受的层次。这些可能是第 3（1）条"通常意义"所得出来的。[4]（2）从上下文来看，第 3（1）条 FET 的最直接的上下文是一缔约方给予其他缔约方投资者投资的待遇水平，而更为宽泛的上下文是指包括该

〔1〕 See MTD Equity Sdn. Bhd. and MTD Chile S. A., v. Republic of Chile, Award, Case No. ARB/01/7, 25 May 2004, para. 113.

〔2〕 See MTD Equity Sdn. Bhd. and MTD Chile S. A., v. Republic of Chile, Award, Case No. ARB/01/7, 25 May 2004, para. 167.

〔3〕 See Saluka Investments B. V. v. The Czech Republic, UNCITRAL, Partial Award, 17 March 2006, para. 269.

〔4〕 See Saluka Investments B. V. v. The Czech Republic, UNCITRAL, Partial Award, 17 March 2006, para. 297.

条约中的其他条款。条约的序言指出：认识到关于这些给予投资的待遇的条约，将会刺激缔约方资本流动以及科学和经济的发展，因此，FET 是必要的。序言将 FET 直接与刺激外国投资和促进经济的发展相联系。[1] （3）从条约的目的和宗旨来看，该条约的目的和宗旨可以从条约名称和序言中得出。该条约的全称为《荷兰—捷克与斯洛伐克联邦共和国关于鼓励和相互促进投资条约》，该条约的序言指出：希望扩展、加强双方之间之经济关系，特别是一方的投资者在另一境内的投资，认识到关于这些给予投资的待遇的条约将会刺激缔约方资本流动以及科学和经济的发展，因此，如果注意到 1975 年 8 月在赫尔辛基签订的欧洲安全与合作会议的最后法案，就会认识到 FET 是必要的。[2] 仲裁庭指出，该条约的目的和宗旨实际上透露出一种微妙的平衡的陈述。对外国投资的保护并不是条约的唯一目的，鼓励外国投资、扩展及加强成员方间经济关系也是其中一个必要因素。这就要求在解释投资保护条约实体条款时需要采用一种平衡路径，因为夸大对外国投资保护的解释，必然会阻碍东道国对外国投资进行管理，从而必然对扩展、加强成员方间的经济关系总体目标造成破坏。[3] 由此看来，条约中 FET 标准应该被理解为这样一种待遇，即如果不是积极地刺激外国投资资本的流动，至少不应该通过不利于外国投资者经济利益的方式阻止外国资本流动。投资者作出投资的决定是基于投资时对一个国家法律和当时的商业总体环境的评估，以及投资者关于东道国接下来对待投资的行为将会是公平和公正的评估基础之上的。[4] 仲裁庭通过援引 Tecmed 案、CME 案以及 Waste Management 案仲裁庭关于 FET 的认定，同时考虑了东道国公共利益等合法权利，[5] 最终得出结论认为《荷兰—捷克与斯洛伐克联邦共和国

---

[1] See Saluka Investments B. V. v. The Czech Republic, UNCITRAL, Partial Award, 17 March 2006, para. 298.

[2] See Saluka Investments B. V. v. The Czech Republic, UNCITRAL, Partial Award, 17 March 2006, para. 299.

[3] See Saluka Investments B. V. v. The Czech Republic, UNCITRAL, Partial Award, 17 March 2006, para. 300.

[4] See Saluka Investments B. V. v. The Czech Republic, UNCITRAL, Partial Award, 17 March 2006, para. 301.

[5] See Saluka Investments B. V. v. The Czech Republic, UNCITRAL, Partial Award, 17 March 2006, paras. 302–308.

BIT》第 3（1）条所规定的 FET 标准是一个独立自主的条约标准，必须根据条约的目的和宗旨进行解释，以避免捷克共和国的那些明显不利于外国投资者的行为。但是不能侵害捷克共和国为了保护其公共利益而采取的措施的合法权利，捷克共和国因此承担了这样一个义务，即应以一种不会挫败投资者潜在的合法和合理预期的行为对待外国投资者。外国投资者根据投资条约享有了一项权利，即其有权预期捷克共和国将不会以一种明显不透明、不一致、歧视或不合理的方式行为。

在界定没有提及（习惯）国际法的 FET 标准时，仲裁庭主动采用将 FET 和最低待遇标准等同或将 FET 指向习惯国际法中的 FET 条款的做法是较为罕见的。[1] 通常的做法是采用"无关路径"，即允许仲裁庭考虑 FET 条款的准确意思以及具体条约中的目的和上下文。这一路径的缺陷在于"公平"和"公正"的直接含义（plain meaning），既未暗含一组明确的法律规定，也未能指向一个法律先例的建立体（established body of legal precedents）。因此，关于这一路径的不足在于不能为仲裁庭提供一个关于 FET 的科学的理解，并且可能会为该标准打开一扇以主观意志为转移的大门。

（二）与国际法相联的 FET 的认定

1. CMS 诉阿根廷案

在 CMS 诉阿根廷案中，申请人 CMS 主张阿根廷采取的措施违反了《美国—阿根廷 BIT》中 FET（《美国—阿根廷 BIT》第 2（2）（a）条规定："投资应始终得到公平和公正的待遇，享有充分的保护和安全，在任何情况下，给予其的待遇均不得低于国际法规定的待遇"）。首先，在评估申请人所主张的阿根廷违反 FET 时，仲裁庭通过援引条约的序言、学者的论著以及仲裁裁决，仲裁庭发现稳定的法律和商业环境是 FET 标准的根本要素，而这一要素却被阿根廷政府通过改变规则框架所忽视。其次，在对 FET 是否是独立的条约标准以及比习惯国际法更宽泛的问题上，仲裁庭持"等同路径"，即认为《美国—阿根廷

---

　〔1〕　See MCI Power Group LC and New Turbine, Inc v. Republic of Ecuador（2007），Award, 31 July 2007, ICSID Case No ARB/03/6（US/Ecuador BIT）；Azurix v. Argentine Republic（2006），Award, 14 July 2006, 14 ICSID；Saluka Investments BV（The Netherlands）v. The Czech Republic（2006），Partial Award, paras. 291-92.

BIT》中的 FET 及其与商业环境的稳定性和可预见性的联系是建立在法律和合同中的承诺的基础上的，这与国际法中最低待遇标准及其在习惯国际法中的演进并无差异。[1]

在 CMS 案之后，在 Enron 案[2]和 Sempra 案[3]中，在关于 FET 和最低待遇标准上，仲裁庭都采取了与 CMS 案仲裁庭相似的论述。

2. Compañía de Aguas del Aconquija 诉阿根廷案

争端双方对《阿根廷—法国 BIT》第 3 条所规定的 FET("一缔约方应根据国际法原则给予缔约另一方投资者的投资公平和公平的待遇")的范围和内容产生了较大分歧。[4] 仲裁庭指出首先应该按照《维也纳条约法公约》第 31 条对其进行解释，即按照善意、通常意义、上下文以及按照条约的目的进行解释。[5] 针对被申请人提出的 FET 应该被限定在最低待遇标准上，仲裁庭认为其没有发现作出这样限制的任何基础，而且这种限制明显违背了 BIT 第 3 条文本的通常意义。[6] 仲裁庭又指出 BIT 第 3 条规定的是与国际法原则相符的 FET，而不是与最低待遇标准相符。[7] 仲裁庭同时进一步指出，没有发现任何将国际法原则和最低待遇标准相等同的基础。其一，仲裁庭通过援引国际法原则而采用了更为宽泛的解读路径，即需要考虑比单独的最低待遇标准更为宽泛的国际法原则。其二，第 3 条要求 FET 符合国际法原则，但是这种符合性要求并不是为条约中的 FET 标准设立了一个上限。其三，条款的措辞暗示，应该看

---

〔1〕 CMS Gas Transmission Company v. The Republic of Argentina, ICSID Case No. ARB/01/8, Award, 12 May 2005, paras. 266-284.

〔2〕 See Sempra Energy International v. The Argentine Republic, ICSID CASE NO. ARB/02/16, Award, 28 September 2007, para. 302.

〔3〕 See Enron Corp. v. Argentine Republic, ICSID Case No. ARB/01/3, Award, 22 May 2007, para. 258.

〔4〕 See COMPAÑÍA DE Aguas Del Aconquija S. A., and Vivendi Universal S. A. v. Argentine Republic, Award, Case No. ARB/97/3, 20 August 2007, para. 7.4.1.

〔5〕 See COMPAÑÍA DE Aguas Del Aconquija S. A., and Vivendi Universal S. A. v. Argentine Republic, Award, Case No. ARB/97/3, 20 August 2007, paras. 7.4.2-7.4.4.

〔6〕 See COMPAÑÍA DE Aguas Del Aconquija S. A., and Vivendi Universal S. A. v. Argentine Republic, Award, Case No. ARB/97/3, 20 August 2007, para. 7.4.5.

〔7〕 See COMPAÑÍA DE Aguas Del Aconquija S. A., and Vivendi Universal S. A. v. Argentine Republic, Award, Case No. ARB/97/3, 20 August 2007, para. 7.4.6.

到当代国际法原则而不是一个世纪以前的原则。[1] 接着，仲裁庭针对被申请人提出的只有在国内法院不能实现正义时，也就是在国内法院拒绝司法时，才构成对 FET 违反的观点进行了分析，其认为如果仲裁庭将 FET 限制在拒绝司法上，那么就会将 FET 的精华去掉。尽管这一标准一般被认为是包括禁止拒绝司法，但是如果仅将其限定在拒绝司法上，那么就会使其明显减弱。[2] 总之，仲裁庭对被申请人提出的将 FET 限定在习惯国际法最低待遇标准上以及主张只有在拒绝司法的情况下才能违反 FET 标准的观点进行了驳斥。显然，其认为按照《维也纳条约法公约》的解释规则对投资条约的 FET 原文进行解释，才是正确的路径，就本案来看，FET 是一个独立自主的条约标准，所依据的国际法原则并不是为其设定了上限；其具体要素包括但绝不仅仅限定在拒绝司法上，从而将 FET 认定为一个范围非常宽泛的独立自主的条约标准。

3. Plama 诉保加利亚案

在 Plama 诉保加利亚案中，申请人主张保加利亚违反了《能源宪章条约》第 10.1 条的规定（根据条约的条款，每个缔约方为了促进其他缔约方的投资者在其境内投资，应该鼓励并创造稳定、公平、有利和透明的环境。这类环境应包括在任何时候给予其他缔约方投资者的投资公平公正待遇的承诺。这些投资应享受最稳定的保护和安全，缔约方不能以任何方式通过无理的或歧视性的措施损害投资的管理、维持、使用、收益或处置。在任何情况下，都不能以低于国际法，包括条约义务所规定的待遇对待这些投资。每个缔约方应遵守其与任何其他缔约方投资者或其投资之间达成的任何义务）。仲裁庭在分析东道国的行为是否违反公平公正待遇时，分别从合理期待的保障、法律体制的稳定性以及公开透明等因素进行分析，并未提及与国际法之间的关系。[3] 从文本上来看，《能源宪章条约》中的 FET 条款明确将 FET 规定为不低于国际法的待遇

---

〔1〕 See COMPAÑÍA DE Aguas Del Aconquija S. A., and Vivendi Universal S. A. v. Argentine Republic, Award, Case No. ARB/97/3, 20 August 2007, para. 7.4.7.

〔2〕 See COMPAÑÍA DE Aguas Del Aconquija S. A., and Vivendi Universal S. A. v. Argentine Republic, Award, Case No. ARB/97/3, 20 August 2007, paras. 7.4.10~7.4.11.

〔3〕 Plama Consortium Limited v. Republic of Bulgaria, ICSID Case No. ARB/03/24, Award, 27 August 2008, paras. 175-178.

标准，显然，此处的国际法不仅包括习惯国际法，而且还包括其他一般的国际法渊源。该 FET 规定对投资者的保护水平较高，东道国对其他国际条约（国际法原则）的违反都有可能违反 FET。但是从该案件裁决的分析来看，仲裁庭却回避了《能源宪章条约》中明确规定的 FET 与国际法的关系，而直接从合理期待的保障、法律体制的稳定性以及公开透明等因素加以分析，而这显然采用的是将 FET 看作独立自主的宽泛条约标准的"无关路径"。

通过上述分析，我们可以较为清晰地看到，仲裁庭大都适用《维也纳条约法公约》的解释规则对具体的 FET 条款进行解释。但是由于在 NAFTA 之外的其他投资条约背景下，各个投资条约并没有统一的措辞，所以仲裁庭得出的关于 FET 的认定结论也不尽相同。其情形大致可以为两种：一是没有任何限定的 FET 条款一般被认定为独立自主的条约标准；另一种是 FET 条款中提及了国际法或习惯国际法或国际法原则等，则一般将（习惯）国际法或国际法原则纳入进来加以考虑，从具体的实践来看，有的采用将 FET 与最低待遇标准加以等同的路径进行解释，有的不采用等同路径，而是将 FET 认定为内涵宽泛的标准；有的仲裁庭还以最低待遇标准已经演进了为由来支持其 FET 有宽泛内涵的观点。有几个问题需要注意：首先，FET 作为独立条约标准，其具体的构成要素是什么现在还并没有权威的共识，只有具体的仲裁庭对其中一些"所谓"的要素加以阐述过，代表性并不明显。其次，适用违反 MST 的门槛测试是更加清晰或可以减少主观的观点也并不确定。仲裁庭适用尼尔案测试遇到一个同样的问题，那就是将一些诸如"过分"（egregiousness）等抽象概念适用于复杂的事实情形存在困难。最后，最低待遇标准的演进是否存在争议？其演进要符合什么条件？这些问题的解决无疑有利于 FET 的界定。

第六章　保护和安全标准

第一节　保护和安全标准概述

　　保护和安全标准的雏形可以追溯到 18 世纪中期的国家在其领土内对外国人负有保护或安全义务的习惯国际法中，这一义务后来在美国 18 世纪后期所缔结的商业条约中得到了运用，从而形成了最早的保护和安全标准。这样以美国为主导的友好通商航海条约（以下简称"FCN 条约"）就成了保护和安全标准演进的主要场所。自 19 世纪到第二次世界大战期间，保护和安全标准在习惯国际法和美国的 FCN 条约中得到了进一步的提炼和发展。[1] 随着后来 FCN 条约逐渐减少，保护和安全标准开始普遍地出现在专门的投资条约中。[2] 无论是 FCN 条约还是投资条约，保护和安全标准的措辞都不尽相同，较为常见的用语有："全面保护和安全""最持续的保护和安全""保护和安全""全面的实体安全和保护""全面和持续的保护和安全"等。其中，全面的保护和安全被认为是最常见、最典型的表现形式。[3] 然而，这样一个普遍存在的条约标准相对于公平公正待遇来说，却远没有引起人们足够的重视，后者在晚近，尤其是进入 21 世纪以来，已经成为投资条约中最具争议性的问题之一，甚至到

---

〔1〕　See George K. Foster, "Recovering 'Protection and Security': The Treaty Standard's Obscure Origins, Forgotten Meaning, and Key Current Significance", 45 *Vand. J. Transnat'l L.* 1095, pp. 1116-1141.

〔2〕　See Andrew Newcombe and Liuis Paradell, "Law and Practice of Investment Treaties: Standards of Treatment", *Kluwer Law International*, 2009, p. 308.

〔3〕　See Andrew Newcombe and Lluis Paradell, "Law and Practice of Investment Treaties: Standards of Treatment", *Kluwer Law International*, 2009, p. 308.

了几乎每案必涉的程度，各国的专家学者也纷纷撰文对其进行评论。与公平公正待遇标准如此备受关注的"盛况"形成鲜明对比的是，作为经常与其出现在同一条款，且与之有密切关系的"保护和安全"标准，却似乎被人们遗忘了。

但是，这一情况正在迅速地改变着。正如世界银行原副主席易卜拉欣·希哈塔（Ibrahim Shihata）和 ICSID 的法律顾问安东尼奥·帕拉（Antonio Parra）早在 20 世纪 90 年代所预测的那样——国际仲裁庭正在承担起进一步阐释保护和安全标准的任务。[1] 果然，自 1990 年已知的第一个涉及保护和安全标准的案例——亚洲农产品有限公司诉斯里兰卡 ［*Asian Agricultural Products Ltd（AAPL）v. Sri Lanka*］案（以下简称"亚洲农产品公司案"）——以来，至少已经有几十个已公布的案例涉及这一标准。在这些案件中，各个仲裁庭确实当仁不让地承担起了适用保护和安全标准的任务，但是由于该标准自身的性质、范围等的"不确定性"以及国际仲裁庭较强的"独立性"和"终裁性"，保护和安全标准的适用充满了冲突和争议。这些争议主要表现在保护和安全标准的适用是仅适用于实体保护，是不仅包括实体安全，同时还应该扩展适用于包括法律、商业环境等在内的安全？同时，该标准适用时，与公平公正待遇以及习惯国际法最低待遇标准的关系如何？前后不一的裁决和如此多的争议，使得投资者和东道国都因不能准确地把握其真实、准确的含义而感到无所适从，从而也使得国际投资争端的解决具有明显的不可预测性、随意性和不可控性，导致投资条约仲裁的合法性危机，并最终会导致国际投资框架的破坏。[2] 加之保护和安全标准的普遍存在性，其适用方面存在的争议必将呈现扩大化趋势。因此，有必要对保护和安全标准的适用问题进行综合性分析。

---

　　［1］　See Jeffery Commission, "The Full Protection and Security Standard in Practice", http：//kluwerarbitrationblog. com/blog/2009/04/16/the-full-protection-and-security-standard-in-practice/.

　　［2］　See Susan D. Franck, "The Legitimacy Crisis in Investment Treaty Arbitration: Privatizing Public International Law Through Inconsistent Decisions", 73 *Fordham L. Rev.* 1521, pp. 1558, 1563.

第二节 保护和安全标准的性质

一、习惯国际法最低待遇标准

保护和安全标准的习惯国际法最低待遇标准性质主要来源于缔约方关于它的精心设计，其中以美国对外缔结的投资条约较为典型，如《北美自由贸易协定》第1105条"最低待遇标准"："每一缔约方得依据国际法给予缔约他方投资者以待遇，包括公平公正待遇以及全面的保护与安全。"[1] 2001年NAFTA的成员方发布了一个联合"解释声明"，其规定"将习惯国际法外国人最低待遇标准作为给予缔约他方的投资者投资的最低待遇"，而且并不要求保护和安全标准"超过习惯国际法的外国人最低待遇标准"[2]。可以看出，上述规定实际上采用的是将保护和安全标准与习惯国际法相等同的路径，即将保护和安全标准完全限定在习惯国际法外国人最低待遇标准上。

又如，美国2004年的《双边投资条约范本》(Model Bilateral Investment Treaty) 第5条"最低待遇标准"规定："①缔约方应当按照习惯国际法的要求给予涵盖（covered）投资公平公正待遇、全面保护和安全。②为避免产生歧义，第1款规定将习惯国际法外国人最低待遇标准作为对涵盖（covered）投资的最低待遇标准。'公平公正待遇'和'全面保护和安全'的概念既不能超出最低待遇标准，也不创设格外的实体权利。"[3]《双边投资条约范本》还进一步指出，第5条最低待遇标准应该按照附件A（"缔约双方在此确认，对本条约第5条'最低待遇标准'和附件B'征收'所用'习惯国际法'共同理解为：

---

〔1〕 "Article 1105: Minimum Standard of Treatment in North American Free Trade Agreement", http://www. nafta-sec-alena. org/en/view. aspx? conID=590&mtpiID=ALL#A1105.

〔2〕 "NAFTA Free Trade Commission, Notes of Interpretation of Certain Chapter 11 Provisions", July 31, 2001, http://www. international. gc. ca/trade-agreements-accords-commerciaux/topics-domaines/disp-diff/nafta-interpr. aspx? lang=eng.

〔3〕 2004 US Model BIT, http://www. ustr. gov/archive/assets/Trade _ Sectors/Investment/Model _ BIT/asset_ upload_ file847_ 6897. pdf.

国家认为其具有法律义务的普遍和连续的实践。第 5 条'最低待遇标准'中，习惯国际法外国人最低待遇标准指所有保护外国人经济权利和利益的习惯国际法原则"[1]） 进行解释。美国 2012 年《双边投资条约范本》采用了与 2004 年版本完全一致的规定。

加拿大 2004 年《双边投资条约范本》的第 5 条也采用了将保护和安全标准限定在习惯国际法上的路径："①每一缔约方应该根据习惯国际法外国人最低待遇标准给予涵盖投资待遇，包括公平公正待遇和全面保护和安全。②上款中公平公正待遇和全面保护概念并不要求给予的待遇超过习惯国际法的外国人最低待遇标准所要求的标准。③对本条约的另一条款或其他一个独立的国际条约的违反决定并不能成为对本条款的违反。"[2] 还有 2005 年《美国—乌拉圭鼓励和保护投资条约》第 5 条[3]等规定也采用了类似的方法将保护和安全标准等同于习惯国际法外国人待遇标准。

国家这样做是经过深思熟虑的，我们知道习惯国际法最低待遇标准一般会援引 1926 年的"尼尔案"，该案中确立了政府行为要构成国际过失，其行为应当相当于暴行、恶意、故意忽视义务，或者政府行为不当、远未达到国际标准，以至于每个理智的和公正的人都会很容易认识到这种不当。因此，在近年来的国际投资仲裁案例中，一些作为被告的东道国大多引用尼尔案的裁决来说明只有在具有恶意或极端恶劣情况下才违反最低待遇标准。[4] 因此，将保护和安全标准等同于习惯国际法最低标准，实际上就提高了保护和安全标准适用的门槛，防止东道国在国际投资条约仲裁中过于被动。

---

〔1〕 2004 US Model BIT, http：//www. ustr. gov/archive/assets/Trade_ Sectors/Investment/Model_ BIT/asset_ upload_ file847_ 6897. pdf.

〔2〕 Canada 2004 Model BIT, http：//italaw. com/documents/Canadian2004-FIPA-model-en. pdf.

〔3〕 Treaty Between the United States of America and the Oriental Republic of Uruguay Concerning the Encouragement and Reciprocal Protection of Investment, http：//221. 179. 130. 218：81/1Q2W3E4R5T6Y7U8 I9O0P1Z2X3C4V5B/unctad. org/sections/dite/iia/docs/bits/US_ Uruguay. pdf.

〔4〕 See United Nations, Reports of International Arbitral Award, 1926, IV. 参见余劲松、梁丹妮：《公平公正待遇的最新发展动向及中国的对策》，载《法学家》2007 年第 6 期，第 153 页。

二、独立条约标准

除非投资条约中有明确具体的规定，否则仲裁庭一般不将保护和安全标准"等同"于习惯国际法，而是经常将其作为一个独立的条约标准。保护安全标准的适用结果是指该标准作为一个保护投资的条约条款，其施加给东道国一种什么样的责任或义务。无论保护安全标准的适用范围如何，这一问题都是该标准适用的最终落脚点。在实践中，保护安全标准施加的责任主要有以下情形：

（一）适当勤勉义务

作为原告的外国投资者出于自身利益的考虑，极力主张保护和安全标准是一个绝对标准，即其希望施加给作为被申请者东道国以"严格责任"，实际上就是，不仅要求东道国应该承担保证投资者免受任何损害的义务，而且一旦违反这种义务无论有无过失都应该承担责任。但是，有的仲裁庭的实践却明显反对这一主张。例如，1990 年的亚洲农产品公司案就是这样的一个典型案例。该案是已知的 ICSID 依据双边投资条约中的合意受理的第一个案件，[1] 同时也是第一个涉及保护和安全标准认定问题的案件。亚洲农产品有限公司是一家香港企业，其作为股东的斯里兰卡海产品有限公司（Serendib Seafoods Ltd.）在斯里兰卡的主要虾生产农场遭到了破坏，破坏是由 1987 年斯里兰卡政府安全力量镇压泰米尔反政府组织（猛虎组织）的反叛乱运动所引起的。亚洲农产品有限公司与斯里兰卡方友好协商无效后，争端由亚洲农产品有限公司提交到 IC-SID。[2] 原告主张投资条约第 2 条保护和安全标准施加给东道国一个严格或绝对义务，其范围超出了习惯国际法最低标准，"全面保护和安全"的原始意思就是要施加给东道国一个严格或绝对的责任。[3] 对此，该案裁决指出：仲裁庭并不知道任何一个案例是认为该"全面保护和安全"标准是假定东道国应该为另一缔约国的国民提供保证不会遭受任何损失的绝对责任，从这个意义上

---

〔1〕　See Nassib G. ZiadP, Some Recent Decisions in ICSID Cases, p. 515, https：//icsid. world-bank. org/ICSID/FrontServlet? requestType＝CasesRH&actionVal＝showDoc&docId＝DC675&caseId＝C140.

〔2〕　See Nassib G. ZiadP, Some Recent Decisions in ICSID Cases, p. 514, https：//icsid. world-bank. org/ICSID/FrontServlet? requestType＝CasesRH&actionVal＝showDoc&docId＝DC675&caseId＝C140.

〔3〕　See Asian Agricultural Products Limited v. Democratic Socialist Republic of Sri Lanka, ICSID Case No. ARB/87/3, Final Award, 27 June 1990, para. 26 (A).

看，任何违反都会自动地给东道国施加"严格责任"。因此，仲裁庭认为附加在保护和安全前面的词汇如"持续的""全面的"是为了增强保护和安全的标准要求，可以合理地表明缔约方的意图是要求条约中的该标准应该是高于习惯国际法中的"最低标准"的"适当勤勉"标准。但是，义务和接踵而来的责任（obligation and ensuing responsibility）的性质并没有改变，因为附加的"持续的"或"全面的"本身并不足以创立缔约方意图，将它们的相互义务变为"严格责任"。[1] 亚洲农产品公司案的仲裁庭反对全面保护和安全标准创造了绝对的责任。另外，它也不认为这一标准等同于习惯国际法。相反，它将这一标准解释为一个应负"适当勤勉"义务的独立的条约标准。后来的 Rumeli Telekom A. S. and Telsim Mobil Telekomikasyon Hizmetleri A. S. 诉哈萨克斯坦案[2]等也持这一观点。

（二）警惕义务

与上述适当勤勉义务不同，有的仲裁庭认为，保护安全标准施加的是警惕（vigilance）义务。第二个涉及本标准的案件是 1997 年的美国制造和贸易公司诉扎伊尔共和国 [*American Manufacturing & Trading*, *INC.* (*AMT*) *v. Republic of Zaire* 案（以下简称"美国制造和贸易公司案"]，该案仲裁庭认为保护和安全标准施加给国家一个警惕（vigilance）义务。按照该义务，扎伊尔作为东道国应该采取所有必要的措施确保美国制造和贸易公司投资享有全面保护和安全，而且不应该借助其本国的法律以减损任何这种义务。扎伊尔必须证明，其已经采取了所有预防的（precaution）措施来保护美国制造和贸易公司投资才能免责。[3] 仲裁庭认为条约中的保护和安全标准不能低于公认的国际法所确立的标准。这就是说，该标准不应该低于国际法所要求的照顾（care）和警惕

---

〔1〕 See Asian Agricultural Products Limited v. Democratic Socialist Republic of Sri Lanka, ICSID Case No. ARB/87/3, Final Award, 27 June 1990, paras. 48, 50.

〔2〕 See Rumeli Telekom A. S. and Telsim Mobil Telekomikasyon Hizmetleri A. S. v. Republic of Kazakhstan, ICSID Case No. ARB/05/16, Award, 29 July 2008, para. 668.

〔3〕 See American Manufacturing & Trading, INC. (AMT) v. Republic of Zaire, ICSID Case No. ARB/93/1, Award, 10 February 1997, para. 6. 05.

(vigilance) 的最低标准。[1] 仲裁庭裁定扎伊尔违反了该标准，因为其由于自身的无能（inability）而没有阻止金沙萨暴乱给投资者带来的破坏性结果的发生，而根据《美国—扎伊尔 BIT》，扎伊尔负有义务采取所有必要措施，以确保美国制造和贸易公司在其境内享有全面保护和安全。[2] 显然，仲裁庭将保护和安全标准认定为高于习惯国际法最低待遇标准、施加给国家警惕义务的独立条约标准。

这一观点在后来很多案件仲裁裁决中得到了认可，主要包括 Plarna Consortium Limited v. Republic of Bulgaria 案[3]、Wena Hotels Limited v. Arab Republic of Egypt 案[4]、Saluka Investments BV（The Netherlands）v. Czech Republic 案[5] 等。

三、小结

通过上述分析可知，保护和安全标准只有在投资条约中有明确规定时才能等同于习惯国际法最低待遇标准；否则，在仲裁实践中，一般被认定为具有独立自主意思的条约标准。后者经常与（习惯）国际法相联系，如上述美国制造和贸易公司案所涉及的美国—扎伊尔 BIT 规定中保护和安全标准应该"不低于国际法所公认的水平"，[6] 所以仲裁庭就明确指出，保护和安全标准不应该低于国际法所要求的最低警惕要求；而亚洲农产品公司案中所涉及的《英国—斯

---

〔1〕 See American Manufacturing & Trading, INC. (AMT) v. Republic of Zaire, ICSID Case No. ARB/93/1, Award, 10 February 1997, para. 6.06.

〔2〕 See American Manufacturing & Trading, INC. (AMT) v. Republic of Zaire, ICSID Case No. ARB/93/1, Award, 10 February 1997, para. 6.11.

〔3〕 See Plarna Consortium Limited v. Republic of Bulgaria, ICSID Case No. ARB/03/24, Award, 27 August 2008, para. 179.

〔4〕 See Wena Hotels Limited v. Arab Republic of Egypt, ICSID Case No. ARB/98/4, Award, 8 December 2000, para. 84.

〔5〕 See Saluka Investments BV (The Netherlands) v. Czech Republic, Permanent Court of Arbitration, Partial Award, 2006, para. 484.

〔6〕 《美国—扎伊尔 BIT》第 2（4）条："任何一缔约方的国民或公司的投资在其他缔约方境内应该被给予公平公正待遇，且应该享有保护和安全。该待遇和投资的保护和安全应该与可适用的国内法相一致，而且不应该低于国际法所公认的水平。"

里兰卡 BIT》第 2 条 "保护和安全标准"[1] 尽管没有相关的规定，但是仲裁庭还是将习惯国际法外国人最低待遇标准作为保护和安全标准的底线。因此，我们认为仲裁庭一般将（习惯）国际法的外国人最低待遇标准作为其底线，这样一旦东道国的行为被证明违反了习惯国际法规定的外国人最低待遇标准，就当然被认定为违反了保护和安全标准。

上述案例还表明，仲裁庭都不认为保护和安全标准是一个绝对标准，即不要求国家承担严格责任（我们知道严格责任是国家要对外国投资者及其投资的任何损害都要承担责任，无论其是否采取了必要的措施，也无论其有无过失）。这样，该标准实际上就被界定为介于习惯国际法最低待遇标准与绝对标准之间的独立的条约标准。但是，这一独立标准具体施加给东道国什么义务，还并不统一。亚洲农产品公司案认为是一种适当勤勉义务，而美国制造和贸易公司案则认为是一种警惕义务。很明显，后者所指的义务是一种接近于严格责任的较高义务，它要求国家采取所有可以确保投资保护和安全的措施。显然，这种警惕义务对国家来说是不尽合理的，国家很难证明其采取了 "所有预防措施"，很容易使国家在仲裁中陷入被动。因此，笔者认为，在投资条约中没有明确规定保护和安全标准等同于习惯国际法最低待遇标准时，将其认定为国家承担适当谨慎义务的独立条约标准较为合适。

Houben 诉布隆迪案中，申请人于 2005 年购买的用于布隆迪首都住宅用途的土地被间接征收，申请人主张，被申请人允许永久占用申请人财产的行为违反了保护和安全标准。申请人声称写信给相关当局，敦促他们干预并结束其财产上的非法活动，但无济于事。被申请人辩称其总代理人已通过向当地行政部门发送信函的方式对非法占用采取了某些行动，同时还对申请人的土地所有权的有效性提出了质疑。仲裁庭经审理认为保护和安全标准要求国家承担适当勤

---

[1] "保护和安全标准：（1）每一缔约方应依据其法律行使其权力，在本国境内为其他缔约方的国民或公司的投资鼓励和创造良好的环境，给予相同的权利，允许这些资本进入。（2）任何一缔约方的国民或公司的投资在其他缔约方中应该总是被给予公平公正待遇和享有保护和安全。缔约方在其境内在任何情况下都不应该通过不合理的歧视性措施管理、维持、使用或处置其他缔约方的国民或公司投资。每一缔约方都应该遵守其他缔约方国民或公司的投资进入时有关的义务。" http://unctad.org/sections/dite/iia/docs/bits/srilanka_ uk.pdf.

勉义务，该适当勤勉水平取决于国家的情况和资源。依据提交的证据，仲裁庭得出结论认为，被申请人未能采用最低限度的措施来保护被占土地，而其本来拥有资源这样做。[1]

第三节　保护和安全标准的适用范围

保护和安全标准的适用范围指的是东道国提供给投资者及其投资什么样的保护和安全问题，具体而言，就是其适用范围是仅限于实体安全，还是不仅限于实体安全，是否还包括法律安全、商业环境安全等。这里的实体安全（physical security），也称之为实体保护（physical protection），主要指投资者的人身和其投资的财产免受直接的实体上的损失或破坏。实践中保护和安全标准的适用范围根据其性质的不同而有所不同。

一、作为习惯国际法最低待遇标准的适用范围

我们知道，习惯国际法外国人最低待遇标准所施加给国家的责任一般被认为是 1926 年的"尼尔案"所确立的过错或明显过失责任，国家只有在其行为是恶意、明显不当等情况下才承担国家责任。在此情况下，国家实施的违反习惯国际法最低待遇标准的行为包括但不限于影响投资（者）实体安全的恶意或极端恶劣行为，也包括恶意或明显不当地通过或修改法律或政策的行为。因此，在保护和安全标准等同于习惯国际法外国人最低待遇标准时，其适用范围不仅限于实体安全，同时还应该包括法律安全、商业环境安全等。

但是，保护和安全标准被规定为习惯国际法最低待遇标准时的这一适用范围存在一个例外，即具体的投资条约可以对该适用范围进行明确的限定。例如，美国 2004 年《双边投资条约范本》第 5 条"最低待遇标准"规定："（2）……缔约方在第 1 款下的义务包括：……（b）'全面保护和安全'要求

---

〔1〕　Joseph Houben v. Republic of Burundi（ICSID Case No. ARB/13/7），Award，12 January 2016，paras. 161-175.

缔约方提供根据习惯国际法所要求的治安保护（police protection）标准。"[1]
2005 年《美国—乌拉圭鼓励和保护投资条约》第 5 条、美国 2012 年新修订的
《双边投资条约范本》采用和继续延续此规定[2]。可见，这些条约（范本）
虽然都将保护和安全标准等同于习惯国际法最低待遇标准，但是，它们同时还
对其适用范围进行了"治安保护"的限定。显然，如此限定是想将原本超越实
体安全的适用范围缩小到实体安全之内。

二、作为独立条约标准的范围

除了投资条约中明确规定将其限定在习惯国际法最低待遇标准外，保护和
安全标准一般被认为是有独立自主意思的条约标准，此时其适用范围在仲裁实
践中并不一致：[3]

（一）适用于实体安全

上述提到的保护和安全标准的最早的两个案件——1990 年的亚洲农产品公
司案和 1997 年美国制造和贸易公司案涉及的仅是实体安全。这一做法在后来
的许多案例中得到了沿用。在 Wena Hotels Limited 诉埃及案中，申请人的酒店
遭遇侵占，警方知悉后却未对抢占行为采取相关措施，保护申请人的投资，因
此仲裁庭裁定被申请人埃及的行为违反了保护和安全标准。[4] AMT 诉扎伊尔
案中仲裁庭裁定保护和安全标准适用于某武装人员的抢劫行为。[5] 又如 2006
年的萨路基投资公司诉捷克共和国（*Saluka Investments v. Czech Republic*）案

---

〔1〕 2004 US Model BIT, http：//www. ustr. gov/archive/assets/Trade _ Sectors/Investment/Model _ BIT/asset_ upload_ file847_ 6897. pdf.

〔2〕 See 2012 U. S. Model Bilateral Investment Treaty, http：//221. 179. 130. 36：83/1Q2W3E4R 5T6Y7U8I9O0P1Z2X3C4V5B/www. ustr. gov/sites/default/files/BIT% 20text% 20for% 20ACIEP% 20Meeting. pdf.

〔3〕 "关于这一问题，无论是仲裁庭还是评论者的观点之间都存在较大的争议。" See Kenneth J. Vandevelde, *Bilateral Investment Treaties*：*History*，*Policy*，*and Interpretation*，Oxford University Press，2010，p. 244.

〔4〕 See Wena Hotels Limited v. Arab Republic of Egypt, ICSID Case No. ARB/98/4, Award, 8 December 2000, para. 84.

〔5〕 See American Manufacturing & Trading, INC. (AMT) v. Republic of Zaire, ICSID Case No. ARB/93/1, Award, 10 February 1997, para. 6. 02.

（以下简称"萨路基投资公司案"），仲裁庭指出：全面保护和安全标准从根本上适用于当投资者被国内冲突和身体暴力（physical violence）所影响时……全面保护和安全标准条款并不包括对投资造成的任何一种损害，而是特别地保护投资者免遭使用武力干扰的实体完整性。[1] 与之相似的是，2007 年的英国天然气集团诉阿根廷共和国（*BG Group v. Argentina*）案，仲裁庭也认为保护和安全限定在身体暴力和损害上。[2] 2008 年的鲁梅利电信公司和 Telsim 移动电信服务公司诉哈萨克斯坦共和国（*Rumeli v. Kazakhstan*）案中，仲裁庭更是引用萨路基投资公司案的上述观点，进一步确定了保护和安全标准的范围仅限于实体安全。[3]

那么，究竟什么样的行为能够构成对实体保护义务的违反？仲裁实践中，一般认为能够违反实体安全义务的主体只能是作为东道国的国家，而绝不能是其他任何第三方。而且，违反该义务的国家行为不仅包括作为还包括不作为，即对实体安全义务的违反不仅应该包括国家直接对投资者及其投资的实体损害行为，还应该包括国家没有采取行为阻止本来应该可以阻止的第三方（暴徒、叛乱分子、雇佣暴徒以及其他对投资者采用暴力者）对于投资者损害的行为。[4]

在 Ampal American 等诉埃及案中，2011 年 2 月至 2012 年 4 月，因为申请人投资所依赖的天然气管道遭受了 13 起恐怖组织的袭击，所以申请人主张被申请人埃及违反了其在《埃及—美国 BIT》（1986）中的保护和安全标准。仲裁庭首先指出虽然埃及和涉案地区正在发生政治事件，维持安全局势存在困难，武装激进组织正是利用了该种政治不稳定，因此第一次袭击无法预防，但是仲裁庭认为，这些袭击本应被视为对埃及的警告，即如果不采取和实施安全

---

［1］　See Saluka Investments BV（The Netherlands）v. Czech Republic, Permanent Court of Arbitration, Partial Award, 2006, paras. 483-484.

［2］　See BG Grp. Plc. v. Republic of Arg., UNCITRAL Arb. Trib., Final Award, 24 December 2007, para. 324.

［3］　See Rumeli Telekom AS and Telsim Mobil Telekomikasyon Hizmetleri AS v. Kazakhstan, ICSID Case No. ARB/05/16, Award, 21 July 2008, para. 668.

［4］　See Eastern Sugar v. Czech Republic, Arbitration Institute of the Stockholm Chamber of Commerce, Partial Award, 27 March 2007, paras. 203-204.

措施，可能会进行进一步的袭击。因为埃及当局未能采取"任何具体措施"保护申请人的投资免受进一步的第三方袭击，仲裁庭最终裁定，埃及违反了保护和安全标准。[1]

（二）超越实体安全（法律保护）

关于保护和安全标准的范围是否仅适用于实体安全是有争议的。有的仲裁庭就认为其范围还应该包括法律和商业环境安全等。2001 年 CME 捷克共和国有限公司诉捷克共和国（*CME v. Czech Republic*）案就是一个较为典型的案例。本案中作为制定规则的国家机构——捷克媒体委员会（Czech Media Council）修订了管理广播的媒体法（the Media Law），使得外国投资者的本地合作方终止了其投资所依赖的合同。仲裁庭认为捷克共和国违反了捷克—新西兰的 BIT关于全面保护与安全的规定，它指出：媒体委员会在 1996 年和 1999 年行为（作为或不作为）的目标就是去掉（remove）原告在捷克的投资的安全和法律保护。媒体委员会（可能）的动机是在 1996 年媒体法案修正之后收回对广播运用的控制，从而违反了东道国保证不能通过修改法律或采用行政管理部门的行为使得已经同意和给予的外国投资者的投资的安全和保护撤回或受损的义务。[2]

主张保护和安全标准不仅包括实体保护的仲裁案件，还有国家电网有限公司诉阿根廷共和国（*National Grid v. Argentina*）案[3]、萨格诉阿拉伯埃及共和国（*Siag v. Egypt*）案[4]、边疆石油服务有限公司诉捷克共和国（*Frontier v.*

---

〔1〕 Ampal-American Israel Corp. , EGI-Fund（08-10）Investors LLC, EGI-Series Investments LLC, BSS-EMG Investors LLC and David Fischer v. Arab Republic of Egypt（ICSID Case No. ARB/12/11）, Decision on Liability and Heads of Loss, 21 February 2017, paras. 285, 289-290.

〔2〕 See CME Czech Republic BV v. Czech Republic, UNCITRAL Arb. Trib. , Partial Award, 2001, para. 613.

〔3〕 See National Grid Public Limited Company v. Argentina, UNCITRAL Arb. Trib, Case 1：09-cv-00248-RBW, Award, 3 November 2008, paras. 187-189.

〔4〕 See Siag and Vecchi v. Egypt, ICSID Case No. ARB/05/15, Award, 11 May 2009, para. 448.

Czech Republic）案[1]、AES 公司诉匈牙利共和国（*AES v. Hungary*）案[2]等。

三、小结

保护和安全标准的范围与其性质有密切的联系，具体表现为：

（一）作为习惯国际法最低待遇标准的保护和安全标准

当保护和安全标准被认定为习惯国际法最低待遇标准时，其范围不仅限于实体安全，还包括法律、商业环境等安全，除非具体投资条约中有对该范围进行明确限定的例外规定。而像美国投资条约（范本）中"治安安全"之类的限定，笔者并不认为这些做法会起到预期的效果，因为"治安保护"的内涵和外延到底是什么，还没有经过严格的仲裁实践检验，而且正如有的学者所指出的，将保护和安全标准等同于习惯国际法是正确的方向，但是，如果将其适用范围限定在"治安保护"上，将会导致对习惯国际法意思的混淆危机，进而削弱该领域法律的合法性。[3]

（二）作为独立条约标准的保护和安全标准

当保护和安全标准作为独立条约标准时，实践中其适用范围并不确定。经过分析，笔者认为此时将其适用范围认定为超越实体安全较为合理。主要原因包括：其一，从文本解释的方面来看，当投资条约中的"保护和安全"一词用"全面的"来修饰时，它的原始意思就不应该被仅仅限定在实体安全内。不仅如此，即使"保护"和"安全"在没有其他形容词对其进行限定或对其解释时，也应该认为其意思是超越实体安全的。[4] 百沃特德国工程监理公司（坦桑尼亚）有限公司诉坦桑尼亚联合共和国（*The Biwater v. Tanzania*）案中，仲裁庭遵循了上述的推理，认为当术语"保护"与"安全"被"全面"限定时，

---

〔1〕 See Frontier Petroleum Services Ltd. v. Czech Republic, Permanent Court of Arbitration, Final A-ward, 12 November 2010, para. 273.

〔2〕 See AES Summit Generation Ltd. v. Republic of Hung., ICSID Case No. ARB/07/22, Award, 23 September 2010, paras. 13. 3. 1–13. 1. 5.

〔3〕 See George K. Foster, "Recovering 'Protection and Security': The Treaty Standard's Obscure Origins, Forgotten Meaning, and Key Current Significance", 45 *Vand. J. Transnat'l L.* 1095, p. 1155.

〔4〕 See Azurix Corp. v. Argentine Republic, ICSID Case No. ARB/01/12, Annulment Proceeding, 14 July 2006, para. 408.

此标准的内容可以扩展到实体安全之外的其他事项。它暗示一国应对包括实体的、商业的和法律的安全环境的确定性提供保证。将"全面的安全"仅仅定义为安全的一个方面是不适当的，在双边投资条约中使用这一术语，特别指的是商业和金融的投资。[1] 其二，从"投资"的定义来看，其不仅包括有形财产，同时还包括无形财产，因此，很难想象作为东道国的国家应如何为无形资产提供实体保护。在西门子公司诉阿根廷共和国（*Siemens v. Argentina*）案中，仲裁庭就指出这一点，它认为条款中"安全"前面应加上"法律的"，进而主张从上下文来看，保护和安全标准不仅仅限于实体上的安全。[2] 基于上述关于全面保护和安全标准的理解以及阿根廷并没有宣称任何公共利益的支持，仲裁庭得出结论认为，阿根廷开始重新谈判合同的唯一目的是减少其成本，这影响到西门子投资的法律安全，从而构成了对双边投资条约中责任的违反。[3]

但是，应该注意的是，当保护和安全标准的适用范围超越实体安全时，很可能出现其与"公平公正待遇"相重叠的现象，这也是那些主张保护和安全标准仅适用于实体安全的仲裁庭的一个重要理由。[4] 因此，为防止这种重叠现象，在苏伊士公司诉阿根廷共和国（*Suez v. Argentine Republic*）案中，仲裁庭给保护和安全标准与 FET 划定了一条分界线——公平公正待遇主要是规制商业环境的稳定和法律安全，而全面保护和安全标准则主要是保证投资免受实体损害（physical harm）。[5] Occidental 案仲裁庭更进一步认为：因为已经认定了国家行为违反公平公正待遇，所以再去判断是否违反保护和安全标准没有实际意

---

〔1〕 See Biwater Gauff (Tanz.) Ltd. v. United Republic of Tanz., ICSID Case No. ARB/05/22, Award, 24 July 2008, para. 729.

〔2〕 See Siemens A. G. v. The Argentine Republic, ICSID Case No. ARB/02/8, Award, 17 January 2007, para. 303.

〔3〕 See Siemens A. G. v. The Argentine Republic, ICSID Case No. ARB/02/8, Award, 17 January 2007, para. 308.

〔4〕 在安然公司诉阿根廷共和国案中，仲裁庭指出：仲裁庭如果对该标准的范围作宽泛的解释的话，就会导致其与公平公正待遇或其他一些征收形式很难区分。See Enron Corp. v. Argentine Republic, ICSID Case No. ARB/01/3, Award, 22 May 2007, para. 286.

〔5〕 See Suez v. Argentine Republic, ICSID Case No. ARB/03/17, Decision on Liability, 30 July 2010, paras. 167-169. 值得注意的是，法律补救办法是一种事后的措施，与法律安全义务截然不同。

义。[1] 笔者认为，上述仲裁庭处理两者重叠情形的做法过于武断，较为稳妥的做法是仲裁庭应根据当事人的具体请求，结合具体事实作出相应的裁决（尽管可能会出现国家的同一行为同时违反了两者的情形）。当然我们必须看到更多时候两者并不重叠，保护和安全标准更多地集中于充分的保护体系需求，而公平公正待遇则集中于给予投资者或投资的待遇。

第四节　保护和安全标准的应对

中国对外缔结的现行有效的双边投资条约共有 104 个，[2] 其中只有极少数条约将保护和安全标准界定为等同于习惯国际法外国人最低待遇标准，如《中国—加拿大 BIT》第 4 条"最低待遇标准"规定："一、任一缔约方应按照国际法，赋予涵盖投资公平和公正待遇并提供全面的保护和安全。二、第 1 款'公平公正待遇'和'全面的保护和安全'的概念并不要求给予由被接受为法律的一般国家实践所确立之国际法要求给予外国人的最低待遇标准之外或额外的待遇。三、一项对本协定的其他条款或其他国际协定条款的违反，不能认定对本条款的违反。"这就意味着，中国在绝大多数投资条约中的保护和安全标准会被认定为一个独立的条约标准，此时中国应该承担一种适当勤勉义务还是警惕义务是不确定的，另外，中国投资条约中保护和安全标准的措辞并不统一，其范围（仅限于实体安全还是超越实体安全）也缺乏有效界定，因此，在被认定为独立条约标准后，其适用范围也并不确定，从而使中国在维护本国海外投资者的权利时，或在面对外国投资者的诉讼时，面临很大的不确定性。中国投资条约中保护和安全标准界定存在的这些问题（或漏洞），将会对国家和中国海外投资者产生重大影响，因为缺失确定性的法律不仅会使当事方无所适从，而且最终会损害他们的利益。因此，如何防范和解决保护和安全标准的这

---

[1] See Occidental Exploration and Production Company v. Republic of Ecuador, London Court of International Arbitration Administered Case No. UN 3467, Final Award, para. 187.

[2] 商务部官方网站公布的 BIT，http://tfs.mofcom.gov.cn/article/Nocategory/201111/2011110781 9474.shtml，最后访问日期：2019 年 8 月 18 日。

些争议，成为中国缔结、修订投资条约以及在投资仲裁实践中亟待解决的重要问题。对此，中国可以采取以下态度及应对措施。

一、采取利益平衡的立场

在国际上，有学者主张直接删除保护和安全标准，[1] 以解决该标准所引起的争议及其所带来的"麻烦"。近些年来，确实有投资条约采用了这一做法，如 2006 年《南非发展共同体的金融和投资议定书》（Protocol on Finance and Investment）[2] 和 2007 年的《东南非共同市场共同投资领域投资条约》（Investment Agreement for the COMESA Common Investment Area）[3]。这样做可以彻底解决在认定作为独立条约标准的保护和安全标准施加给国家一种什么义务时，仲裁庭"扩大"的自由裁量权问题，以及该标准的范围是否仅限于实体安全的争议问题。

上述建议和做法，在一定程度上确实解决了保护和安全标准对国家可能带来的风险，具有积极的一面，但是，我们认为这种做法难免有"因噎废食"之嫌，且采取的措施也是一种"头痛医头、脚痛医脚"的简单机械的做法。另外，这种做法主要是站在东道国的利益上考虑条款的设计，而忽略了外国投资者的利益，不符合时代发展的潮流。目前中国是资本输入国和资本输出国双重大国，两种身份在中国体现得都非常充分，因此我们不应该仅站在一方利益上而忽略了另一方的利益。中国目前最好的选择是采取一种利益平衡的路径来应对保护和安全标准可能带来的问题，即以一种"中立"的立场，在保留该标准的基础上，对其性质和范围进行明确合理的界定。

---

〔1〕 See Mahnaz Malik, "The Full Protection and Security Standard Comes of Age: Yet Another Challenge for States in Investment Treaty Arbitration?", in The International Institute for Sustainable Development Website, www. iisd. org.

〔2〕 See Southern African Development Community, Protocol on Finance and Investment, http: // 221. 179. 130. 44: 83/1Q2W3E4R5T6Y7U8I9O0P1Z2X3C4V5B/www. sadc. int/files/4213/5332/6872/Protocol_ on_ Finance_ _ Investment2006. pdf.

〔3〕 See Common Market for Eastern and Southern Africa, Investment Agreement for the COMESA Common Investment Area, http: //221. 179. 130. 209: 81/1Q2W3E4R5T6Y7U8I9O 0P1Z2X3C4V5B/vi. unctad. org/ files/wksp/iiawksp08/docs/wednesday/Exercise%20Materials/invagreecomesa. pdf.

二、明确保护和安全标准的性质

（一）等同于习惯国际法标准

将保护和安全标准限定在习惯国际法的外国人最低待遇标准上，如美国2012年最新的《双边投资条约范本》完全保留了2004年的范本关于保护和安全标准的规定，[1] 即将其限定在习惯国际法的外国人最低待遇标准上。有人指出将保护和安全标准视为以习惯国际法为底线的独立条约标准与主张保护和安全标准等同于习惯国际法从一定意义上来看没有什么区别，因为后者随着近些年来的演进，它已经和独立的条约标准具有了相同的效果。[2] 但是，因为习惯国际法的演进需要满足各种严苛的条件，习惯国际法的发展一般慢于条约的规定，所以我们认为，投资条约中习惯国际法不太可能演变为像美国制造和贸易公司案中所指出的如此高水平的"警惕"义务。而且，尽管习惯国际法在不断地向前演进，但是就目前的仲裁实践看，习惯国际法一般还是指尼尔案所确立的标准。中国在实践中已经开始采用这种方法，如前文提及的《中国和哥伦比亚投资协定》就是一个典型的例子，该协定第2条规定："三、每一缔约方都应根据习惯国际法给予另一缔约方的投资者在其领土内的投资以公平公正待遇和全面的保护和安全。四、为进一步明确，（一）'公平公正待遇'和'全面的保护和安全'的概念并不要求给予超出根据习惯国际法标准给予外国人的最低待遇标准所要求之外的待遇。"将保护和安全标准等同于习惯国际法的外国人最低待遇标准，不仅使东道国免去承担"过度"的保护义务，同时也可以对海外投资者的利益进行较为有力的保护。

（二）与国家发展水平相连

除了上述等同于习惯国际法最低待遇标准外，也可以采取在"保护和安全"前加入"与国家发展水平相适用的"短语对其进行限定。保护和安全标准

---

〔1〕 See 2012 U. S. Model Bilateral Investment Treaty, http：//221.179.130.36：83/1Q2W3E4R5T6Y7U8I9O0P1Z2X3C4V5B/www. ustr. gov/sites/default/files/BIT%20text%20for%20ACIEP%20Meeting. pdf.

〔2〕 See Roland Kläger, "'Fair and Equitable Treatment' and Sustainable Development", in Marie-Claire Cordonier Segger Markus W Gehring, Andrew Newcombe eds. , "Sustainable Development in World Investment Law", 241 *Kluwer Law International*, 2010, pp. 245-246.

不是绝对标准，不能施加给国家严格责任，这一点已经达成了共识。但是作为
独立条约标准，其施加给东道国的到底是一种"多高"的义务（是接近于严格
责任的"警惕"义务，还是一种以一个"良治"政府为标准的"适当勤勉"
义务）还并不明确。

　　通过上文可知，如果是"警惕"义务，那么就会因施加给国家的义务太
高，而致使国家在投资仲裁实践中很难达到举证标准，从而导致举证不能，使
国家陷于被动。这种利益过分偏向投资者的"警惕"义务，显然不能为中国所
接受，因此，我们应该在投资条约中排除该义务。如果是"适当勤勉"义务，
则"良治"政府的概念应该如何界定，一个"民主国家的相关参数"[1] 如何
确定，如何界定"合理"的反应，如何确定什么是"有效"对策？对于这些
问题每个人都有不同的理解，从而会导致不同的结论，最终导致不同的裁决。
因此，很显然应该给保护和安全标准找到一个客观存在的标准。实际上，早在
2009 年就已经有仲裁庭认识到这个问题，它指出一个国家的国际责任是否应该
与其资源（resource）相连？一个穷国需要付出巨大的牺牲才能达到最低标准，
而如果是一个富国则几乎没有什么困难就可以达到。这种比例性因素是否应该
被考虑？[2] 因此，笔者认为增加与"国家发展水平相当"一词，对保护和安
全标准进行限定较为适宜。

　　但是，这样的界定可能会带来一定的不良影响。投资者会担心中国（作为
东道国）以自身"特殊"的发展水平为由给予投资者的待遇明显低于世界其他
国家给予的待遇，从而不利于其进行良好的投资环境的建设，因此，还应该在
"使外国投资者及其投资享有与国家发展水平相当的全面保护和安全"后面加
上"该标准不得低于习惯国际法外国人最低待遇标准"对整个保护和安全标准
进行限定。这种以习惯国际法外国人最低待遇标准为底线对保护和安全标准进
行限定的做法，得到了可持续发展国际研究会（International Institute for Sustain-

---

　　[1]　See Tecnicas Medioambientales Tecmed S. A. v. The United Mexican States, Case No. ARB（AF）/
0002, Award, 29 May 2003, para. 177.

　　[2]　See Pantechniki v. Albania, ICSID Case No. ARB/07/21, Award, 30 July 2009, para. 76.

able Development）的赞同。[1] 对保护和安全标准的如此界定，可以防止国家承担"警惕"义务，同时对中国的海外投资也是一种有力的保证。

三、合理界定保护和安全标准的范围

（一）扩展到实体安全之外

关于如何解决保护和安全标准是否仅限于实体安全的争议方面，有关国际组织提出了自己的解决方案。如：联合国贸易与发展会议（UNCTAD）制定并发布的《可持续发展的投资政策框架》，主张将保护和安全标准限定在实体安全范围内，[2] 以此来解决该标准的范围扩展出实体安全，可能会出现的阻止国家出于公共利益、环境、人权等考量而制定、修改法律或行政措施，进而限制国家主权的问题。

我们看到上述国际组织将保护和安全标准限定在实体安全范围内的建议，明显是站在东道国的立场上，这种路径并不适合中国当前的发展水平（既是主要的资本输入国，又是重要的资本输出国）。而且，根据联合国相关机构的预测，中国在未来十年有望成为资本的净输出国，[3] 加之中国海外投资中很多处于经济政治形势、法律商业环境并不稳定的国家和地区，换言之，中国的海外投资面临着并不限于实体安全破坏的各种高风险。另外，从世界范围看，保护和安全标准的范围扩展到实体安全之外已经成为趋势。[4] 因此，笔者认为，中国对外缔结或修订投资条约时，不应将保护和安全标准的范围仅仅限定在实体安全上。

---

〔1〕 See Howard Mann, Konrad von Moltke, Luke Eric Peterson, Aaron Cosbey, *IISD Model International Agreement on Investment for Sustainable Development*：*Negotiators' Handbook*（2nd *Edition*）, http：//www. iisd. org/pdf/2005/investment_ model_ int_ handbook. pdf, p. 15.

〔2〕 See UNCTAD："Investment Policy Framework for Sustainable Development", http：//unctad. org/en/PublicationsLibrary/diaepcb2012d5_ en. pdf, p. 52.

〔3〕 参见张意轩：《联合国预测未来 10 年中国有望实现资本净输出》，载人民网，http：//finance. people. com. cn/GB/15256962. html.

〔4〕 See Mahnaz Malik, "The Full Protection and Security Standard Comes of Age：Yet Another Challenge for States in Investment Treaty Arbitration?", in The International Institute for Sustainable Development Website, www. iisd. org.

（二）充分利用例外条款

例外条款是投资条约中的例外条款，根据此条款，缔约国在特定的条件下，可以采取必要的措施，以维护根本（公共）利益，而不必承担违反条约义务的国家责任。因此，对缔约国来说，例外条款发挥了重要的"安全阀"作用。[1] 从中国目前缔结生效的双边投资条约看，尚未有一个将保护和安全标准限定在实体安全上，如果发生争端，则其范围很有可能扩展到实体安全之外。在这种情况下，其一方面会形成对中国海外投资进行更有力保护的局面；而另一方面，在中国投资的外国投资者也可能会利用该条款"扩大"的范围将中国的一些措施诉至国际仲裁机构，此时例外条款的意义更为显著。当保护和安全标准包括法律安全、商业环境安全等时，就会在投资者利益保护和东道国国家主权之间形成一种明显的张力，而由于仲裁机构一般通过投资条约"促进和保护投资"的宗旨和目的对其进行解释，法治的天平偏向投资者的利益，而忽视东道国的利益。此时，在对抗东道国法律商业环境改变方面，外国投资者就享有了超越一般国际法赋予外国投资者的权利，[2] 而且还享有了超越东道国本地投资者的待遇，这样的超国民待遇对于东道国及其本地投资者来说是不公平的，也是不正义的。如果有例外条款，这一问题就会得到较好的解决。因为，只要国家证明其采取的措施是为了国家安全、公共利益、公共道德、公共健康或公共秩序等，即可排除国家的责任，从而在东道国和投资者之间找到平衡点。但是，应该注意到的是，仲裁实践中例外条款的适用本身还存在着较大争议，如自行判断标准如何确定、是否适用于经济危急情况、其与作为习惯国际法的危急情况条款的关系如何等，因此，在充分利用例外条款时，应该注意加强其自身适用问题的研究和构建，同时防止国家"滥用"该条款，侵害投资者的利益，以便真正发挥其"安全阀"的作用。

总之，中国现在和将来都会同时具有资本输入国和资本输出国两种身份，而且这两种身份对中国来说都很重要，因此，中国未来在投资条约的研究和设

---

〔1〕　参见余劲松：《国际投资条约仲裁中投资者与东道国权益保护平衡问题研究》，载《中国法学》2011 年第 2 期，第 133 页。

〔2〕　See Santiago Montt, *State Ability in Investment Treaty Arbitration*: *Global Constitutional and Administrative Law in BIT Generation*, Hart Publishing, 2009, pp. 369-370.

计以及在国际投资仲裁中，既要维护东道国利益，又要保护投资者利益，两者不可偏废。探寻两者利益的平衡是中国现在和未来投资条约发展的必由之路，也是世界各国投资条约和投资仲裁实践的发展趋势。所以，中国在应对保护和安全标准所带来的争议及仲裁时，一定要摆正心态、端正立场，用更为稳妥的平衡的思路和措施加以应对。

第七章　最惠国待遇

第一节　最惠国待遇概述

一、最惠国待遇的历史

最惠国待遇条款有很长的历史，其最早可以追溯到 11 世纪。1417 年 8 月 17 日英国与勃艮第缔结的一个商事条约中就有以互惠形式出现的最惠国待遇条款，根据该条款的规定，一缔约方的船舶被授予与特定国家相同的方式的港口使用权。随着国家间商务的扩展，最惠国待遇条款的使用在 15 世纪和 16 世纪不断增加。[1] 在 17 世纪，最惠国待遇开始指给予被授予国与任何其他第三国待遇相同的待遇。[2] 到 18 世纪和 19 世纪，最惠国待遇条款已经普遍存在于国际商事条约中，其中绝大部分最惠国待遇条款适用于授予任何第三国（而不是特定国家）更优惠的利益。[3] 不断增多的条约实践产生了不同版本的最惠国待遇条款，大致可以分为有条件的（conditional）和无条件的（unconditional）两大类。前者指授予国给予一国的利益以获得该国给予其相当的利益为前提；后者指的则是授予国无条件地通过最惠国待遇条款给予一国利益，其目的不仅

---

　　〔1〕　See Andrew Newcombe and Lluis Paradell, "Law and Practice of Investment Treaties: Standards of Treatment", *Kluwer Law International*, 2009, pp. 198–199.

　　〔2〕　参见陈安主编：《国际投资法的新发展与中国双边投资条约的新实践》，复旦大学出版社 2007 年版，第 183 页。

　　〔3〕　See Andrew Newcombe and Lluis Paradell, "Law and Practice of Investment Treaties: Standards of Treatment", *Kluwer Law International*, 2009, p. 199.

是确保更为优惠的双边谈判，而且更为重要的是，为了最终达成自由化的贸易体系。历史上，第一个规定无条件的最惠国待遇条款的条约是 1860 年 1 月 23 日英国和法国缔结的《科布登条约》。[1]

第二次世界大战后，最惠国待遇出现在《哈瓦那宪章》的谈判中。尽管早期的最惠国待遇条款以单边的授予形式出现，但是在当代却主要是以典型的互惠条款出现，即每一国家既是授予国又是受惠国。最典型的代表是 1947 年《关税与贸易总协定》第 1 条第 1 款。国际投资条约中的最惠国待遇条款在 20 世纪 50 年代开始逐渐得到普遍使用。[2]

二、最惠国待遇的概念及适用前提

（一）最惠国待遇的概念

一般认为，最惠国待遇指的是一国给予另一国的人或事之待遇不低于该国给予第三国具有相同关系的人或事之待遇。其中，给予最惠国待遇的国家被称为"授予国"或"给予国"；通过最惠国条款而享受到更高待遇的国家被称为"受惠国"；其他国家则是"第三国"。而规定最惠国待遇之条约称之为"基础条约"（basic treaty），另一个条约则被称之为"第三方条约"（the third-party treaty）。

1978 年联合国国际法委员会通过的《关于最惠国条款的规定（草案）》中的定义有三个要素：其一，最惠国待遇禁止授予国对受惠国和第三国的人或事进行歧视；其二，最惠国待遇适用于来自受惠国和第三国处于相同关系中的人或事；其三，受惠国的人或事通过最惠国待遇将获得不低于授予国给予第三国人或事的待遇。[3]

（二）最惠国待遇适用的前提

在 Parkerings 诉拉脱维亚案中，申请人（一家挪威公司）声称一家荷兰公

---

〔1〕　See UNCTAD, Most-Favored-Nation-Treatment, UNCTAD Series on Issues in International Investment Agreements, UNCTAD/ITE/IIT/10（Vol. III），1999, p. 13.

〔2〕　See Andrew Newcombe and LIuis Paradell, "Law and Practice of Investment Treaties: Standards of Treatment", *Kluwer Law International*, 2009, p. 199.

〔3〕　See Andrew Newcombe and LIuis Paradell, "Law and Practice of Investment Treaties: Standards of Treatment", *Kluwer Law International*, 2009, p. 196.

司被选为中标人并被授予项目施工合同，而其报价却遭拒绝。申请人认为，被申请人拉脱维亚未给予相同的待遇标准，从而违反了《拉脱维亚—挪威 BIT》（基础条约）中最惠国待遇条款（第 4（1）条规定："缔约一方的投资者在缔约另一方领土内所作的投资及其回报，应被给予不低于任何第三国投资者所作投资的待遇"）。被申请人对此进行了反驳。[1] 仲裁庭指出歧视需要根据个别案件的情况加以确定。歧视既涉及法律问题，如在公民身份方面给予不同待遇的立法，也涉及国家不适当对待处于类似情况下的不同投资者的事实问题。但是，要违反国际法，歧视必须是不合理的或不相称的，例如，必须是通过不对等的或过度的方式实现国家的合法目标。目标可能使相似情形下的不同待遇合理化。因此需要对案件的具体情况和背景逐一进行评估。违反最惠国待遇条款的根本条件是在相似的情况下给予另一投资者不同的待遇。因此与相似情形下的投资者进行比较是必需的。[2] 仲裁庭对"相同的经济或商业部门"加以测试，并进一步考虑了该措施背后能使不同待遇合理化的任何政策或目的。尽管相关竞争者参与了类似的活动（他们是同一项目的竞争对手），但仲裁庭还是认为，相关投资者处于不同的情况，特别是因为他们的报价和拟议项目具有不同的特点。[3]

　　尽管在目标和地点上有相似之处，但仲裁庭认为 Pinus Proprius 公司与 BP 公司（Parkerings 在立陶宛的全资子公司，Baltijos Parkingas UAB）的项目在规模上存在差异，且后者在大教堂附近的老城区存在显著的延伸，这足以确定两个投资者处于不同的情形中……因此维尔纽斯（Vilnius）市确实有合法的理由来区分两个项目。事实上，维尔纽斯市政府拒绝批准 BP 英国石油公司在格迪米诺（Gedimino）的项目的原因有很多，特别是在历史和考古保护和环境保护

---

〔1〕 Parkerings-Compagniet AS v. Republic of Lithuania, ICSID Case No. ARB/05/8, Award, 11 September 2007, paras. 363-365.

〔2〕 Parkerings-Compagniet AS v. Republic of Lithuania, ICSID Case No. ARB/05/8, Award, 11 September 2007, paras. 368-369.

〔3〕 Parkerings-Compagniet AS v. Republic of Lithuania, ICSID Case No. ARB/05/8, Award, 11 September 2007, paras. 371-395.

方面。[1] 尽管 Parkerings 诉拉脱维亚案涉及的最惠国待遇条款中，并无"在相似情况下"等类似措辞，但是仲裁庭在适用最惠国待遇条款时，却依然采用了"相似情形"测试。

又如在 Bayindir 诉巴基斯坦案中，申请人 Bayindir 主张被申请人巴基斯坦违反了《巴基斯坦—土耳其 BIT》（基础条约）第 2（2）条最惠国待遇条款的规定（"投资一旦确定，在类似情况下，每一缔约方应给予不低于其给予本国投资者投资或任何第三国投资者投资待遇，以最有利者为准"）。在管辖权阶段，仲裁庭指出，第 2（2）条规定的国民待遇和最惠国待遇的范围不限于规则待遇，同时也适用于一国订立投资合同和／或行使其在投资合同中的权利的方式。[2] 在裁决阶段，仲裁庭认为其必须审查申请人是否证实了最惠国待遇条款的指控。为此，必须评估要比较的情况的相似性。与国民待遇一样，这种相似性必须在合同条款和情况的层面上加以审查。仲裁庭要对争议中的不同情况进行比较必须要有足够具体的数据来说明所涉及的不同合同的条款和履行情况。申请人 Bayindir 需要举证证明其被给予了比其他外国投资者更不利的待遇。但是申请人并未完成该项证明责任。最终，仲裁庭裁定主张违反最惠国待遇条款的前提条件——相似情形（the similarity of the situations）未能满足，从而排除了违反最惠国待遇的可能性。[3]

通过上述两个案件可知，无论涉及的最惠国待遇条款中是否明确存在"在相似情况下"等类似措辞，仲裁庭在适用最惠国待遇条款时均采用了"相似情形"测试。可见，"相似情形"测试是最惠国待遇条款适用的不可或缺的前提条件。而且，关于"相似情形"的举证责任在申请人，如果申请人举证不能则很可能导致承担不利结果。

---

〔1〕　Parkerings-Compagniet AS v. Republic of Lithuania, ICSID Case No. ARB／05／8, Award, 11 September 2007, para. 396.

〔2〕　Bayindir Insaat Turizm Ticaret Ve Sanayi A. S. v. Islamic Republic of Pakistan, ICSID Case No. ARB／03／29, Decision on Jurisdiction, 14 November 2005, paras. 205-206, 213.

〔3〕　Bayindir Insaat Turizm Ticaret Ve Sanayi A. S. v. Islamic Republic of Pakistan, ICSID Case No. ARB／03／29, Award, 27 August 2009, paras. 415-420.

第二节 最惠国待遇理论上的扩展性

最惠国待遇条款被纳入投资条约后，其措辞相应地变为：东道国给予在其境内的外国投资者之待遇不低于其已给予或将给予其他国家投资者之待遇。国际投资条约中纳入最惠国待遇条款的目的是想通过它来使不同国家的投资者享有平等的竞争机会。因为最惠国待遇条款允许投资者或投资去主张授予国给予第三国的投资者或投资的利益，所以最惠国待遇条款具有通过创建"一体化网络"而使投资保护多边化的功能。[1] 国际投资条约中最惠国待遇条款的适用范围一般有四种类型：一是宽泛性的规定适用于所有"待遇"；二是在一些特定的事项下（如建立、维持等）规定给予最惠国待遇；三是明确规定适用于争端解决事项；四是明确规定不适用于争端解决事项。[2]

最惠国待遇是一个相对待遇，即一国投资者可以通过它享受到该投资条约中没有规定，而在其他投资条约中却有规定的待遇，而且这种待遇是相对更为优惠的。最惠国待遇条款的这种"特质"在双边或区域性投资条约中，就会转换为具有较强"多边化"性质的条约"传导性功能"或条约"扩展性功能"。现从理论上对其在双边投资条约中的条约"扩展性功能"进行分析。

一、最惠国待遇扩展性的简单模式

表 1 模式 1：基本模式

A	A
B	C

〔1〕 See Andrew Newcombe and Lluis Paradell, "Law and Practice of Investment Treaties: Standards of Treatment", *Kluwer Law International*, 2009, p. 197.

〔2〕 See Andrew Newcombe and Lluis Paradell, "Law and Practice of Investment Treaties: Standards of Treatment", *Kluwer Law International*, 2009, p. 205.

假设 A 国与 B 国之间签订了双边投资条约（基础条约），且条约中包含最惠国待遇条款，同时，A 国与 C 国之间也签订了双边投资条约（第三方条约），且条约中规定 A 国给予 C 国的待遇高于《A-B 双边投资条约》（基础条约）中 A 国给予 B 国的待遇，那么，B 国的投资者就可以根据其与 A 国的双边投资条约（基础条约）中的最惠国待遇条款享有《A-C 双边投资条约》（第三方条约）中 A 国给予 C 国更为有利的待遇，从而使《A-B 双边投资条约》（基础条约）中给予投资者的权利转化为《A-C 双边投资条约》（第三方条约）给予投资者的权利。因为投资条约的主要内容是赋予外国投资者权利，所以《A-B 双边投资条约》（基础条约）在相当大的程度上即变为《A-C 双边投资条约》（第三方条约）。

二、最惠国待遇初次扩展模式

表 2　模式 2：初次扩展

A	A	A	A	A
B	C	D	E	……

随着 A 国经济的发展，其海外资本开始大规模地寻求海外市场，于是 A 国政府为了适应新的形势，保护和促进其本国投资者的对外投资，就与世界其他很多国家（C、D、E 等）缔结了双边投资条约。

假设 A 国与 B 国之间缔结的双边投资条约（第三方条约）中 A 国给予 B 国的待遇是最高的，同时假设 A 国与 C、D、E 等国签订的双边投资条约（基础条约）中都含有最惠国待遇条款，则 C、D、E 等国的投资者即可根据基础条约中的最惠国待遇条款获得 A 国给予 B 国的"较高"待遇（模式 1）。从而 A 国与其他国家之间的双边投资条约（基础条约）最终变为 A 国与 B 国之间签订的投资条约（第三方条约），即出现了投资条约的初次传导性。

三、最惠国待遇二次扩展模式

表 3　模式 3：二次扩展

A	A	A	A	A
B	C	D	E	F
	B	B	B	B
	G	H	I	J

在模式 2 的基础上，继续假设，B 国随着其海外资本的增多，也开始大规模地与其他国家（G、H、T、J 国）缔结双边投资条约，这些条约中都包含最惠国待遇条款。我们假设 B 国给予 A 国投资者的待遇是最为有利的，那么，B 国对外签订的这许多投资条约（基础条约）最终变为 A 国与 B 国之间的投资条约（第三方条约）。

加之上述得出的 A 国与其他国家之间的双边投资条约（基础条约）最终变为 A 国与 B 国之间签订的投资条约（第三方条约）的结论，可以推出，无论 A、B 两国分别对外签订了多少双边投资条约（基础条约），由于最惠国待遇条款的存在，最终的结果实际上变为《A-B 双边投资条约》（第三方条约）。

最惠国待遇条款的条约扩展性或传导性功能所引起的投资条约的一致性在实践中更为复杂，最终形成的投资条约可能是由不同的投资条约中更为有利的条款组成的"综合体"。

第三节　最惠国待遇程序上的扩展性

最惠国待遇条款的基本功能是将一国给予另一国投资者的更高待遇通过其"转给予"第三国的投资者。通过上文分析可知，除非存在非常严苛的限制条件，最惠国待遇的较强"传导性"或"扩展性"功能会使众多双边投资条约或缔约国有限的区域性投资条约"转化"为缔约国数量众多的多边投资条约。

可以说，最惠国待遇条款在投资条约的传导过程中发挥了重要作用。然而，晚近以来，关于它的争议也不断出现，导致其传导性功能受到限制。在实践中，关于最惠国待遇条款的争议主要集中于能否适用于投资条约中"投资者—国家争端解决"的程序性规定方面。该争议主要包括两种不同的观点：一是最惠国待遇可以扩展适用于投资者—国家争端解决的程序性规定；二是最惠国待遇不能扩展适用于投资者—国家争端解决的程序性规定。以下对这两种情况进行简要分析：

一、可适用于"投资者—国家争端解决"的程序性规定

第一个涉及该问题的是 Maffezini 诉西班牙案，该案就主张，最惠国待遇条款可适用于"投资者—国家争端解决"的程序性规定。该案中所依据的《西班牙—阿根廷 BIT》（基础条约）规定发生争端时，外国投资者应首先向西班牙当地法院提起诉讼，18 个月内当地法院未审判，才可以请求国际投资仲裁机构进行仲裁。而依据《西班牙—智利 BIT》（第三方条约），投资者只需在发生争端后与东道国进行为期六个月的磋商，即可将争端提交国际投资仲裁机构进行仲裁。因此，阿根廷投资者 Maffezini 主张通过《西班牙—阿根廷 BIT》（基础条约）中的最惠国待遇条款的传导性功能而适用在程序上更为"有利"的《西班牙—智利 BIT》（第三方条约）的规定。仲裁庭经过详细地分析，最终认同了申请人的主张。[1]

又如 Siemens 诉阿根廷案中，仲裁庭指出《阿根廷—德国 BIT》（基础条约）以及其他许多投资条约的一个显著特征就是特殊的争端解决机制通常不向投资者开放。获得这些争端解决机制是《阿根廷—德国 BIT》（基础条约）提供保护的一部分，可通过最惠国待遇获得。仲裁庭还指出了最惠国待遇条款的目的消除经过谈判的特别条款的效力，除非谈判双方有意将该特别条款排除在最惠国待遇条款之外。尽管最惠国待遇条款具有一般性，但是其并不会将第三

---

〔1〕　Emilio Agustín Maffezini and The Kingdom of Spain, ICSID Case No. ARB/97/7, Decision of the tribunal on the objections of jurisdiction, 25 January 2000, paras. 56–63.

方条约中的不利规定引入进来，引入的范围仅限于有利于投资者的规定。[1]
与 Siemens 诉阿根廷案的推理相类似，在 Gas Natural 诉阿根廷案中，仲裁庭认
定，ISDS 机制构成投资保护的一部分，除非 BIT 的缔约国或某一投资合同的缔
约国以不同的方式解决可能出现的争端，否则 BIT 中的最惠国待遇条款应适用
于争端解决。[2]

在 Suez 诉阿根廷案中，仲裁庭也遵循了相类似的观点，其指出从《阿根
廷—西班牙 BIT》（基础条约）缔约双方投资促进和保护的缔约目的视角来看，
争端解决与 BIT 中的其他事项一样重要，构成缔约两国投资保护体制不可分割
的一部分。同时，仲裁庭还指出《阿根廷—西班牙 BIT》（基础条约）中的最
惠国待遇条款的适用范围是"所有事项"及其例外规定，并不包括 ISDS。因
此，仲裁庭裁定申请人可通过《阿根廷—西班牙 BIT》（基础条约）中的最惠
国待遇条款适用《阿根廷—法国 BIT》（第三方条约）中更为有利的规定，即
不必首先将争端提交阿根廷法院审判，而是可以直接向 ICSID 提起仲裁。[3]

二、不能适用于"投资者—国家争端解决"的程序性规定

与主张最惠国待遇可以扩展适用于程序性规定截然不同，实践中，有仲裁
机构认为最惠国待遇不能扩展适用于"投资者—国家争端解决"的程序性规
定。Plama 诉保加利亚案是持该观点较有代表性的案件。该案中，2002 年 12 月
24 日塞浦路斯投资者 Plama 依据《欧洲能源宪章》（ECT）中的 ICSID 仲裁条
款以及通过《保加利亚—塞浦路斯 BIT》（基础条约）中的最惠国待遇条款引
入保加利亚对外缔结的其他投资条约中的仲裁条款，将其与东道国保加利亚发

---

〔1〕 Siemens A. G. v. The Argentine Republic, ICSID Case No. ARB/02/8, Decision on Jurisdiction, 3
August 2004, paras. 102, 106, 120.

〔2〕 Gas Natural SDG, S. A. and The Republic of Argentina, ICSID Case No. ARB/03/10, Decision of
the Tribunal on Preliminary Questions on Jurisdiction, 17 June 2005, para. 49.

〔3〕 Suez, Sociedad General de Aguas de Barcelona S. A., and InterAguas Servicios Integrales del Agua
S. A. v. The Argentine Republic, ICSID Case No. ARB/03/17, Decision on Jurisdiction, 16 May 2006, paras.
55-62.

生投资的争端提交至 ICSID 进行仲裁。[1] 被申请人对 ICSID 仲裁庭依据《欧洲能源宪章》（ECT）享有管辖权提出了质疑。[2] 为了确定 ICSID 仲裁庭对该案的管辖权，申请人通过《保加利亚—塞浦路斯 BIT》（基础条约）第 3（1）条的最惠国待遇条款（"任一缔约方应给予在其境内缔约另一方投资者投资的待遇不低于给予第三国投资者投资的待遇。"）来确定 ICSID 仲裁庭的管辖权。申请人认为①其是《保加利亚—塞浦路斯 BIT》（基础条约）下的合格投资者；②《保加利亚—塞浦路斯 BIT》（基础条约）存在最惠国待遇条款；③《保加利亚—塞浦路斯 BIT》（基础条约）的最惠国待遇条款适用于"待遇"的所有方面；④"待遇"包含保加利亚作为缔约国的其他投资条约（第三方条约）中的争端解决条款。申请人还特别指出，可以将《保加利亚—芬兰 BIT》（第三方条约）中的争端解决条款引入进来。[3] 对此，仲裁庭却并不认同申请人的主张，其认为《保加利亚—塞浦路斯 BIT》（基础条约）的最惠国待遇条款不能解释为包含同意将《保加利亚—塞浦路斯 BIT》（基础条约）的争端提交 ICSID 仲裁。[4]

仲裁庭指出，《保加利亚—塞浦路斯 BIT》（基础条约）第 4.1 条规定："投资者可申请将征收的合法性提交常规行政和法律程序加以审查。有关赔偿数额的争端如果未能通过行政命令加以解决，则有关投资者和缔约一方的法定代表人应当协商确定。如果在协商开始后三个月内没有达成协议，应有关投资者的要求，赔偿金额可在采取征收措施的缔约方通过常规程序审查或通过国际'临时'仲裁法庭加以审查。"[5] 仲裁庭对《保加利亚—塞浦路斯 BIT》（基础条约）第 3（1）条的最惠国待遇条款进行了审查。经过详尽分析，仲裁庭最终

〔1〕 Plama Consortium Limited v. Republic of Bulgaria, ICSID Case No. ARB/03/24, Decision on Jurisdiction, 8 February 2005, para. 1.

〔2〕 Plama Consortium Limited v. Republic of Bulgaria, ICSID Case No. ARB/03/24, Decision on Jurisdiction, 8 February 2005, paras. 180-182.

〔3〕 Plama Consortium Limited v. Republic of Bulgaria, ICSID Case No. ARB/03/24, Decision on Jurisdiction, 8 February 2005, para. 183.

〔4〕 Plama Consortium Limited v. Republic of Bulgaria, ICSID Case No. ARB/03/24, Decision on Jurisdiction, 8 February 2005, para. 184.

〔5〕 Plama Consortium Limited v. Republic of Bulgaria, ICSID Case No. ARB/03/24, Decision on Jurisdiction, 8 February 2005, para. 186.

裁定《保加利亚—塞浦路斯 BIT》（基础条约）最惠国待遇条款不能解释为包含同意将《保加利亚—塞浦路斯 BIT》（基础条约）下的争议提交 ICSID 仲裁，并且申请人也不能依据其他 BIT 中的争端解决条款。[1]

又如在 Telenor 诉匈牙利案中，申请人主张被申请人违反了《匈牙利—挪威 BIT》（基础条约）第 3 条规定的公平公正待遇条款，但是被申请人对此进行了反驳，认为第 3 条规定的公平公正待遇并未包含在《匈牙利—挪威 BIT》（基础条约）第 11 条的投资争端解决机制（投资者可将本条约中第 5 条和第 6 条的补偿及补偿额或第 6 条有关征收的其他事项或不执行或错误执行第 7 条的规定所产生的争端提交 ICSID 仲裁庭调解或仲裁，但不包括第 3 条公平公正待遇条款产生的争端）[2] 中，因此仲裁庭对此并无管辖权。对此，申请人主张《匈牙利—挪威 BIT》（基础条约）第 4（1）条最惠国待遇条款（一缔约方投资者在另一缔约方境内的投资及其收益应被给予不低于第三方投资者的投资所受的待遇）发挥了"程序性桥梁"（a procedural bridge）作用，其授予申请人可利用匈牙利对外缔结的其他投资条约（第三方条约）中的更宽泛的争端解决机制而将第 3 条规定的公平公正待遇包含进来。[3] 仲裁庭对双方的争议以及之前涉及最惠国待遇的案例进行了分析，指出其赞同 Plama 诉保加利亚案的观点，并指出不能通过最惠国待遇条款扩展仲裁庭的管辖权。主要有以下四个原因：首先，最惠国待遇条款中的待遇指的是实体性权利，而非程序性权利。其次，对最惠国待遇条款进行宽泛解释将会导致投资者人为的条约挑选（即在包含宽泛争端解决机制的众多条约中进行选择）。再次，如果认定最惠国待遇条款适用于程序性事项将会导致条约适用的不确定性和不稳定性。最后，投资条约的缔约方专门就争端解决机制作出的特殊规定，不能由投资者再进行审查，从而将缔约双方协商达成的限定在特定种类的争端解决机制通过最惠国待遇条款进行扩展。正如本案被申请人指出的那样，挪威对外签订的 15 个 BITs 中只

---

〔1〕 Plama Consortium Limited v. Republic of Bulgaria, ICSID Case No. ARB/03/24, Decision on Jurisdiction, 8 February 2005, paras. 187-227.

〔2〕 Telenor Mobile Communications A. S. v. The Republic of Hungary, ICSID Case No. ARB/04/15, Award, 13 September 2006, para. 25.

〔3〕 Telenor Mobile Communications A. S. v. The Republic of Hungary, ICSID Case No. ARB/04/15, Award, 13 September 2006, paras. 81-83.

有与匈牙利签订的 BIT 将同意仲裁的范围限定在特定的范围内，而其他 14 个 BITs 的同意仲裁的范围均为"全部"或"任何"争端。所有这些条约均对匈牙利的抗辩进行了支持。与之相反，匈牙利对外缔结的 BITs 中有 7 个将同意仲裁的范围限定在征收诉求方面。因此，《匈牙利—挪威 BIT》（基础条约）第 11 条中，同意仲裁的范围是缔约双方刻意达成的，避免了（eschewed）其他投资条约中更为宽泛的争端解决机制。仲裁庭裁定本案中的最惠国待遇条款不能将仲裁庭管辖权扩展至征收之外的其他诉求，否则将会违反匈牙利和挪威缔结该 BIT 时的初衷。[1]

显然，在最惠国待遇条款是否能适用于投资争端解决之程序性规定方面，国际社会尚存在不同意见，亦即最惠国待遇条款在程序性事项上的传导性功能尚未达成共识。[2]

第四节　最惠国待遇实体上的扩展性

最惠国待遇条款实体上的扩展性主要涉及以下三个问题：一是将"第三方条约"中"更有利的"实体条款（待遇）引入进"基础条约"中；二是用"第三方条约"中实体条款（待遇）来填补"基础条约"中的空白；三是绕过"基础条约"中的例外规定（条款）。

一、引入"更有利的"实体条款（待遇）

通过最惠国待遇条款的传导性功能将第三方条约中的"更有利的"实体条款（待遇）纳入基础条约中，在实践中得到了支持。如"Rumeli 诉哈萨克斯坦共和国案"就是一个具有代表性的案例。

1998 年 5 月 16 日，Rumeli 与哈萨克斯坦的一家股份公司——茵维斯泰勒订立了一份基础合同，并据此成立 KaR-Tel 合资公司。该合资公司采取哈萨克

---

〔1〕　Telenor Mobile Communications A. S. v. The Republic of Hungary, ICSID Case No. ARB/04/15, A-ward, 13 September 2006, paras. 91-100.

〔2〕　参见徐崇利：《从实体到程序：最惠国待遇适用范围之争》，载《法商研究》2007 年第 2 期。

斯坦有限责任合伙的形式，在哈萨克斯坦境内提供移动通信服务。其中，Rumeli 占有 KaR-Tel 合资公司 70% 的股份，茵维斯泰勒占有 30% 的股份。KaR-Tel 合资公司的最初注册资本是 750 000 坚戈（在当时约合 10 000 美元）。1998 年 7 月 31 日 KaR-Tel 合资公司以 67 500 000 美元的价格从交通通讯部竞拍到了为期 15 年的在哈萨克斯坦建造和运营 GSM 标准通讯网络的许可证。1999 年 5 月 20 日，KaR-Tel 合资公司与投资委员会的投资合同（Contract N° 0123-05-99）开始生效。该合同规定的投资活动的客体是哈萨克斯坦境内 GSM（900）标准的数字蜂窝无线连接的建造和探索。该投资合同还规定了 KaR-Tel 合资公司的税收和其他利益。该合同的有效日期截止到 2009 年 7 月 31 日。2000 年 12 月 31 日泰勒斯姆从 Rumeli 处获得 15% 的股份，同时在 2001 年 7 月 21 日注册为 KaR-Tel 合资公司的一个参与者。申请人指出 KaR-Tel 合资公司采取的各种有效措施使其在哈萨克斯坦境内成为非常重要的投资时，KaR-Tel 合资公司本地合伙公司、哈萨克斯坦政府等以一种非常明确的方式将申请人排除出 KaR-Tel 合资公司，并独占 KaR-Tel 合资公司的所有利益。因此，申请人主张被申请人与本地合伙人共谋且违反 1992 年 5 月 1 日的《哈萨克斯坦—土耳其 BIT》（基础条约）。被申请人对此进行了抗辩。[1]

申请人指出，根据《哈萨克斯坦—土耳其 BIT》（基础条约）第 2（2）条最惠国待遇条款["任一缔约方在投资确定后，在相似情形下，应给予投资的待遇不低于给予其本国投资者投资（'国民待遇条款'）或任何第三国投资者投资的待遇（'最惠国待遇条款'）"]，被申请人在其他投资条约中的国家义务应该适用于本案，具体包括：确保其他缔约国的投资者的投资享有公平公正待遇的义务；给予投资全面保护和安全的义务；不以不合理、武断或歧视的措施，损害投资者管理、维持、使用、享有或支配投资的义务。[2] 被申请人哈萨克斯坦政府接受《哈萨克斯坦—土耳其 BIT》（基础条约）施加给它的这些义务；哈萨克斯坦也承认，根据最惠国待遇条款，其有义务给予其给予其他国

〔1〕 See Rumeli Telekom AS and Telsim Mobil Telekomikasyon Hizmetleri AS v. Kazakhstan, ICSID Case No. ARB/05/16, Award, 29 July 2008, paras. 1-13.

〔2〕 See Rumeli Telekom AS and Telsim Mobil Telekomikasyon Hizmetleri AS v. Kazakhstan, ICSID Case No. ARB/05/16, Award, 29 July 2008, para. 560.

家的投资者更为优惠的待遇。[1] 仲裁庭指出争端双方都同意可以根据《哈萨克斯坦—土耳其 BIT》（基础条约）中的最惠国待遇条款，引入被申请人在其他双边投资条约（第三方条约），特别是《哈萨克斯坦—英国 BIT》（第三方条约）中的国际义务（包括公平公正待遇义务，不拒绝司法的义务，全面保护和安全义务以及不以不合理、武断或歧视的措施损害投资者管理、维持、使用、享有或支配投资的义务）。[2]

在 Pope 诉加拿大案中，仲裁庭在认定公平公正待遇条款时指出，《北美自由贸易协定》背景下的那些被拒绝享有公平因素的投资者和投资，可以通过绕开加拿大为第 1105 条（公平公正待遇）设置的"异乎寻常"的操作门槛，进而可以简单地求助于第 1102 条（国民待遇）和第 1103 条（最惠国待遇）。[3] 换言之，在 Pope 诉加拿大案中，仲裁庭认为 NAFTA 第 1103 条的最惠国待遇条款将会赋予投资者一个关于公平公正待遇更为宽泛的解释，这一解释的标准可以是作为被申请人的国家与第三方缔结的投资条约中所采用的标准。[4]

二、填补"基础条约"中的空白

最惠国待遇条款可通过其扩展性将第三方条约中更为有利的规定引入基础条约中，填补其中的空白规定。

1997 年 3 月 18 日智利外国投资委员会主席代表智利与 MTD 代表拉贝先生签订了外国投资合同。该合同规定，MTD 将开发一个 600 公顷的房地产开发项目。[5] 后来，MTD 公司与智利政府产生争端，2001 年 6 月 26 日 MTD 公司依据《智利—马来西亚 BIT》（基础条约），以智利共和国为被申请人，向 ICSID

---

〔1〕 See Rumeli Telekom AS and Telsim Mobil Telekomikasyon Hizmetleri AS v. Kazakhstan, ICSID Case No. ARB/05/16, Award, 29 July 2008, para. 572.

〔2〕 See Rumeli Telekom AS and Telsim Mobil Telekomikasyon Hizmetleri AS v. Kazakhstan, ICSID Case No. ARB/05/16, Award, 29 July 2008, para. 575.

〔3〕 See Pope & Talbot INC v. The Government of Canada, Award on the Merits of Phase 2, 17 September 2001, para. 117.

〔4〕 See Stephan W. Schill, *The Multilateralization of International Investment Law*, Cambridge University Press, p. 141.

〔5〕 See MTD Equity Sdn. Bhd. and MTD Chile S. A., v. Republic of Chile, Case No. ARB/01/7, Award, 25 May 2004, para. 54.

提起仲裁。在仲裁过程中，申请人援引其他双边投资条约的条款提出主张，并且认为因为《智利—马来西亚 BIT》（基础条约）中的最惠国待遇条款的运行，所以这些条款可以适用。被申请人并没有对《智利—丹麦 BIT》（第三方条约）第 3（1）条和《智利—克罗地亚 BIT》（第三方条约）第 3（3）（4）条的适用问题提出反对。仲裁庭经过分析认为最惠国待遇条款中的措辞允许将《智利—丹麦 BIT》（第三方条约）和《智利—克罗地亚 BIT》（第三方条约）的一些条款作为作出裁决的法律依据。仲裁庭指出将《智利—丹麦 BIT》（第三方条约）第 3（1）条和《智利—克罗地亚 BIT》（第三方条约）第 3（3）（4）条引入进《智利—马来西亚 BIT》（基础条约）中来是符合该投资条约中保护投资和为投资创造更优惠条件的目的的。仲裁庭还进一步注意到，关于《智利—马来西亚 BIT》（基础条约）中关于税收待遇和地区合作的例外规定，仲裁庭认为由于最惠国待遇条款的一般性，缔约方对该例外规定应该谨慎地加以排除。[1]

在分析被申请人是否违反了公平公正待遇时，仲裁庭除了依据《智利—马来西亚 BIT》（基础条约）第 2（2）条关于公平公正待遇的规定（"任一缔约方投资者的投资应始终得到公平和公平的待遇"）外，还引入《智利—克罗地亚 BIT》（第三方条约）第 4（1）条公平公正待遇中的"在实践中不受阻碍"（not be hindered in practice）规定，作为判断被申请人是否违反公平公正待遇的法律依据，而争端双方对此均表示了同意。[2]

申请人基于《智利—马来西亚 BIT》（基础条约）中的最惠国待遇条款，主张被申请人违反《智利—丹麦 BIT》（第三方条约）和《智利—克罗地亚 BIT》（第三方条约）。仲裁庭在分析申请人提出的违反合同即对投资条约的违反以及没有给予必要许可的主张时，认为申请人主张所依据的法律是以《智利—马来西亚 BIT》（基础条约）中的最惠国待遇条款的宽泛范围为基础的。如申请人根据《智利—克罗地亚 BIT》（第三方条约）第 3（2）条的规定（"缔约国一方在其领土内接受投资时，应根据其法律和法规给予必要许可"）主张

---

〔1〕 See MTD Equity Sdn. Bhd. and MTD Chile S. A., v. Republic of Chile, Case No. ARB/01/7, Award, 25 May 2004, paras. 100–104.

〔2〕 See MTD Equity Sdn. Bhd. and MTD Chile S. A., v. Republic of Chile, Case No. ARB/01/7, Award, 25 May 2004, para. 107.

其投资一旦被批准就应当依据国家的法律和法规授予必要许可。仲裁庭区分了根据国家法律和法规授予必要许可和要求国家修订相关法律和法规，并认定给予投资者提出的许可申请只要满足了法律和法规的要求，被申请人就应当授予必要许可。[1]

显然，通过最惠国待遇条款将第三方投资条约中更为优惠的实体条件输入进来，在很大程度上被普遍认可。[2] 最惠国待遇条款的这一在实体条款方面的传导性在促进国际投资保护方面发挥着重要作用。

三、绕过"基础条约"中的例外规定（条款）

尽管国际投资条约以保护和促进外国投资为主要目的和宗旨，但是在具体的规定中难免会对投资者的保护设置特定的限制或例外，如要求投资者的投资必须依据东道国的法律等。对国家而言，这些限制可以防止投资者不必要的滥诉；而对投资者而言，这些限制或例外可能会最终阻止其寻求国际投资仲裁的机会或剥夺其享有的某些国际投资待遇。遇到这种情况，投资者往往会利用最惠国待遇条款来消减或绕过这些规定。此处主要考虑实体条款中的某些例外或限制。

已知的 ICSID 依据双边投资条约受理的第一个案件——1990 年的 Asian Agricultural Products Limited（AAPL）诉斯里兰卡案就是一个典型案例。[3] AAPL 作为申请人将其与斯里兰卡当局产生的投资争端提交到 ICSID，提出了四个诉求，其中最后一个就涉及最惠国待遇的适用问题。《斯里兰卡—英国 BIT》（基础条约）中有投资东道国所负"保护和安全标准"的"战争"和"内部骚乱"豁免（例外）规定，据此，AAPL 本来难以获得"保护和安全标准"的保护。但是 AAPL 却指出，被申请人斯里兰卡与瑞士缔结的《斯里兰卡—瑞士 BIT》（第三方条约）中却并无豁免（例外）规定。AAPL 认为《斯里兰卡—瑞士

---

〔1〕 See MTD Equity Sdn. Bhd. and MTD Chile S. A., v. Republic of Chile, Case No. ARB/01/7, Award, 25 May 2004, paras. 187, 197-205.

〔2〕 Stephan W. Schill, *Investment Treaties: Instruments of Bilateralism or Elements of an Evolving Multilateral System?*, p. 10.

〔3〕 See Nassib G. ZiadP, Some Recent Decisions in ICSID Cases, p. 514, https://icsid.worldbank.org/ICSID/FrontServlet? requestType＝CasesRH&actionVal＝showDoc&docId＝DC675&caseId＝C140.

BIT》（第三方条约）给予投资者的待遇比《斯里兰卡—英国 BIT》（基础条约）给予的待遇更为有利。因此，AAPL 主张通过《斯里兰卡—英国 BIT》（基础条约）中的最惠国待遇条款，引入《斯里兰卡—瑞士 BIT》（第三方条约）中更为有利的规定，即斯里兰卡当局不能以"战争"和"内部骚乱"豁免（例外）作为拒绝履行其保护和安全义务的理由。[1] 仲裁庭经过分析认为，申请人未能证明《斯里兰卡—瑞士 BIT》（第三方条约）给予投资者的待遇比《斯里兰卡—英国 BIT》（基础条约）更为有利，从而最终驳回了 AAPL 的该项诉求。[2]

AAPL 诉斯里兰卡案的裁决具有重要意义：一方面其否定了申请人通过最惠国待遇消减或绕过基础条约中存在限制条件或例外条款的诉求；另一方面也说明了"更有利"是最惠国待遇扩展性功能正常发挥的重要前提，其证明责任在申请人，证明门槛较高。

CMS 诉阿根廷案的裁决也基本延续了 AAPL 诉斯里兰卡案裁决的思路。该案中 CMS 是美国密歇根州一家成立于 2001 年的天然气输送公司，它以阿根廷政府颁布的《紧急状态法》所规定的暂停天然气输送的税收调整框架、天然气价格比索化等措施违反《阿根廷—美国 BIT》（基础条约）为由，将阿根廷诉至 ICSID。[3] 阿根廷的管辖权异议被驳回后，在实体审理阶段依据《阿根廷—美国 BIT》（基础条约）第 11 条规定的例外条款（也被称为"紧急条款"："本条约不排除缔约任何一方为了维护公共秩序，履行其维护或恢复国际和平或安全的义务，或保护期根本安全利益所采取的必需措施"）要求豁免申请人在本案中所诉求的义务。对此，申请人指出阿根廷对外缔结的其他投资条约（第三方条约）中并未包含类似的例外条款（"紧急条款"），因此根据《阿根廷—美国 BIT》（基础条约）中的最惠国待遇条款，申请人有权获得没有例外条款

---

〔1〕 See Asian Agricultural Products Limited v. Democratic Socialist Republic of Sri Lanka, ICSID Case No. ARB/87/3, Final Award, 27 June 1990, para. 26.

〔2〕 See Asian Agricultural Products Limited v. Democratic Socialist Republic of Sri Lanka, ICSID Case No. ARB/87/3, Final Award, 27 June 1990, para. 54.

〔3〕 CMS Gas Transmission Company v. The Republic of Argentina, ICSID Case No. ARB/01/8, Award, 12 May 2005, paras. 4-52.

（"紧急条款"）的更有利的待遇。[1] 经过审理，仲裁庭指出最惠国待遇在本案中并不会发挥扩展性功能，只有其他投资条约（第三方条约）中包含的例外条款（"紧急条款"）存在有利于投资者的规定，最惠国待遇条款的扩展性功能才可能启动。但是仅仅以其他投资条约（第三方条约）中未包含例外条款（"紧急条款"）并不能支撑申请人的主张，而且有违被申请人所主张的"同类规则"（*ejusdem generis* rule）。[2]

可见，投资者利用最惠国待遇条款，通过援引第三方条约中的"空白"规定，而试图消减或绕过基础条约中的例外或限制，很难获得支持。

第五节　涉华案件中最惠国待遇条款的适用

北京城建公司诉也门案涉及的另一个核心争论是最惠国待遇条款是否可以扩展适用于投资者与国家争端解决机制。

一、争论焦点[3]

被申请人也门主张《也门—中国 BIT》（基础条约）中的最惠国待遇条款不能将《也门—英国 BIT》（第三方条约）中更为宽泛的争端解决条款纳入进来，以绕过《也门—中国 BIT》（基础条约）明确规定的有限制的管辖权。其认为，本案涉及的最惠国待遇条款的适用范围仅限于实体性权利。任何相反的解释均会使《也门—中国 BIT》（基础条约）第 10.2 条的限制性争端解决条款无意义。

申请人对被申请人的上述主张进行了反驳，其认为最惠国待遇条款第 2 款

---

〔1〕 CMS Gas Transmission Company v. The Republic of Argentina, ICSID Case No. ARB/01/8, Award, 12 May 2005, para. 343.

〔2〕 CMS Gas Transmission Company v. The Republic of Argentina, ICSID Case No. ARB/01/8, Award, 12 May 2005, para. 377.

〔3〕 Beijing Urban Construction Group Co. Ltd. v. Republic of Yemen, ICSID Case No. ARB/14/30, Decision on Jurisdiction, 31 May 2017, paras. 110-111.

表明其适用范围并非仅限于实体性规则。申请人还通过援引之前一些仲裁案例的裁决来支持其观点。最后，申请人主张最惠国待遇条款可以将其他投资条约中，特别是《也门—英国 BIT》（第三方条约）更有利的争端解决机制纳入进来。

二、仲裁庭推理[1]

关于争端双方的争论，仲裁庭首先指出了《也门—中国 BIT》（基础条约）第 3 条的最惠国待遇条款即"一、缔约一方应保证给予在其领土内的缔约另一方的投资公正与公平的待遇，该待遇依照其法律和法规不应低于给予本国投资者的投资的待遇，或不应低于最惠国的投资的待遇，如后者更优惠的话。缔约一方应依照其法律和法规保证给予在其领土内的缔约另一方投资者与其投资有关的活动的待遇不应低于给予本国投资者的待遇，或不应低于最惠国的投资者的待遇，上述待遇从优适用。二、最惠国待遇不适用于缔约一方因其参加或参与自由贸易区、经济或关税同盟、共同市场或其他任何形式的地区经济组织，或依照类似的国际协定，或避免双重征税协定或任何其他税收协定给予第三国投资者的优惠待遇"。

仲裁庭同意被申请人的观点，利用最惠国待遇条款扩展被申请人同意仲裁的条款是存在矛盾的。仲裁庭援引了 Plama 诉保加利亚案决定中的一段话："经谈判而成的具体条约中的争端解决条款，其目的是解决该条约下的争端。不能假定缔约国已经同意，可以通过纳入其他在完全不同的背景下谈判的条约中的争端解决条款来扩大这些规定。"

尽管有仲裁庭根据具体条约的措辞认定了最惠国待遇条款可以将一个投资条约中的争端解决条款纳入另一个投资条约中，但本案仲裁庭认为，其无需对最惠国待遇条款原则上是否可以适用于争端解决条款问题予以解答，其只需要处理本案中涉及的最惠国待遇条款是否可以适用于争端解决条款问题。

仲裁庭依据《维也纳条约法公约》第 31 条对最惠国待遇条款的原文进行

---

[1] Beijing Urban Construction Group Co. Ltd. v. Republic of Yemen, ICSID Case No. ARB/14/30, Decision on Jurisdiction, 31 May 2017, paras. 112-120.

解读。

第 3.1 条中"待遇"一词在一定程度上可能足够宽泛足以涵盖程序性"措辞"，但是第 3.1 条中的"待遇"是指"在领土内……给予投资者待遇"。明显援引了领土限制，该限制表明仅包括与投资待遇相关的实质性条款，并不包括国际仲裁。

公平公正待遇条款中的与最惠国待遇条款中的"在领土内"并不相同。仲裁庭认为将最惠国待遇与"在领土内"进行的与投资相关的活动联系起来。这一限制与缔约方同意使用最惠国待遇扩大第 10 条规定以外的国际仲裁范围不一致。国际仲裁本身并不是一种"与被申请人领土存在固有联系"的活动。

三、最终结论[1]

仲裁庭最终裁定《也门—中国 BIT》（基础条约）第 3.1 条不应该被解释为可扩大《也门—中国 BIT》（基础条约）第 10 条中的争端解决条款。仲裁庭对被申请人提出的不可通过援引最惠国待遇条款来扩大争端解决条款的管辖权异议予以认可。因此，仲裁庭仅有权审理与申请人提出的与征收有关的诉求。

---

〔1〕 Beijing Urban Construction Group Co. Ltd. v. Republic of Yemen, ICSID Case No. ARB/14/30, Decision on Jurisdiction, 31 May 2017, paras. 121, 146.

第八章 保护伞条款

保护伞条款（Umbrella Clause）最早可以追溯到 20 世纪 20 年代，相比而言，学者们似乎更愿意从 20 世纪 50 年代开始研究保护伞条款，主要是因为其作为一个重要条款出现在当时的几个公约（草案）和条约中。其中，较为知名的当属人类历史上第一个双边促进和保护投资条约（BIT）——《德国—巴基斯坦 BIT》，其第 7 条规定：缔约一方应该遵守其对缔约另一方国民或公司的投资所承担的任何其他义务。该条款被后来很多国家（如荷兰、瑞士、英国等）采用。进入 21 世纪后，保护伞条款在国际投资仲裁实践中引起的较大争议使其成为了各国普遍关注的焦点问题之一。

第一节　保护伞条款概述

一、传统保护伞条款及传统争议

保护伞条款通常被表述为："缔约方须遵守其对缔约他方投资者（及其投资）所承担的（任何）义务或承诺。"[1] 实际上在具体的国际投资条约中，保护伞条款的具体措辞并不一致，至少存在以下差异：其一，在施加的义务上，尽管都使用了强制性语言，但具体措辞还是有所差别，如有的使用"遵守"（observe 或 respect），有的则使用"确保"（ensure）；其二，在义务种类上，有的直接用"义务"（obligation）一词，有的则用"约定"（engagement）

---

[1]　余劲松主编：《国际投资法》（第 4 版），法律出版社 2014 年版，第 253 页。

或"承诺"（commitment）等词；其三，在义务范围上，有的规定适用于投资或投资者的投资，有的规定适用于投资者，还有的将投资者和投资都包括在内等。[1]

除了投资条约中关于保护伞条款的不同措辞外，保护伞条款真正引起人们的普遍关注是其在实践中可能会被解释为将东道国与投资者间的合同义务转化为一项条约义务，从而使国内争端解决机制转化为条约规定的国际争端解决机制，并进而可能带来截然不同的裁决（判决）结果。目前关于保护伞条款的"转化性"（或"上升性"）的认定，无论在理论中还是在实践中，都存在较大的争议和分歧。通过总结，我们认为目前主要有三种不同的认识：其一，肯定路径，其主张保护伞条款可以将合同义务转化为条约义务，最具代表性的案例有 SGS 诉菲律宾案；[2] 其二，否定路径，其认为合同义务不能通过保护伞条款上升为条约义务，代表性案件是 SGS 诉巴基斯坦案；[3] 其三，折中路径，又被称为有限的肯定，该路径主要是指保护伞条款仅可将有限的合同性义务转化为条约性义务，实践中有限的合同性义务多指除商事合同外的政府性合同。较有代表性的案件有：匹安美国能源公司诉阿根廷案[4]和埃尔帕索能源国际有限公司诉阿根廷案[5]等。

前两种路径都过于绝对，且相互矛盾。相比较而言，似乎第三种路径在理论上更具有优势及合理性。然而，值得注意的一点是，有限肯定路径在实践中需要解决一个难题，即商事合同和政府性合同的界限问题。正如赛普拉案中，仲裁庭所指出的那样：在很多案件中很难划分两者（商事合同和政府性合同）之间的区别，因为并不是所有种类的行为都能被明确地划分在这一种或那一种

---

〔1〕 See Andrew Newcombe and Liuis Paradell, "Law and Practice of Investment Treaties: Standards of Treatment", *Kluwer Law International*, 2009, pp. 445-448.

〔2〕 See SGS Société Générale de Surveillance S. A. v. Republic of the Philippines, ICSID Case NO. ARB/02/6, Decision of the Tribunal on Objections to Jurisdiction, 29 January 2004, paras. 125-142.

〔3〕 See SGS Société Générale de Surveillance S. A. v. Islamic Republic of Pakistan, ICSID CASE No. ARB/01/13, Decision of the Tribunal on Objections to Jurisdiction, 6 August 2003, paras. 163-173.

〔4〕 See Pan American Energy LLC, and BP Argentina Exploration Company v. the Argentine Republic, ICSID Case No. ARB/04/8, Decision on Preliminary Objections, 27 July 2006, paras. 96-116.

〔5〕 See EL Paso Energy International Company v. the Argentine Republic, ICSID Case No. ARB/03/15, Decision on Jurisdiction, 31 October 2011, paras. 47-88.

类型中。[1] 这一问题的提出无疑是值得深思和需要予以解决的，否则必定会影响到对保护伞条款的正确解释。

为了与下文美国晚近以来保护伞条款的变化和发展相区别，本书将上述保护伞条款称为传统保护伞条款。传统保护伞条款的实质内容（或主要功能）是其可能将投资者与东道国之间的合同义务上升为条约义务，换言之，保护伞条款可能会将投资者与东道国之间国内的合同性争端转化为国际的条约性争端。这其中包括两层含义：一是从实体性规则来看，通过保护伞条款可以将国家违反合同的义务转化为违反条约的义务；二是从程序上来看，通过保护伞条款可以将用来处理投资争议的国内争端解决程序转化为国际争端解决程序。这两层含义就是我们判断一个或几个条款组合是否为保护伞条款的主要标准。[2]

二、美式保护伞条款

之所以称美国投资条约中的一些条款组成了美式保护伞条款，是因为他们具备传统保护伞条款的实质内容（或主要功能），且符合保护伞条款的主要判断标准。具体来看，美式保护伞条款是指仅明确规定部分特定国内合同性争端（特指由"投资协议"和"投资授权"所引起的争端）可通过投资条约中的国际争端解决程序加以解决。[3] 较为典型的美式保护伞条款出现在美国

---

〔1〕 See Sempra Energy International v. The Argentine Republic, ICSID CASE NO. ARB/02/16, Award, 28 September 2007, para. 311.

〔2〕 关于保护伞条款的分类，有学者指出保护伞条款可以分为标准模式和非标准模式，后者又可分为狭义模式和广义模式两种。可见，其分类的标准是依据保护伞条款的实质内容或主要功能，而非一味地僵化地套用传统标准。按照其分类，本文所定义的传统保护伞条款在很大程度上与其所谓标准模式相类似，本文所谓美式保护伞条款应属于其分类中非标准模式中的狭义模式。See Wenhua Shan, "Umbrella Clauses and Investment Contracts Under Chinese BITs: Are the Latter Covered by the Former?", 11 *J. World Investment & Trade* 135(2010), pp. 136-143.

〔3〕 有学者也提出类似的观点，其亦将保护伞条款进行了分类：一是最普遍的保护伞条款，即一缔约方应该遵守其对另一缔约方投资者或投资作出的任何承诺；二是不常见的保护伞条款，即通过保护伞条款给缔约方施加了来自外部法律工具中的条约义务遵守，但并不影响这些法律工具中的争端解决机制，代表性的保护伞条款出现在《法国—墨西哥 BIT》中；三是美国 2004 年和 2012 年 BIT 范本中的相关规定。值得注意的是，该学者虽并未明确说明其分类的标准和依据，但是，根据该学者的分类，我们可知其分类的标准与笔者的标准应该是一致的。See Tarcisio Gazzini and Attila Tanzi, "Handle With Care: Umbrella Clauses and MFN Treatment in Investment Arbitration", 14 *J. World Investment & Trade* 978(2013), pp. 985-987.

2004 年 BIT 范本中，〔1〕 2004 年的这一规定被 2012 年 BIT 范本完全采纳。经过总结，美式保护伞条款分布在不同的条款中，主要由主体内容〔2〕、核心定义和配套规定三大部分构成。

以美国 2004 年 BIT 范本中美式保护伞条款为例，首先，主体内容是指第24 条规定："（一）申请人，代表其自身，可将一项请求提交本节下的仲裁：1. 主张被申请人违反了……（2）投资授权；或（3）投资协议；且 2. 申请人因上述违反义务的行为而遭受了损失或损害；以及（二）申请人，代表被申请人的一家企业，该企业是申请人直接或间接拥有或控制的法人，可将一项请求提交本节下的仲裁：1. 主张被申请人违反了……（2）投资授权；或（3）投资协议；且 2. 该企业因上述违反义务的行为而遭受了损失或损害。"上述主张可依据 ICSID 公约和 ICSID 仲裁程序规则、ICSID 附件便利规则、UNCITRAL 仲裁规则及其他仲裁规则提出。其次，核心定义指的是在第 1 条"定义"中关于"投资授权"和"投资协议"的界定。从上述第 24 条来看，美式保护伞条款的适用有两种情况：一是投资授权；二是投资协议。〔3〕 最后，配套条款是指第26 条"各方同意的条件和限制"规定的时间限制和禁止掉头规定。

---

〔1〕 很多学者认为美国 2004 年 BIT 范本含有保护伞条款，只是该保护伞条款分散在不同的条款中，如世界著名国际法学者 Thomas W. Walde 就指出，美国 2004 年 BIT 范本中保护伞条款的规定在很大程度上标志着保护伞条款在美国的回归，See Thomas W. Wald, "The Umbrella Clause in Investment Arbitration: A Comment on Original Intentions and Recent Cases", 6 *J. World Investment & Trade* 183(2005), pp. 207-208. 学者 Katia Yannaca-Small 非常明确地指出了美国 2004 年 BIT 范本中保护伞条款的构成，参见 Katia Yannaca-Small 文章《投资条约中的保护伞条款的解释》，王海浪、王海梅译，载《国际经济法学刊》2009 年第 16 卷第 3 期，第 218 页；学者 Taida Begid Sarkinovie 精确地指出美国 2004 年 BIT 范本中"删除"的保护伞条款仅仅是作为投资条约中实体性义务的保护伞条款，而非全部抛弃保护伞条款，See Taida Begid Sarkinovie, "Umbrella Clauses and Their Policy Implications", 24 *Hague Y. B. Int'l L.* 313 2011, pp. 321-323；学者 Monique Sasson 也认为美国 2004 年 BIT 范本中存在保护伞条款（第 24 (1) 条），See Monique Sasson, "Substantive Law in Investment Treaty Arbitration: The Unsettle Relationship between International Law and Municipal Law", *Wolters Kluwer Law & Business*, p. 174；除国外学者外，国内亦有学者指出，美国 2004 年 BIT 范本中"将原伞型条款（就是保护伞条款，笔者注）的适用范围限制在因投资协议而生的诉求上"，并且该伞型条款分布在不同的条款中，其中还包括岔路口条款。参见王楠：《双边投资协定中的伞型条款解释——兼论 ICSID 近期相关案例》，载《法学家》2008 年第 6 期，第 15 页。

〔2〕 中文的"主体"一词在英语中至少有两种不同的表达：一是 subject，是与"客体"一词相对应的；二是 main part 或 main body，是指某一事物的主要部分。而本书中这两种不同的表达都有，为了便于区分，凡在"主体内容"中的"主体"均指第二种表达；其他"主体"均指第一种表达。

〔3〕 还包括"因为源于被申请人对两者的违反，申请人遭受损失或损害"。

　　而实际上所谓美式保护伞条款并非自 2004 年才开始出现的，早在美国对外签订的第一个 BIT，即《美国—巴拿马 BIT》（1982，1991）[1] 中就存在美式保护伞条款的雏形。从美国对外签订的 BIT 来看，截止到 2019 年 10 月，美国对外共缔结 42 个 BIT，笔者统计发现，美式保护伞条款（雏形）出现在所有的这些投资条约中。经过分析，这些保护伞条款大致分为两种类型：一是将由投资协议和投资授权产生的争端定义为投资争端，规定可将此投资争端提交国际投资仲裁加以解决。二是除了上述规定外，还在"定义"部分增加了"投资协议"和"投资授权"的概念。相比较而言，第一种类型出现在美国缔结 BIT 的早期（1982 年-1998 年），而第二种类型出现（存在）的日期离现在更近些（1994 年-2008 年）。[2]

　　总体上来看，尽管美国对外缔结的 BIT 中全都包含美式保护伞条款，但是，这并不意味着美国一开始就"脱离"传统保护伞条款，事实上，美国 BIT 中的传统保护伞条款和美式保护伞条款长期处于共同存在的状态。对上述 42 个 BIT 进行初步检索和分析后，经过初步检索，仅有 29 个 BIT 中包含传统保护伞条款，分别是：①《美国—阿根廷 BIT》（1992，1994），传统保护伞条款（第 2（2）（c）条）；②《美国—亚美尼亚 BIT》（1992，1996），传统保护伞条款（第 2（2）（c）条）；③《美国—孟加拉 BIT》（1986，1989），传统保护伞条款（第 2（3）条）；④《美国—保加利亚 BIT》（1992，1994），传统保护伞条款（第 2（2）（c）条）；⑤《美国—喀麦隆 BIT》（1986，1989），传统保护伞条款（第 2（4）条）；⑥《美国—刚果民主共和国 BIT》（1984，1989），传统保护伞条款（第 2（4）条）；⑦《美国—刚果共和国 BIT》（1990，1994），传统保护伞条款（第 2（2）条）；⑧《美国—捷克 BIT》（1991，1992，2004 修订），传统保护伞条款（第 2（2）（c）条）；⑨《美国—厄瓜多尔 BIT》（1993，1997），传统保护伞条款（第 2（3）（c）条）；⑩《美国—爱沙尼亚 BIT》（1994，1997，2004 修订），传统保护伞条款（第 2（3）（c）

---

　　[1]　"《美国和巴拿马 BIT》（1982，1991）"的意思是该 BIT 是 1982 年签订，1991 年生效，以下如无特殊说明，均遵循该表达方式。

　　[2]　实际上 2004 年之后签订的 BIT 只有两个：《美国—乌拉圭 BIT》（2005，2006）、《美国—卢旺达 BIT》（2008，2012）。

条）；⑪《美国—格林纳达 BIT》（1986，1989），传统保护伞条款（第 2（3）
条）；⑫《美国—牙买加 BIT》（1994，1997），传统保护伞条款（第 2（2）（c）
条）；⑬《美国—哈萨克斯坦 BIT》（1992，1994），传统保护伞条款（第 2
（2）（c）条）；⑭《美国—吉尔吉斯斯坦 BIT》（1993，1994），传统保护伞条
款（第 2（2）（c）条）；⑮《美国—拉脱维亚 BIT》（1995，1996，2004 修
订），传统保护伞条款（第 2（3）（c）条）；⑯《美国—立陶宛 BIT》（1998，
2001，2004 修订），传统保护伞条款（第 2（3）（c）条）；⑰《美国—摩尔多
瓦 BIT》（1993，1994），传统保护伞条款（第 2（3）（c）条）；⑱《美国—蒙
古 BIT》（1994，1997），传统保护伞条款（第 2（2）（c）条）；⑲《美国—摩
洛哥 BIT》（1985，1991），传统保护伞条款（第 2（3）条）；⑳《美国—巴拿
马 BIT》（1982，1991），传统保护伞条款（第 2（2）条）；㉑《美国—波兰
BIT》（1990，1994，2004 修订），传统保护伞条款（第 2（6）条和第 3（3）
条）；㉒《美国—波兰商业经济条约》（1990，1994，2004 修订），传统保护伞
条款（第 2（6）条和第 3（3）条）；㉓《美国—罗马尼亚 BIT》（1992，
1994），传统保护伞条款（第 2（2）（c）条）；㉔《美国—塞内加尔 BIT》
（1983，1990），传统保护伞条款（第 2（4）条）；㉕《美国—斯洛文尼亚
BIT》（1991，1992，2004 修订），传统保护伞条款（第 2（2）（c）条）；
㉖《美国—斯里兰卡 BIT》（1991，1993），传统保护伞条款（第 2（2）（d）
条）；㉗《美国—突尼斯 BIT》（1990，1993），传统保护伞条款（第 2（3）
条）；㉘《美国—土耳其 BIT》（1985，1990），传统保护伞条款（第 2（3）
条）；㉙《美国—乌克兰 BIT》（1994，1996），传统保护伞条款（第 2（3）
（c）条）。[1] 其一般措辞是："每一缔约方应该遵守其对投资所订立的任何义
务"。[2] 其中，最早缔结的《美国—巴拿马 BIT》中也包含传统保护伞条款。
可以说，美国关于传统保护伞条款的"去"与"留"实际上是经过了相当长

---

　　〔1〕　值得注意的是，《美国—波兰 BIT》和《美国—波兰商业经济条约》是同一个投资条约。以
上内容均来自于美国贸易代表官方网站，http：//tcc. export. gov/Trade_ Agreements/Bilateral_ Investment_
Treaties/index. asp，最后访问日期：2019 年 8 月 18 日。
　　〔2〕　"Each Party shall observe any obligation it may have entered into with regard to investments"，具体措
辞可能在不同的投资条约中有稍微不同的变化。

时期的反复的，从 1982 年至 2004 年，美国 BIT 中对于传统保护伞条款始终持一种"摇摆不定"的态度。

直至 2004 年美国 BIT 范本的颁布，美国对外签订的 BIT 才最终彻底放弃了传统保护伞条款，而以上述论及的美式保护伞条款的第二种类型为基础，最终形成了或者说奠定了美式保护伞的基本框架和主要内容。因此，可以说，美式保护伞条款经历了二十多年的发展和改进，从而最终彻底放弃或删除了传统保护伞条款，仅保留具有美国特色的保护伞条款。[1]

除此之外，还应该注意美国对外缔结的自由贸易协定（以下简称 FTA），根据美国贸易代表官方网站的公布的情况看，截至目前，美国共与 20 个国家签订 16 个 FTA，其中没有一个包含传统保护伞条款。采用美式保护伞条款的共有 9 个，分别是：①《美国—智利 FTA》（2003，2004）；②《美国—哥伦比亚 FTA》（2006，2012）；③《美国—韩国 FTA》（2007，2012）；④《美国—摩洛哥 FTA》（2004，2006）；⑤《美国—阿曼 FTA》（2006，2009）；⑥《美国—巴拿马 FTA》（2007，2012）；⑦《美国—秘鲁 FTA》（2006，2009）；⑧《美国—新加坡 FTA》（2003，2004）；⑨《美国—多米尼亚和中美洲共同市场 FTA》（2004，2009）。经过统计，美国 FTA 投资章中并没有关于传统保护伞条款的身影，即美国 FTA 中从一开始就要么采用美式保护伞条款，要么直接删除保护伞条款。其中，既没有传统保护伞条款也没有美式保护伞条款的 FTAs，包括：①《美国—澳大利亚 FTA》（2004，2005）（投资章中无专门投资争端解决程序规定）；②《美国—以色列 FTA》（1985，1985）（无投资章）；③《美国—约旦 FTA》（2000，2001）（无投资章）；④《美国—巴林 FTA》（2004，2006）（无投资章）⑤《北美自由贸易协定》（1992，1994）；⑥《美墨加协定》（2018，尚未生效）。从 2004 年这一时间节点来看，《美国—澳大利亚 FTA》未包含专门的投资争端解决机制，从而没有采纳美式保护伞条款确属非常特殊的情形。值得注意的是，2018 年签订的《美墨加协定》中并未出现传统保护伞条款和美式保护伞条款，是否表明美国从此彻底摒弃了保护伞条款，

---

〔1〕 以上内容均来自于美国贸易代表官方网站，https：//ustr. gov/trade-agreements/free-trade-a-greements，最后访问日期：2019 年 8 月 18 日。

尚不是非常明确，还需要进一步观察。

美式保护伞条款的最新发展是 2015 年签署的《跨太平洋伙伴关系协定》（TPP）投资章中的相关规定。经过分析，比较之前的美式保护伞条款，TPP投资章中的保护伞条款在内容上有了新的发展。尽管美国于 2017 年宣布退出TPP，但是 TPP 却并未因美国的退出而销声匿迹，相反，在日本等国家的努力下，《综合进步的跨太平洋伙伴关系条约》（CPTPP）替代了原 TPP 在 10 个国家之间生效。美国的退出并未消减其对 CPTPP 的影响，一个明显的例子就是投资章中的美式保护伞条款得到了保留。

第二节 国际投资仲裁中保护伞条款的新发展

一、基础合同中存在争端解决机制的适用

保护伞条款的主要功能是将东道国与投资者间的合同义务转化为一项条约义务，从而使国内争端解决机制转化为条约规定的国际争端解决机制。但是如果投资者与国家之间的投资合同（基础合同）中明确规定了自身的争端解决机制，在此情况下，投资者是否还能通过保护伞条款而适用投资条约中的投资者与国家争端解决机制来维护自己的权利。关于此，实践中存在一定的争议。

在 SGS 诉菲律宾案中，仲裁庭认为《菲律宾—瑞士 BIT》第 10（2）条规定的保护伞条款使国家违反其包括合同义务在内的承诺即构成对《菲律宾—瑞士 BIT》的违反，但是这种转变并非是合同义务向国际义务的转变。合同义务依然受合同本身调整。如果基础合同中没有排他性争端解决机制，则违反该合同项下义务（国家承诺）的争端即可通过《菲律宾—瑞士 BIT》第 8（2）条的投资者与国家间的争端解决机制加以解决。但是如果基础合同中存在排他性争端解决机制，则可能要适用该合同中的规定。[1] 接着，仲裁庭指出《CISS

_____
　〔1〕　SGS Société Générale de Surveillance S. A. v. Republic of the Philippines, ICSID Case No. ARB/02/6, Decision of the Tribunal on Objections to Jurisdiction, 29 January 2004, para. 128. "if some other court or tribunal has exclusive jurisdiction over the Agreement, the position may be different."

合同》（SGS 与菲律宾就提供全面进口监管服务达成合同）第 12 条[1]是一项有约束力的义务，合同双方必须将合同有关的争议排他地提交地区法院审理。SGS 索赔的实质即对根据本合同提供的服务的付款诉求，很明显属于该第 12 条的范围。而《菲律宾—瑞士 BIT》第 8（2）条则授予投资者可将投资争端提交国内法院或国际投资仲裁机构（ICSID 或 UNCITRAL 仲裁庭）解决的权利。显然，《CISS 合同》与《菲律宾—瑞士 BIT》中关于争端解决的规定出现了冲突，关于此，仲裁庭主要从两个方面进行了分析：一是特别法优于一般法原则（generalia specialibus non derogant）。《菲律宾—瑞士 BIT》第 8 条是一般法，而《CISS 合同》则是特别法；二是投资保护条约作为框架条约的性质是支持或补充，而非推翻或替代。仲裁庭认为《菲律宾—瑞士 BIT》第 8（2）条并不能推翻《CISS 合同》中的排他性争端解决条款，也不会给投资者提供可以替代《CISS 合同》中规定的争端解决机制。[2]最终仲裁庭裁定根据《菲律宾—瑞士 BIT》第 10（2）条规定的保护伞条款，被申请人需要遵守《CISS 合同》中的义务，但是该项义务与《CISS 合同》中提供的服务应支付多少费用的问题是独立的。[3] 显然，该案仲裁庭认为当基础合同中存在排他性争端解决机制时，违反该合同项下的义务可能要适用该机制。

如果说 SGS 诉菲律宾案仲裁庭的观点尚不是很明确的话，那么近期的 Bosh International 诉乌克兰案中，仲裁庭的观点则是相当明确了，仲裁庭指出，"申请人如果是根据保护伞条款提出的合同诉求，则必须遵守该合同中包含的任何争端解决条款。"[4]

与上述两个案件的观点不同，SGS 诉巴拉圭案中，仲裁庭指出相对于基础

---

〔1〕 《CISS 合同》第 12 条规定："与本协议任何一方义务相关的所有争议诉讼应提交给马卡蒂或马尼拉地区法院。"（All actions concerning disputes in connection with the obligations of either party to this A-greement shall be filed at the Regional Trial Courts of Makati or Manila）。

〔2〕 SGS Société Générale de Surveillance S. A. v. Republic of the Philippines, ICSID Case No. ARB/02/6, Decision of the Tribunal on Objections to Jurisdiction, 29 January 2004, paras. 136–143.

〔3〕 SGS Société Générale de Surveillance S. A. v. Republic of the Philippines, ICSID Case No. ARB/02/6, Decision of the Tribunal on Objections to Jurisdiction, 29 January 2004, para. 169.

〔4〕 Bosh International, Inc and B&P Ltd Foreign Investments Enterprise v. Ukraine, ICSID Case No. ARB/08/11, Award, 25 October 2012, paras. 251–252.

合同，投资条约的规定具有优先性。仲裁庭认为，如果以基础合同中争端解决机制规定为由驳回申请人的保护伞条款诉求，将会使任一有争端解决机制的投资合同产生放弃投资条约中赋予投资者权利的效果，这显然是不可接受的。[1]

二、国家权力的行使是保护伞条款适用的前提

EI Paso 诉阿根廷案中，在美国特拉华州注册成立的美国能源公司 El Paso 于 2003 年 6 月 6 日向 ICSID 提起仲裁申请，主张阿根廷违反了《阿根廷—美国 BIT》中的保护伞条款等其他规定。[2] 仲裁庭认为，当合同诉求并未违反 BIT 中的保护标准（诸如国民待遇、最惠国待遇条款、公平公正待遇条款、全面的保护和安全、对武断和歧视性措施的保护、对征收或国有化的措施的保护）时，保护伞条款不会使仲裁庭的管辖权扩展至任何合同诉求。但是如果国家单方行为侵犯了投资者在投资合同中的权利，而该国家行为同时又被认定为违反了 BIT 中的保护标准，则仲裁庭就对该侵犯合同权利的行为有管辖权。根据《阿根廷—美国 BIT》第 2（2）（c）条[3]以及第 7（1）条[4]，对阿根廷和美国国民或公司间合同的违反可构成条约诉求。换言之，仲裁庭赞同 SGS 诉巴基斯坦案裁决中对保护伞条款的解释，即其对条约诉求有管辖权，但对未违反 BIT 中保护标准的纯合同诉求却并无管辖权。根据《阿根廷—美国 BIT》第 7（1）条，对作为主权的国家与美国国民或美国公司之间达成的投资合同的违反，也可被认定为对条约的违反，也因此能上升为条约诉求。显然，保护伞条款并不能改变仲裁庭仅对条约诉求有管辖权的结论。但是根据《阿根廷—美国 BIT》第 7（1）条的规定，对作为主权的国家与外国投资者签订的投资合同的违反也构成对条约的违反。仲裁庭将投资者的主张分为两大类，一类是纯合同

---

〔1〕 SGS Société Générale de Surveillance S. A. v. The Republic of Paraguay, ICSID Case No. ARB/07/29, Decision on Jurisdiction, 12 February 2010, paras. 162–185.

〔2〕 See El Paso Energy International Company v. The Argentine Republic, ICSID Case No. ARB/03/15, 27 April 2006, Decision on Jurisdiction, paras. 1–33.

〔3〕 "每一方应遵守其在投资方面可能订立的任何义务。"

〔4〕 "就本条目的而言，投资争端是缔约一方与缔约另一方的国民或公司之间由以下方面引起或与之有关的争端：（a）该缔约方与该国民或公司之间的投资合同；（b）该缔约方对该国民或公司授予的投资授权（如果存在任何此类授权）；或（c）违反本条约授予或创设的与投资有关的任何权利。"

诉求，另一类是等同于条约诉求的合同诉求。仲裁庭对前者并无管辖权，对后者却有管辖权。[1]

在该案的裁决中，仲裁庭指出，尽管合同诉求一般不构成条约诉求，但是根据《阿根廷—美国 BIT》第 7（1）条的规定，违反投资合同也可被认为是条约诉求。经审理，仲裁庭发现，EI Paso 并无基于合同和许可证的合同诉求，而且阿根廷与 EI Paso 间并无投资合同。因此合同诉求不会上升为条约诉求。[2]

显然，从 EI Paso 诉阿根廷案的管辖权决定和裁决可知，一般情况下的保护伞条款并不会使合同诉求上升为条约诉求，但是符合投资条约中规定的投资合同的诉求则会构成条约诉求。尽管投资条约中未明确规定，但后一种情况的判断标准强调国家的主权地位，即需要有国家权力的行使要求。

而在 SGS 诉巴拉圭案中，仲裁庭指出《巴拉圭—瑞士 BIT》第 11 条（保护伞条款）[3] 中没有明示或暗示规定政府只有在滥用其主权权力的情况下才会违反其承诺。[4] 因此，如果被申请人没有遵守其任何合同承诺，则其即违反了第 11 条。而无需审查被申请人的行为是否是"主权"或"商业"性质。[5] 此外，SGS 诉巴拉圭的仲裁庭驳回了被申请人提出的投资者在保护伞条款下的诉求应由合同指定的法庭（forum）（如本地法院）解决的主张。[6] 显然，该案仲裁庭并不认为，国家权力的行使是保护伞适用的前提。

三、保护伞条款适用的主体要件

一般而言，保护伞条款适用的主体要件要求涉及的基础合同当事方与国际

---

〔1〕 See El Paso Energy International Company v. The Argentine Republic, ICSID Case No. ARB/03/15, 27 April 2006, Decision on Jurisdiction, paras. 84-87.

〔2〕 See El Paso Energy International Company v. The Argentine Republic, ICSID Case No. ARB/03/15, Award, 31 October 2011, paras. 531-538.

〔3〕 "缔约双方须永久保证将履行其对另一缔约国投资者的投资所承担的有关义务。"

〔4〕 SGS Société Générale de Surveillance S. A. v. The Republic of Paraguay, ICSID Case No. ARB/07/29, Award, 10 February 2012, para. 91.

〔5〕 SGS Société Générale de Surveillance S. A. v. The Republic of Paraguay, ICSID Case No. ARB/07/29, Award, 10 February 2012, para. 95.

〔6〕 SGS Société Générale de Surveillance S. A. v. The Republic of Paraguay, ICSID Case No. ARB/07/29, Award, 10 February 2012, paras. 105-109.

投资仲裁的当事方相同。实践中，基础合同当事方往往不同于国际投资仲裁的当事方，这种不同大致存在两种情况：一是国际投资仲裁中申请人与基础合同中作为投资者的当事方不同；二是国际投资仲裁中被申请人与基础合同中非投资者的当事方不同。如果基础合同的当事方与国际投资仲裁的当事方不同，则是否能适用保护伞条款，就成为亟待解决的问题。关于此，实践中有不同的认定。

（一）保护伞条款是否能涵盖非基础合同一方的申请人

在 Supervision 诉哥斯达黎加案中，仲裁庭审查了《哥斯达黎加—西班牙BIT》中的保护伞条款的范围，发现争议在于，申请人是否可以援引保护伞条款将哥斯达黎加违反其与申请人控制的实体（非申请人本身）缔结的合同中作出的承诺提交国际投资仲裁。仲裁庭认为保护伞条款中的措辞"超出了投资者与东道国之间简单的直接合同关系"，同时还包括了"与另一缔约国投资者的投资有关的义务"，因此，仲裁庭认为保护伞条款足够宽泛可以涵盖申请人的条约诉求。[1] 该案仲裁庭对保护伞条款采用了"宽泛"的解释路径，即保护伞条款可以涵盖非基础合同一方的申请人。

与"宽泛"的解释路径不同，有的仲裁庭对保护伞条款进行了"限制性"解释。如在 WNC 诉捷克共和国案中，保护伞条款涉及的基础合同是申请人的子公司作为合同的一方当事人与捷克达成的合同。该案的一个重要争议在于，作为非合同一方当事人的申请人是否能通过保护伞条款将捷克违反该合同的承诺提交国际投资仲裁。在审查了之前的仲裁裁决后，仲裁庭裁定：根据保护伞条款，其并无审查东道国和投资者在当地注册的子公司之间的合同义务的管辖权，[2] 该合同并未直接为申请人创设权利和义务，因此仲裁庭对保护伞条款诉求无管辖权。[3] 又如 Burlington 诉厄瓜多尔案中，保护伞条款涉及的基础合同也并非申请人本身与厄瓜多尔签订的合同，而是申请人在厄瓜多尔的子公司

---

〔1〕 Supervision y Control S. A. v. Republic of Costa Rica（ICSID Case No. ARB/12/4），Award, 18 January 2017, para. 287.

〔2〕 WNC Factoring Ltd（WNC）v. The Czech Republic, PCA Case No. 2014-34, Award, 22 February 2017, para. 334.

〔3〕 WNC Factoring Ltd（WNC）v. The Czech Republic, PCA Case No. 2014-34, Award, 22 February 2017, para. 341.

与厄瓜多尔签订的合同。仲裁庭认为，保护伞条款仅与申请人本身与被申请人缔结的合同有关，[1] 因为投资条约中未对"义务"一词进行界定，所以需要根据"义务"的一般含义进行分析。仲裁庭根据厄瓜多尔法律指出，非合同当事方的申请人不得直接享有（enforce）其子公司在合同项下的权利。[2] 在这两个案件中，仲裁庭均以申请人并非基础合同的一方当事人而不能直接享有基础合同中的权利为由，拒绝了保护伞条款诉求。

（二）保护伞条款是否适用于基础合同的非国家主体

在 Garanti Koza 诉土库曼斯坦案中，申请人与作为被申请人国家机关的国有企业签订了修建公路桥梁的合同。在审议根据保护伞条款提出的诉求时，仲裁庭指出，如果仅仅因为其中一方是国家机关，即将保护伞条款理解为可将违反纯商业合同提高到国际不法行为的水平，就太宽泛了。仲裁庭认为保护伞条款应被理解为涵盖非合同一方的国家机关对合同义务的违反。[3] 申请人主张被申请人违反了根据合同规定的方式准备发票向申请人支付进度款的义务。仲裁庭同意申请人的主张，认为作为非合同当事方却控制着缔结合同一方的本国实体的多个国家机关（国家专家审查办公室、财政部、中央银行）未按照合同条款要求提交发票，而是坚持按照被称为"SMETA"的当地发票要求重新提交进度发票，从而最终认定被申请人违反了其在保护伞条款下的义务。[4] 显然，该案仲裁庭认为非投资合同一方的国家机关在能控制该合同的本国当事方（实体）时，如果合同的本国当事方（实体）的违约行为是该国家机关所引起，则该国构成对投资条约中保护伞条款的违反。

Bosh International 诉乌克兰案中，申请人于 2007 年 12 月 3 日向 ICSID 提起了仲裁申请，主张乌克兰违反了《乌克兰—美国 BIT》第 2（3）（c）条（保护

---

〔1〕 Burlington Resources Inc. v. Republic of Ecuador, ICSID Case No. ARB/08/5, Decision on Liability, 14 December 2012, para. 220.

〔2〕 Burlington Resources Inc. v. Republic of Ecuador, ICSID Case No. ARB/08/5, Decision on Liability, 14 December 2012, paras. 214-215.

〔3〕 Garanti Koza LLP v. Turkmenistan, ICSID Case No. ARB/11/20, Award, 19 December 2016, para. 330.

〔4〕 Garanti Koza LLP v. Turkmenistan, ICSID Case No. ARB/11/20, Award, 19 December 2016, paras. 336-337, 347-348, 354.

伞条款）。[1] 仲裁庭在分析基于塔拉斯舍甫琴科基辅国立大学（Taras Shevchenko National University of Kiev，以下简称"大学"）根本违反与申请人 B&P 投资公司的 2003 年合同而构成对保护伞条款的违反时，指出其有必要理清《乌克兰—美国 BIT》第 2（3）（c）条（保护伞条款）[2] 中的"缔约方"是仅指条约的两个缔约国还是可以扩展至由任一缔约国所控制的实体。经过分析，仲裁庭认为保护伞条款中的"缔约方"一词指的是当事方以国家名义行为的所有情况，即如果实体的行为可归因于东道国，则应将这些实体视为第 2（3）（c）条中的"缔约方"。[3] 因为仲裁庭之前得出了大学的行为并不能归因于乌克兰，所以就不能认为乌克兰作为"缔约方"订立了与投资有关的任何义务。最终仲裁庭裁定驳回申请人的保护伞条款诉求。[4] 该案中，仲裁庭认为保护伞条款可以扩展适用于由任一缔约国所控制的实体的行为，只要该实体的行为可归因于东道国或该实体以国家名义行为。

四、保护伞条款适用的任何义务和合同书面义务之争

在 Philip Morris 诉乌拉圭案中，申请人主张被申请人采取的限制申请人香烟产品包装的措施（SPR 和 80/80 条例的制定）违反了其保护申请人商标使用权的承诺。被申请人作出接受申请人商标注册的决定即表明被申请人承诺确保申请人在乌拉圭享有商标持有人的全部权利，包括商标使用权和排除他人使用权。而被申请人制定的 SPR 和 80/80 条例违反了该承诺，并进而违反了《瑞士—乌拉圭 BIT》第 11 条规定的保护伞条款（"每一缔约方应持续保证遵守其

---

　　[1] Bosh International, Inc and B&P Ltd Foreign Investments Enterprise v. Ukraine, ICSID Case No. ARB/08/11, Award, 25 October 2012, paras. 1–33. 229.

　　[2] 《乌克兰—美国 BIT》第 2（3）（c）条规定："任一缔约方应遵守其订立的与投资有关的义务。"

　　[3] Bosh International, Inc and B&P Ltd Foreign Investments Enterprise v. Ukraine, ICSID Case No. ARB/08/11, Award, 25 October 2012, paras. 243–246.

　　[4] Bosh International, Inc and B&P Ltd Foreign Investments Enterprise v. Ukraine, ICSID Case No. ARB/08/11, Award, 25 October 2012, paras. 249–250.

就另一缔约方投资者的投资所订立的承诺"）。[1] 仲裁庭认为《瑞士—乌拉圭BIT》第 11 条规定的 "国家就投资者的投资所作出的承诺" 指的是东道国对投资者做出的具体书面承诺，而并不包含东道国法律规定的一般义务。仲裁庭指出，乌拉圭授予商标的行为并不是对投资作出的具体承诺。乌拉圭并没有积极地同意受任何义务的约束，它只是允许投资者进入任何有资格注册商标的人都可以使用的相同的国内知识产权系统，而且申请人主张的 "承诺" 范围并不确定。在国家与投资者签订的合同中，国家对投资者承担的是具体的、可量化的义务，而商标并不是东道国履行一项义务的承诺。商标产生权利的范围受可适用的法律的制约。投资者想要保证投资的稳定性，需要与国家签订具体的合同。最终，仲裁庭得出结论，认为商标并非《瑞士—乌拉圭 BIT》第 11 条中规定的 "承诺"，因此驳回申请人关于保护伞诉求的主张。[2] 根据 Philip Morris 诉乌拉圭案仲裁庭的裁决可知，保护伞条款中的承诺是指合同中的具体承诺（书面承诺），而并不包括范围宽泛的立法中的任何国家义务。

在 Micula 诉罗马尼亚案中，申请人主张被申请人违反了《罗马尼亚—瑞典BIT》中的保护伞条款（任一缔约方均应遵守其对另一缔约方的投资者的投资所作的任何义务）。仲裁庭经审理认为，该案涉及的保护伞条款涵盖了任何性质的义务，无论合同义务和非合同义务。[3] 仲裁庭在深入审查了罗马尼亚法律（是否存在对申请人维持有效期为 10 年的相同投资激励义务）后，认为申请人没有就罗马尼亚法律的内容提供足够的证据和法律论据，以便仲裁庭发现存在受保护伞条款保护的义务，而裁定驳回了申请人的保护伞条款诉求。[4] 尽管如此，就保护伞条款涵盖的义务范围来看，仲裁庭还是认为，"任何" 一

---

〔1〕 Philip Morris Brands Sàrl, Philip Morris Products S. A. and Abal Hermanos S. A. v. Oriental Republic of Uruguay, ICSID Case No. ARB/10/7 (formerly FTR Holding SA, Philip Morris Products S. A. and Abal Hermanos S. A. v. Oriental Republic of Uruguay), Award, 8 July 2016, paras. 450, 473.

〔2〕 Philip Morris Brands Sàrl, Philip Morris Products S. A. and Abal Hermanos S. A. v. Oriental Republic of Uruguay, ICSID Case No. ARB/10/7 (formerly FTR Holding SA, Philip Morris Products S. A. and Abal Hermanos S. A. v. Oriental Republic of Uruguay), Award, 8 July 2016, paras. 478-482.

〔3〕 Ioan Micula, Viorel Micula, S. C. European Food S. A, S. C. Starmill S. R. L. and S. C. Multipack S. R. L. v. Romania, ICSID Case No. ARB/05/20, Final Award, 11 December 2013, para. 415.

〔4〕 Ioan Micula, Viorel Micula, S. C. European Food S. A, S. C. Starmill S. R. L. and S. C. Multipack S. R. L. v. Romania, ICSID Case No. ARB/05/20, Final Award, 11 December 2013, para. 459.

词表明包括了国家的所有相关义务。

在 Khan Resources 诉蒙古案中，申请人主张被申请人蒙古国违反了《能源宪章条约》（ECT）第 10（1）条的保护伞条款（任一缔约方应遵守其对投资者或投资者的投资所作出的义务）。仲裁庭经审理认为，该保护伞条款中的"任何"一词表明可以涵盖东道国的法律义务（statutory obligations），即裁定通过保护伞条款的运行，蒙古国对其自身《外商投资法》规定的义务的违反构成对《能源宪章条约》中第三部分的违反。[1] 仲裁庭审议了《能源宪章条约》的保护伞条款，该条款要求缔约国遵守对涵盖投资者/投资作出的"任何义务"。仲裁庭审议了保护伞条款是否涵盖东道国的法定义务（statutory obligations），更具体地说，包括蒙古国《外商投资法》规定的义务。在没有深入分析的情况下，仲裁庭认为，对蒙古国《外国投资法》任何规定的违反将构成对《能源宪章条约》保护伞条款的违反。随后，仲裁庭发现，蒙古国的行为违反了《外国投资法》，于是裁定该行为同时违反了《能源宪章条约》的保护伞条款。[2]

从上述案例中可以得出这样一个初步的结论：第一个案例中的保护伞条款中未出现"任何"措辞，因此，仲裁庭认定保护伞条款仅涵盖与投资者签订合同中的具体书面义务，却并不包括诸如东道国立法中的国家义务。而后两个案件中，因为涉及的保护伞条款中有"任何"措辞，所以两个仲裁庭均对保护伞条款涵盖义务的范围持宽泛解释态度，均认为保护伞条款可以包括国家的任何义务在内，甚至包括东道国国内法律中规定的一般性义务。

五、最惠国待遇条款与保护伞条款的关系

最惠国待遇条款与保护伞条款的关系问题主要取决于最惠国待遇条款的具

---

〔1〕　Khan Resources Inc. , Khan Resources B. V. , and Cauc Holding Company Ltd. v. The Government of Mongolia, UNCITRAL, Award on the Merits, 2 March 2015, para. 295；Khan Resources Inc. , Khan Resources B. V. , and Cauc Holding Company Ltd. v. The Government of Mongolia, UNCITRAL, Decision on Jurisdiction, 25 July 2012, para. 438.

〔2〕　Khan Resources Inc. , Khan Resources B. V. and Cauc Holding Company Ltd. v. the Governmentof Mongolia and Monatom Co. , Ltd. （UNCITRAL, PCA Case No. 2011-09）, Award on the Merits, 2 March 2015, para. 295, citing its Decision on Jurisdiction, 25 July 2012 （became public in 2015）, para. 438.

体措辞，如果投资条约中对最惠国待遇条款有明显的限制，如"在本协议管辖的所有事项中"等，可能会使申请人试图通过最惠国待遇援引保护伞条款的主张失败。而申请人通过无限制的最惠国待遇条款则很有可能成功地将其他投资条约中的保护伞条款引入进来。

在 Teinver 等人诉阿根廷案中，申请人主张通过《阿根廷—西班牙 BIT》（基础条约）第 4（2）条规定的最惠国待遇条款（"在本协议管辖的所有事项中，给予缔约一方投资者的待遇应不低于任一缔约方对第三国投资者在其领土内进行投资所给予的待遇"）而适用《阿根廷—美国 BIT》（第三方条约）第 2（c）条规定的保护伞条款（任一缔约方均应遵守其对投资作出的任何义务）。仲裁庭指出最惠国待遇条款的措辞（指"本协议管辖的所有事项"）对确定其适用范围至关重要。其首先驳回了被申请人提出的最惠国待遇条款仅局限于公平公正待遇的主张。而后又驳回了申请人提出的"宽泛"解释路径，即最惠国待遇条款的概括性指对外国投资者的保护。仲裁庭还指出，本案涉及的基础条约的缔约方极有可能意识到保护伞条款的存在，如果打算在条约中纳入这样一个条款，他们便会这样做。而实际上基础条约并未纳入该保护伞条款。最后仲裁庭提出了自己关于最惠国待遇条款和保护伞条款的关系的观点，其指出本案基础条约中的最惠国待遇条款采用了"本协议管辖的所有事项"的措辞具有限制作用，即本案所涉最惠国待遇条款的适用范围仅限于基础条约中规定的投资者的待遇标准或权利，不能通过最惠国待遇条款将基础条约中未规定的投资者的待遇标准或权利输入进来。因此，仲裁庭最终驳回了申请人基于最惠国待遇适用保护伞条款的主张。[1]

在 EDF 诉阿根廷案中，申请人主张通过《阿根廷—法国 BIT》（基础条约）第 4 条规定的最惠国条款（任一缔约方应给予另一方投资者有关投资和投资活动的待遇不低于其给予最优惠国家的投资者的待遇）适用阿根廷与其他国家订立的其他双边投资条约中的保护伞条款。如《阿根廷—卢森堡 BIT》（第三方条约）第 10（2）条规定的保护伞条款（"任一缔约方应一直遵守其对另一缔约

---

〔1〕 Autobuses Urbanos del Sur S. A. , Teinver S. A. and Transportes de Cercanías S. A. v. Argentine Republic, ICSID Case No. ARB/09/1, Award, 21 July 2017, paras. 866-892.

方投资作出的承诺")和《阿根廷—德国 BIT》(第三方条约)第 7 (2) 条规定的保护伞条款("任一缔约方均应遵守其对另一缔约方的国民或公司在其领土内做出的投资作出的承诺")。被申请人对申请人的该项主张提出了强烈的反对。仲裁庭在分析了争端双方的意见后,指出最惠国待遇条款实际上允许诉诸第三方条约中的保护伞条款,并拒绝了被申请人基于《特许协议》第 40 条规定挑选法庭的抗辩意见。仲裁庭认为,申请人并非《特许协议》的缔约方,同时其主张是基于投资条约,因此仲裁庭对申请人的主张有管辖权。仲裁庭进一步指出,同样的行为可能同时构成违反合同和违反条约,仲裁庭的权限取决于通过《阿根廷—法国 BIT》(基础条约)中最惠国待遇条款引入的相关投资条约中的保护伞条款的违反。仲裁庭认为,在本案中可以通过最惠国条款获得第三国给予投资者更为有利的待遇,并裁定《阿根廷—法国 BIT》(基础条约)第 4 条的最惠国待遇条款允许申请人将《阿根廷—卢森堡 BIT》(第三方条约)以及《阿根廷—德国 BIT》(第三方条约)中的保护伞条款纳入进来。[1]

第三节 中国投资条约中的保护伞条款及改善

一、中国投资条约中的保护伞条款概述

在中国对外签订的 BIT 中,保护伞条款是一个较为重要的条款,这主要表现在其"出场率"较高。笔者对商务部网站公布的 104 个现行有效的双边投资条约进行了初步检索和统计,[2] 共有 42 个条约包含有保护伞条款(传统保护

---

〔1〕 EDF International S. A. , SAUR International S. A. and Leo'n Participaciones Argentinas S. A. v. Argentine Republic, ICSID Case No. ARB/03/23, Award, 11 June 2012, paras. 921-937.

〔2〕 商务部官方网站公布的 BIT, http://tfs.mofcom.gov.cn/article/Nocategory/201111/201111 07819474.shtml, 最后访问日期: 2019 年 8 月 18 日。

伞条款），[1] 我们按照保护伞条款在投资条约中的不同位置对其进行了以下分类：

第一，放在"其他义务（承诺）"项下的有 22 个：分别是中国与德国（2003，2005）、比利时—卢森堡（1999，2000）、芬兰（2004，2006）、西班牙（2005，2008）、葡萄牙（2005，2008）、冰岛（1994，1997）、南斯拉夫（1995，1996）、新加坡（1985，1986）、斯里兰卡（1986，1987）、乌兹别克斯坦（2001，2001）、韩国（2007，2007）、黎巴嫩（1996，1997）、缅甸（2001，2002）、尼日利亚（2001，2010）、突尼斯（2004，2006）、赤道几内亚（2005，2006）、圭亚那（2003，2004）、马耳他（2009，2009）、马里（2009，2009）、刚果共和国（2000，2015）、瑞士（2009，2010）、特立尼达和多巴哥（2002，2010）等国间的投资条约，其一般措辞是："缔约任何一方应恪守其就缔约另一方投资者在其境内的投资所承诺的任何义务。"[2]

第二，放在"投资待遇"（"最惠国待遇"或"总体投资待遇"）项下的共有 9 个投资条约：分别是中国与荷兰（2001，2004）、朝鲜（2005，2005）、毛里求斯（1996，1997）、丹麦（1985，1985）、英国（1986，1986）、科威特（1985，1986）、阿联酋（1993，1994）、希腊（1992，1993）和日韩[3]（2012，2014）等国签订的投资条约，其一般措辞是："缔约各方还应恪守其依照法律对缔约另一方的国民和/或公司就投资所作的承诺。"

第三，放在"投资的促进、接受和保护"（"促进和保护投资"）项下的共有 4 个投资条约：分别是中国与马其顿（1997，1997）、新西兰（1988，1989）、阿根廷（1992，1994）和埃及（1994，1996）签订的投资条约，其一

---

[1] 之前有学者也对中国投资条约中的保护伞条款进行过统计，其统计的数字与笔者的统计存在差别，可能的原因是参照的标准不同，笔者参照的是中国商务部官方网站上公布的数字，而该学者参照的是 UNCTAD 官网公布的数字；另外，笔者此处统计的是传统保护伞条款，而该学者统计的"广义的"保护伞条款（既包括标准模式，也包括非标准模式，后者又分为狭义模式和广义模式），所以导致了最终的数字有一定差别。See Wenhua Shan, "Umbrella Clauses and Investment Contracts Under Chinese BITs: Are the Latter Covered by the Former?", 11 *J. World Investment & Trade* 135 (2010), p. 136.

[2] 实际上其具体措辞并不尽相同，即使在相同类别和条款下，也有些许变化。

[3] 值得注意的是，《中华人民共和国政府、日本国政府及大韩民国政府关于促进、便利及保护投资的协定》并不属于双边投资条约，本文之所以将其统计进来，乃是因为中国商务部官网上是如此分类的。

般措辞是："缔约一方应遵守其就缔约另一方投资者的投资所承担的各项义务。"

第四，放在其他项下（如没有相应的条款名称、"适用"以及"承诺的遵守"等）的共有7个：分别是中国与奥地利（1985，1986）、泰国（1985，1985）、澳大利亚（1988，1988）、南非（1997，1998）、坦桑尼亚（2013，2014）、俄罗斯（2006，2009）和伊朗（2000，2005）签订的投资条约，其一般措辞是：缔约各方应恪守根据其法律对缔约另一方国民和公司的投资所作的除本协定以外的任何承诺。

通过上述统计，我们发现中国对外签订的投资条约中保护伞条款的主要内容一致，但具体的措辞不尽相同，主要表现在：其一，有的条约中使用"承诺"（"任何承诺""书面承诺""特别承诺"），有的使用"义务"（"一般或具体义务""任何义务""可能已经同意的义务"），其中使用"承诺"一词的占大多数。其二，有的投资条约中明确规定了"依其法律规定"或"在其法律的管辖下"，有的则没有类似规定。其中，没有规定的占大多数。其三，有的条约规定了"以协议、合同或合同形式"的承诺，有的则无此限制。其中，无限制的占大多数。

除了BIT外，中国对外签订的自由贸易协定（以下简称FTA）投资章中也包含有保护伞条款。通过初步检索，中国对外缔结的18个FTA[1]、《中国—东盟FTA》[2]和《中国—巴基斯坦FTA》[3]中包含传统保护伞条款。

二、中国投资条约中保护伞条款的改善

中国学者几乎一致地对现存中国的保护伞条款表示了担忧，认为其有很大

---

〔1〕　数据来自商务部官方网站，http://fta.mofcom.gov.cn/，最后访问日期：2019年9月1日。
〔2〕　第18条其他义务：二、各方应遵守其对另一方投资者的投资业已做出的任何承诺。
〔3〕　第55条其他义务：二、缔约任何一方应恪守其与缔约另一方投资者就投资所作出的承诺。

隐患，需要进行改革。改革的思路无外乎两种：一是彻底删除保护伞条款；[1]二是对保护伞条款进行修订。[2]其中，第一种观点占绝大多数，主要原因是这样可以非常简单地、一劳永逸地解决保护伞条款带来的争议和风险。

这两种观点当然都有合理之处，但是，也都存在较大的不当之处。首先，主张简单地删除保护伞条款并不妥当，有因噎废食之嫌。目前中国已经成为资本输入和资本输出的双料大国，而且 2014 年的资本输出额已经超过资本输入额，从一贯坚持保护伞条款转变为直接予以删除，不仅会使外国投资者认为中国外资政策出现了重大变化，从而不利于促进外国投资者进入中国，而且也会导致中国海外投资者因缺少保护伞条款所提供的"特殊待遇"，从而不利于对中国海外投资者国外利益的保护。

因此，上述第二种思路似乎更为合理，即认为可以保留保护伞条款，而对其进行相应地调整和修订。但是，在选择具体修订的路径上，笔者认为之前提出的一些修改意见似乎并不能解决和控制保护伞条款所带来的争议和风险，如主张将商事性合同争端排除在保护伞条款的适用范围之外的观点虽然在理论上确实有助于解决保护伞条款的争议，但是该路径也面临着如何界定商事性合同的困境。

我们认为在投资条约中可以借鉴美国经验（具体来看，可以参考受美国经

---

〔1〕 如有学者指出，对中国来说最优选择是直接删除保护伞条款，如果基于妥协的需要，非要保留保护伞条款，那就需要对它进行修订，具体可以这样规定："缔约任何一方应遵守其与缔约另一方投资者就投资作出的合同义务。但该缔约一方就此承担的商事性质的合同义务除外。"参见徐崇利：《"保护伞条款"的适用范围之争与中国的对策》，载《华东政法大学学报》2008 年第 4 期，第 57-59 页，实际上徐崇利教授同时指出了上述两种思路，只是第二种思路是排在直接删除思路之后的"不得已"备选选项而已。还有其他学者也主张直接删除保护伞条款的，如赵红梅：《投资条约保护伞条款的解释及其启示——结合晚近投资仲裁实践的分析》，载《法商研究》2014 年第 1 期，第 44-45 页；王海浪：《ICSID 投资仲裁中的"保护伞条款"》，载陈安主编：《国际投资法的新发展与中国双边投资条约的新实践》，复旦大学出版社 2007 年版，第 247-248 页。

〔2〕 有学者指出，可以将保护伞条款中的不应采用"任何义务"或"任何承诺"的措辞，而应限定为"与本协定义务有关的投资争端"。参见吴智、邓婷婷：《保护伞条款与"后 ECFA"时代两岸投资协议》，载《时代法学》2012 年第 6 期，第 56 页。该观点似乎更贴近本文的观点，但是也存在问题，即"本协定义务有关的争端"似乎完全排除了保护伞条款将合同性义务（争端）转化为（上升为）条约性义务（争端）的可能性，因此，该观点在某种程度上来看还是彻底"删除"保护伞条款。还有学者主张将商事性合同争端排除在保护伞条款的适用范围之外，参见封筼：《"保护伞条款"与国际投资争端管辖权的确定》，载《暨南学报（哲学社会科学版）》2011 年第 1 期，第 41 页。

验影响的 CPTPP 的做法），而采用以下方式对保护伞条款加以规定：其一，在条约的正文程序部分——"投资者—国家争端解决"的"提交仲裁申请"条款规定，涉及"投资协议"和"投资授权"的争端在一定条件下可以依据有关国际仲裁规则或程序提交国际仲裁机构加以解决，这实际上就是保留了国际投资条约中的传统保护伞条款的部分实质内容（主体内容）。其二，详细澄清"投资协议"和"投资授权"这两个核心定义，具体可参照 CPTPP 投资章的定义部分，或在此基础上根据中国的国情（实际发展阶段）加以改进或补充；另外，"投资授权"项下的"外国投资管理机关"应该根据中国的具体情况明确是哪个或哪几个行政部门（核心定义）。其三，配套其他相关程序性规定，在投资条约中增加禁止掉头条款、国家反诉和抵消机制、准据法条款、争端解决时间限制等。值得注意的是，为了使国家反诉条款在实践中有效实施，应该在投资协议和投资授权的具体文件中明确规定投资者对国家在投资协议和投资授权项下反诉的同意条款（配套规定）。

三、适时取消岔路口条款

引入禁止掉头条款难免与中国投资条约中存在的"岔路口条款"相冲突，由于岔路口条款实际上存在较大的局限性，我们建议取消岔路口条款，而以禁止掉头条款（No-U-Turn Clause）加以替代。

（一）岔路口条款的局限性

所谓岔路口条款（Fork-in-the-Road Clause）一般是指，投资条约中规定在发生投资争端时，投资者有权在当地救济和国际仲裁两个争端解决机制中任选其一，投资者一旦选择了其中一种方式，则依据该种方式作出的判决（或裁决）具有终局性，同时也表明投资者放弃了另一种解决机制。[1] 岔路口条款在中国对外缔结的双边投资条约中较频繁地存在，如 2014 年 4 月 17 日生效的

---

[1] 参见徐崇利：《国际投资条约中的"岔路口条款"：选择"当地救济"与"国际仲裁"权利之限度》，载《国际经济法学刊》2007 年第 14 卷第 3 期，第 125-126 页；沈伟：《论中国双边投资协定中限制性投资争端解决条款的解释和适用》，载《中外法学》2012 年第 5 期，第 1052-1056 页。

《中国—坦桑尼亚 BIT》中就有相关规定。[1]

中国之所以在投资条约中频繁选择岔路口条款，其中一个主要原因是希望保证在中国境内作出的有关投资争端的终局性判决（裁决）在任何情况下不能再被提交国际仲裁机构进行仲裁。从字面意思来看，岔路口条款确实可以保证中国境内就投资争端作出的最终判决（裁决）具有终局性。但是，如果仔细分析，我们还是会发现些许问题。

首先，我们需要区分一下终局性的层次，即国内层面上的终局性和国际层面上的终局性。在国际投资争端解决领域，两者并不相同。只有国际投资条约明确规定，具有终局性才会产生国际层面上的终局性效力。如果没有条约的明确规定，我们很难证明国内作出的终局性判决（裁决）同时也具有国际层面上的终局性。这是因为国家主权是至高无上的，同时国家主权又是平等的，[2]所以一个国家无权要求其他国家会当然地接受其国内作出的最终裁决在别国或在由这些拥有独立主权国家组成的国际社会中也同样会产生终局性效力。除非每一个国家都对此作出主权上的让渡，或其中一国具有至高无上的权威可以迫使别国承认该国判决（裁决）的终局性，显然后者在当今国际社会已经很难出现。于是，主权的让渡成为了国内层面上具有终局性效力的判决（裁决），成为国际层面上终局性判决（裁决）的唯一可行路径。

目前，关于商事仲裁裁决的承认和执行问题，在国际上大多数国家间达成了一致，这就是《纽约公约》。而关于国家法院判决效力的承认和执行问题，主要表现为各国间缔结的"司法协助条约"以及互惠原则下各国国内法的主动让步。然而，几乎所有的主权让渡都不是绝对的，都有例外规定，都需要满足

---

〔1〕 该条约第 13 条规定："争议未能通过协商解决，则投资者可选择将由于该违反行为而蒙受损失或损害的诉求提交：（一）投资所在国有管辖权的法院；（二）依据 1965 年 3 月 18 日在华盛顿签署的《解决国家和他国国民之间投资争端公约》设立的'解决投资争端国际中心'，如果缔约双方均是《解决国家和他国国民之间投资争端公约》的成员；（三）依据联合国国际贸易法委员会仲裁规则设立的专设仲裁庭；（四）经争议双方同意的任何其他仲裁机构或专设仲裁庭。缔约另一方可以要求该投资者在提交国际仲裁之前，用尽缔约另一方法律和法规所规定的国内行政复议程序。三、若投资者已将争议提交缔约另一方有管辖权的法院或国际仲裁，对上述四种程序之一的选择应是终局的。"

〔2〕 参见 ［英］詹宁斯等修订：《奥本海国际法》，王铁崖等译，中国大百科全书出版社 1995 年版，第 275-290 页。

各种各样的条件，如《纽约公约》就有关于仲裁承认和执行的例外规定。这就说明了国内作出的终局性判决（裁决）并不是绝对的。

其次，值得注意的一点是，中国对外缔结的很多投资条约中规定的终局性指的仅是国内法院的判决，而并不包括行政机关（包括国务院）作出的具有国内终局性效力的裁决。因此，我们可以得知，从这样的国际投资条约文本角度来看，具有国内终局性效力的行政复议实际上并没有被赋予国际层面的终局性效力。

退一步讲，尽管从文本角度来看，国内法院作出的最终判决具有国际层面上的终局性，但是因为岔路口条款的适用和认定有着相当严苛的条件，所以在实际的国际投资仲裁案件中也很难被采用，即想要通过岔路口条款将国内法院作出的投资争端判决认定为具有国际效力的为国际仲裁机构所承认的投资争端裁决，如果说不是绝对不能的话，那至少也是一个概率极低的事情。而这也就在实际上证明了即使中国对外缔结的国际投资条约中将国内最高行政机关作出的裁决也规定为具有国际层面的最终效力，那么其实际上也几乎不能阻止投资者将投资争端再提交到国际投资仲裁机构进行仲裁。

（二）岔路口条款严苛的适用条件

一般认为，相同的投资争端是岔路口条款适用的主要条件。而相同的投资争端的判断标准主要表现在三个方面：一是争端主体相同；二是争议标的相同；三是适用法律相同。

第一，争端主体相同。争端主体相同主要指的是国内投资争端所涉及的当事人与国际投资争端涉及的当事人需要完全相同。例如，2004 年安然公司诉阿根廷案中，阿根廷根据岔路口条款对仲裁庭的管辖权提出异议。ICSID 仲裁庭认为，本案的申请人是安然公司，而国内争端的原告则是安然公司参股的 TGS 公司，两个案件的主体不同，因此，不能适用岔路口条款。[1] 除了申请人要相同外，被申请人也应该相同。在阿祖瑞克斯公司诉阿根廷案中，阿根廷的布宜诺斯艾利斯省终止了与美国投资者阿祖瑞克斯公司投资的 ABA 公司间的特

---

〔1〕 See Enron Corporation and Ponderosa Assets, L. P. v. the Argentine of Republic, ICSID Case No. ARB/01/3, Decision on Jurisdiction, 14 January 2004, paras. 95-98.

许协议。ABA 公司以此为由，将布省诉至阿根廷国内法院，而阿祖瑞克斯公司则依据《美国—阿根廷 BIT》对阿根廷政府提起仲裁申请。针对该仲裁申请，阿根廷援引岔路口条款进行抗辩。ICSID 仲裁庭认为，即使在阿根廷国内法院的原告是阿祖瑞克斯公司，即使两个案件的起诉方（原告或申请人）相同，只要两个案件的被诉方不同，也不能适用岔路口条款。[1]

第二，争议标的相同。争议标的相同亦可称为争议理由或诉因相同，是指投资争端的具体内容相同，亦即提起诉讼与申请仲裁的标的或理由相同。如果在东道国境内提起诉讼的内容与提交国际仲裁的内容不同，则可认定为投资争端不同，而不适用岔路口条款。如 2000 年奥利古银（先生）诉巴拉圭案就是一个较为典型的案例，ICSID 仲裁庭指出，巴拉圭国内法院审理的争议为商业公司的破产和清算；而 ICSID 仲裁庭审理的争议则是巴拉圭政府的支付费用义务。仲裁庭以两者争议标的不同，否定了巴拉圭依据《秘鲁—巴拉圭 BIT》中的岔路口条款提出的抗辩理由，而最终确认对本案有管辖权。[2]

第三，适用法律相同。适用法律相同主要是指投资争端产生的法律依据必须相同，如果在东道国境内提起的是依据该国内法产生的投资争端，而提交国际仲裁机构则是依据投资条约产生的投资争端，则两个争端即不相同。例如，在中东水泥运输装卸公司诉埃及案中，申请人就其船只被埃及政府没收并拍卖的行为向 ICSID 提出仲裁申请。对此，埃及指出申请人曾诉诸埃及法院，主张该拍卖行为无效。埃及认为按照岔路口条款，申请人已经选择了当地救济途径，因此，其丧失了选择国际仲裁机构进行仲裁的权利。仲裁庭认为提交埃及法院的争端与提交 ICSID 的争端并不相同，因为申请人提出的仲裁申请是以双边投资条约为依据的，而申请人向埃及法院所提交的案件，依据的不是双边投资条约，而是埃及的国内法。[3]

总之，由于岔路口条款适用的严苛条件，国家在国际投资仲裁案件中要想

---

〔1〕 See Azurix Corp. v. the Argentine Republic, ICSID Case No. ARB/01/12, Decision on Jurisdiction, 8 December 2003, paras. 86-92.

〔2〕 See Olguin v. Republic of Paraguay, ICSID Case No. ARB/98/5, ICSID Decision on Jurisdiction (Translation), 8 August 2000, paras. 30-31.

〔3〕 See Middle East Cement Shipping and Handling Co. S. A. v. Arab Republic of Egypt, ICSID Case No. ARB/99/6, Award, para. 71.

以此来作为抗辩的可能性微乎其微，亦即其几乎不可能阻止外国投资者将中国在国内作出的终局性判决或裁决提交国际仲裁机构进行仲裁。因此，我们主张直接取消岔路口条款，[1] 而采用"禁止掉头条款"。

实际上，中国在对外缔结的国际投资条约中已经开始采用"禁止掉头条款"，即规定在出现争端时，申诉方只有在提交仲裁通知的同时，放弃依据任何一方法律在任何行政庭或法院针对相关措施或事件发起或亟需进行任何程序的权利时，才能提起国际仲裁。其中，较为典型的是《中国—澳大利亚FTA》的相关规定。[2]

---

〔1〕 有学者也早就提出取消岔路口的原因，参见王海浪：《ICSID投资仲裁中的当地救济规则》，陈安主编：《国际投资法的新发展与中国双边投资条约的新实践》，复旦大学出版社2007年版，第230-231页。

〔2〕 该条约第14条第2款的规定："除以下情况外，任何诉请均不可根据本节规定提交仲裁：（一）申诉方已遵守本章第12条1和2款所规定的规则与程序；（二）申诉方依据本章第十一条一款提交的磋商请求已明确包含了此项诉请；（三）申诉方书面同意依据本协定规定的程序进行仲裁；并且（四）仲裁通知：1. 对于依据本章第12条2款（一）项提交仲裁的诉请，附有申诉方的书面弃权；以及2. 对于依据本章第12条二款（二）项提交仲裁的诉请，附有申诉方与企业的书面弃权，以及申诉方用以拥有或控制企业的所有其他人的书面弃权。上述弃权是指放弃依据任何一方法律在任何行政庭或法院，或在其他争端解决程序，针对本章第12条2款项下被指违反本协定的任何措施或事件发起或继续进行任何程序的权利。"

第三编　方法论篇

第九章　先例使用

第一节　先例使用概述

遵循先例（*stare decisis*）"在英美法中，指某个问题已为法院考虑和作出答案，则法院以后面对相同问题必须作出同样的回答的原则"。[1] 因此，遵循先例成为了普通法系的司法系统必须加以遵守的原则性规定。这就意味着，在普通法系国家中，一个法院如果没有非常充分的理由排除对先例的遵守，那么其就有义务遵循该先例的推理或结论；如果该法院既没有充分的理由排除该先例，又不遵守该先例而"独立"作出判决，则其上级法院可以据此对该法院的判决进行撤销。换言之，除了特殊的例外情况外，普通法系国家中的遵循先例是有强制性约束力的。[2] 晚近以来，随着大陆法系和普通法系的逐渐融合，遵循先例这一原本英美法系国家非常有代表性的制度，由于其种种优势而为各大陆法系国家所注意，并被逐步地纳入到本国的司法体制中，如我们国家近年来开始施行的有中国特色的案例指导制度。[3] 遵循先例这一制度不仅在世界

---

〔1〕 美国不列颠百科全书公司编著：《不列颠百科全书：国际中文版》，中国大百科全书不列颠百科全书编辑部编译，中国大百科全书出版社1999年版，第16卷，第180页。

〔2〕 参见张芝梅：《美国的法律实用主义》，法律出版社2008年版，第5页。

〔3〕 参见刘作翔、徐景和：《案例指导制度的理论基础》，载《法学研究》2006年第3期；胡云腾、于同志：《案例指导制度若干重大疑难争议问题研究》，载《法学研究》2008年第6期；宋晓：《判例生成与中国案例指导制度》，载《法学研究》2011年第4期；王利明：《中国案例指导制度若干问题研究》，载《法学》2012年第1期；陈兴良：《中国案例指导制度功能之考察》，载《法商研究》2012年第2期。

各国受到了重视，在国际争端解决，尤其是国际投资争端解决的实践中也开始受到关注。

然而，与普通法系国家司法体系中的遵循先例原则不同，国际投资仲裁中所援引的先例并没有强制性的约束力，因为从现行国际法制以及国际投资法制的角度来看，并不存在遵循先例原则的规定，而且即使国际投资仲裁机构根本不援引任何先例，也并不会出现被撤销的结果。以《ICSID 公约》为例，其明确规定专门解决国际投资争端的"解决投资争端国际中心"（以下简称 ICSID）组成的仲裁庭所作出的裁决仅对争端双方有约束力；公约还明确规定了案件撤销的理由包括法庭的组成不适当、法庭明显超越其权力，法庭的仲裁员有受贿行为，存在严重背离基本程序性规则的情形以及裁决未陈述其所依据的理由。[1] 显然，从《ICSID 公约》的规定来看，ICSID 仲裁庭作出的裁决并没有普遍的法律意义上的遵循先例的效果；同时，即使 ICSID 仲裁庭不引用之前的裁决而"独立"作出裁决，一般也并不会导致被撤销的情形出现。[2] 在实践中，国际投资仲裁机构在援引先例前有时先对先例的使用进行总体的评价，非常明确地表明其所引用的先例对其裁决的案件并没有强制性约束力。如 SGS v. Philippine 案中，仲裁庭就首先指出国际法中并不存在先例原则（no doctrine of precedent），而且国际仲裁庭之间也并不存在等级之分；退一步讲，即使存在，也没有充分的理由表明前面的仲裁庭为后面所有的仲裁庭解决了所有的问题。[3] 值得注意的是，近几年来（尤其是 2011 年以来），仲裁庭逐渐淡化对先例使用的这种"明示的""表态式"的总体评价，而是采用"默认"先例没有强制性约束力的方式直接引用先例。因此，当遵循先例原则被纳入到国际投资争端解决机制中时，其就不是普通法系中的有强制性约束力的"法律上的先

---

〔1〕 See Article 52 and Article 53 of Convention on the Settlement of Investment Disputes Between States and Nationals of Other States, https://icsid.worldbank.org/ICSID/StaticFiles/basicdoc/CRR _ English - final.pdf.

〔2〕 从理论上来看，裁决中如果不使用先例一般不会导致裁决的撤销这一观点可以从公约的具体规定推导出来，而且该观点在实践中也得到了支持。See Hussein Nuaman Soufraki v. The United Arab Emirates, Decision of the Ad Hoc Committee on the Application for Annulment of Mr. Soufraki, ICSID Case No. ARB/02/7, 5 June 2007, para. 128.

〔3〕 See SGS Société Générale de Surveillance S. A v. Republic of the Philippines, Case NO. ARB/02/6, Decision of the Tribunal on Objections to Jurisdiction, 29 January 2004, para. 97.

例"（*de dure precedent*）制度，而是被"改造"成了有"国际法特色"的"遵循先例"，即本文所称的"先例使用"。

近些年来，国际投资仲裁中先例使用的现状主要呈现出以下两个特点：

其一，援引先例的数量巨大而且频繁。国际投资争端解决机构在自己的仲裁裁决或决定中大量地援引先例。Ole Kristian Fauchald 教授在 2008 年的一篇较有影响的论文中，用实证分析的方法得出结论认为，与其他法律渊源或资料相比，仲裁庭更愿意或更多地倾向于援引以前的裁决来支持其推理。[1] 而在此之前的 2007 年，学者 Jeffrey P. Commission 就曾经对 1972 年至 2006 年间公开可用的 207 个国际投资仲裁案件的裁决和决定中先例的使用情况进行过非常详尽的统计。从其统计的数字来看，将 2002 年至 2006 年期间的 ICSID 裁决或决定中援引先例的数量与 1990 年至 2001 年期间的数量相比，我们可以发现这样一个规律：援引先例的数量随着时间的推移而不断增多。在 2002 年至 2006 年这五年的时间里，无论从 ICSID 裁决中援引先例的总量和平均数量，还是非 ICSID 裁决中援引先例的总量和平均数量来看，都表明国际投资仲裁机构开始越来越多地使用先例。[2] 不仅如此，笔者通过对 2011 年和 2012 年的 ICSID 裁决中援引的先例数量的统计发现，这两年 ICSID 仲裁庭使用先例的数量较 2006 年有了跳跃式的增加。如在 2011 年 EL PASO Energy International Company 案裁决中，仲裁庭援引先例约有 214 个（次）之多。[3] 而 2012 年的 Daimler Financial Services AG 案[4]、Reinhard Unglaube 案[5]等裁决中，仲裁庭援引先例都超过 50 个（次）。

其二，国际投资仲裁机构援引先例的范围广泛。所谓范围广泛，不仅指的

---

[1] See Ole Kristian Fauchald, "The Legal Reasoning of ICSID Tribunals-An Empirical Analysis", *The European Journal of International Law*, Vol. 19, No. 2, 301-364, 2008, p. 356.

[2] See Jeffrey P. Commission, "Precedent in Investment Treaty Arbitration: A Citation Analysis of a Developing Jurisprudence", *Journal of International Arbitration* 24（2）, 129-158, 2007, pp. 139-154.

[3] See EL PASO Energy International Company v. the Argentine Republic, ICSID Case No. ARB/03/15, Award, 31 October 2011.

[4] See Daimler Financial Services AG v. Argentine Republic, ICSID Case No. ARB/05/1, Award, 22 August 2012.

[5] See Reinhard Unglaube and Reinhard Unglaube, Republic of Costa Rica, ICSID CASE No. ARB/08/1 and ICSID CASE No. ARB/09/20, Award, 16 May 2012.

是依据相同仲裁规则组成的投资仲裁庭之前作出的裁决和决定，而且也包括依据不同仲裁规则形成的仲裁庭所作出的投资裁决或决定。以 ICSID 为例，ICSID 仲裁庭不仅大量地援引先前 ICSID 仲裁庭作出的投资裁决，而且还较为频繁地援引非 ICSID 仲裁庭作出的投资裁决，诸如依据《联合国国际贸易法委员会仲裁规则》（UNCITRAL）成立的临时仲裁庭、国际商会国际仲裁院（ICC 国际仲裁院）仲裁庭、伦敦国际仲裁院（LCIA）仲裁庭、斯德哥尔摩商会国际仲裁院（SCC 仲裁院）仲裁庭等作出的裁决或决定；相应地，这些仲裁庭在进行投资仲裁时也会援引 ICSID 仲裁庭作出的裁决或决定。先例使用的范围绝不限于此，国际投资仲裁机构在推理过程中，甚至还援引其他国际法院或仲裁庭〔包括常设国际法院、国际法院、欧洲法院、欧洲人权法院、伊朗—美国求偿委员会、墨西哥—美国求偿委员会、世界贸易组织（WTO）、甚至某些国家本地法院〕作出的判决、裁决或决定。如国际法院作出的关于作为习惯国际法危急情况（Necessity）的裁决就不停地被国际投资仲裁机构引用；墨西哥—美国求偿委员会 1926 年作出的关于尼尔案的裁决在大多数涉及国际最低待遇标准认定的国际投资仲裁案件中被广泛地援引；再如国际投资仲裁机构还在推理过程中援引 WTO 专家小组或上诉机构所作出的相关裁决或决定来支撑其推理等。总之，近些年来，国际投资仲裁中大量地或高频率地使用范围非常广泛的先例的情形表明了先例使用已然成为投资仲裁推理的相当重要而又极为普遍的现象。

　　显然，近些年来先例使用出现的一派"繁荣"景象与上述国际投资争端解决中没有强制性约束力的"先例使用"形成鲜明对比，两者之间存在的这种张力被称之为先例使用的"悖论"（paradox）。[1] 对此，人们不免会产生这样一种疑问：既然先例使用并没有法律意义上的约束力，那么为什么国际投资仲裁机构会如此"乐此不疲"地引用先例？到底是什么原因使其在明知不存在遵循先例的情况下，还大量地援引先例？换言之，先例到底在国际投资争端解决机构的推理过程中发挥了什么样的作用，让争端解决机构如此"魂牵梦绕"？进一步探讨，我们不禁还要问：如此大量、广泛援引先例的做法是否妥当？或者

---

〔1〕　See J. Romesh Weeramantry, "The Future Role of Past Awards in Investment Arbitration", *ICSID Review* (2010) 25 (1): 111-124, p. 112.

说国际投资仲裁中的先例使用所具有的这些优点是否真的就"无懈可击"？即其在给国际投资仲裁机构带来便利的同时，可能还会带来什么样的不良后果？到底该如何看待国际投资争端解决机构使用先例的事实才是客观公正的？

第二节　先例使用的原因

国际投资仲裁中的先例使用并没有强制性约束力，而国际投资仲裁机构却大量而广泛地援引先例，笔者经过分析发现，出现这一状况主要有三方面原因：国际投资法制和仲裁的特殊性、先例的说服性功能、先例的一致性功能。

一、国际投资法制和仲裁的特殊性

（一）国际投资法制的自身发展问题

众所周知，由于多边的综合性投资条约长期缺位，国际投资法制的发展主要依赖于双边投资条约和区域性投资条约。这一发展模式构成了国际投资法制的特殊性，即国际投资法制尚不健全，其中存在大量不确定的原则和不完整的规则，而这就成为了先例在国际投资仲裁中得以使用的一个主要原因。国际投资仲裁庭经常不得不适应投资条约中一些内涵和外延不是很清楚的实体投资标准，如公平公正待遇条款、保护和安全标准条款、保护伞条款、最惠国待遇条款等都是争议非常大的条约条款，这些模糊和非常原则性的（标准）条款需要司法和准司法的解释以便能够准确地得以运用，而这就为先例的使用提供了"机会"。[1]而且，正是国际投资法制的这一特性（与国内商事法律相比，其发展远非完备可言；而与国际体育法制和国际域名法制等相比，其发展却又相对完善）导致了投资仲裁中先例使用的特殊性，即从这三者关于先例的实践来看，国际商事仲裁很少援引先例，如适用《联合国国际销售合同公约》的裁决以及国际商会的商事裁决尤为如此，仲裁员在处理特殊案件时有着很大的适用

---

〔1〕　See August Reinisch, "The Role of Precedent in ICSID Arbitration", http：//investmentarbitration. univie. ac. at/fileadmin/user_ upload/int_ beziehungen/Personal/Publikationen_ Reinisch/role_ precedents_ icsid_ arbitrationaayb_ 2008. pdf, p. 3.

法律的自由，而不必去考虑先例问题；而在体育和域名仲裁中，无论从数量上还是质量上来看，先例都得到了很好的使用，甚至被认为是有约束力的先例，即真正的"遵循先例"；而投资仲裁中，先例既不像商事仲裁中那样很少被援引，也不像体育仲裁和域名仲裁中有很强的约束力，其更像是介于两者之间的一种大量使用而有着特定作用（次于约束力）、较为特殊的先例。[1]

（二）国际投资仲裁的特殊性

我们知道传统意义上的国际商事仲裁涉及的争端双方都是商事主体（法人或者是自然人），而且对于最终的仲裁结果进行保密也是（国际）商事仲裁的一个显著特点。与传统的国际商事仲裁相比，国际投资仲裁有着自己的特征，其主要表现是投资争端双方存在着特殊性：一方是普通的商事法中的投资者，而另一方则是作为主权者的国家。由于参与主体的特殊性，投资仲裁一般被称之为"混合性质的仲裁"。[2]正是由于其自身涉及一个主权国家的利益（这一利益对该国国民来说，极有可能是公共利益），因此，仲裁的透明度就成了投资仲裁"默认"的要求之一。公开发布投资仲裁的裁决和决定在绝大多数情况下成为了仲裁各方的共识，以 ICSID 为例，到目前为止已经公开的案件达几百件之多，人们可以非常简单地在其官网上查到关于这些案件审理的一些细节。[3]也正是投资仲裁裁决和决定的公布，才为以后的投资仲裁机构和争端双方提供了丰富的先例"素材"。

二、先例的说服性功能

思路清晰、推理严谨的先例的使用在投资仲裁中发挥了重要的说服性功能。[4]例如，Fraport AG v. Philippines 案中，仲裁庭指出"根据东道国的法

---

〔1〕 See Gabrielle Kaufmann-Kohler, "Arbitral Precedent: Dream, Necessity or Excuse?, Arbitration International", Vol. 23, Issue 3, pp. 361-373.

〔2〕 See Christoph Schreuer, "The Relevance of Public International Law in International Commercial Arbitration: Investment Disputes", http://www.univie.ac.at/intlaw/pdf/csunpublpaper_1.pdf.

〔3〕 See https://icsid.worldbank.org/ICSID/FrontServlet.

〔4〕 See Judith Gill Q.C., "Is There a Special Role for Precedent in Investment Arbitration?", *ICSID Review* (2010) 25 (1): 87-94, pp. 91-94, Also see Alejandro A. Escobar, Latham & Watkins, "The Use of ICSID Precedents by ICSID and ICSID Tribunals", http://www.biicl.org/files/917_alejandro_escobar_-_precedent.pdf.

律"(《德国—菲律宾 BIT》中的措辞）的意思是一个条约解释的问题，其意思必须根据双边投资条约的用语、背景、目的和宗旨加以确定。这一解释过程的完整性绝不能被与该案有完全不相关的事实和法律背景的其他案件的仲裁庭对不同条约进行的解释干扰，其他仲裁庭的裁决或决定对条约条款的含义只是起到了解说性的作用。[1] 更进一步，如果将先例的说服性功能加以细分的话，则其功能又可分为间接解释功能和直接内化功能。

（一）间接解释功能

国际投资仲裁中先例的间接解释功能主要体现在仲裁庭在提出自己的主张或得出结论时，运用先例对其中一些有争议或模糊不清的条款措辞（或问题）进行澄清。这种澄清一般还并不是仲裁庭的最终结论，而仅仅是仲裁庭得出结论的一个步骤或要素。有的仲裁庭将这种大量援引 BIT 仲裁裁决作为"正在发展中的解释条约条款的仲裁裁决的法理"。[2] 实践中，仲裁裁决的一般思路是：仲裁庭在听取争端双方的主张后，开始分析两者的主张是否合理，然后按照已有的证据以及自己对相关问题的理解得出相关结论。而在作出最终裁决前，仲裁庭必须对相关问题（条约条款）的理解做出充分的合理性解释。在这个过程中，除了按照《维也纳条约法公约》条约解释规则对条约条款进行文本、上下文、目的和宗旨分析外，还通过先例来加以解释。

例如在 Occidental Petroleum Corporation v. The Republic of Ecuador 案中，仲裁庭在分析厄瓜多尔共和国政府颁布的法令是否构成征收时，就援引了先例对征收的相关问题进行解释。被告厄瓜多尔共和国 2006 年 5 月 15 日颁布了 *Caducidad* Decree，该法令终止了西方石油勘探生产公司（该案原告之一，Occidental Exploration and Production Company，OEPC）的参与合同，且命令 OEPC 将其在 Block 15 油田的所有资产移交给厄瓜多尔国营石油公司（Petroecuador），

---

〔1〕 See Fraport AG Frankfurt Airport Services Worldwide v. Republic of the Philippines, ICSID Case No. ARB/03/25, Decision on Jurisdiction, 16 August 2006 (dissenting opinion Cremades), para. 7.

〔2〕 See Suez, Sociedad General de Aguas de Barcelona S. A., and InterAguas Servicios Integrales del Agua S. A. v. The Argentine Republic, ICSID Case No. ARB/03/17, Decision on Jurisdiction, 16 May 2006, para. 50.

法令立即生效。[1] 原告美国西方石油公司（Occidental Petroleum Corporation）主张被告的 *Caducidad* Decree 是违反《美国—厄瓜多尔 BIT》第 3 条第 1 款关于征收的规定，被告辩解认为 *Caducidad* Decree 是一个行政制裁，不构成征收。[2] 仲裁庭根据该裁决中前面的论述，即 *Caducidad* Decree 违反了厄瓜多尔法律、违反了习惯国际法以及被告的 BIT 关于投资的公平公正待遇，认为被告所谓的行政制裁的这一法令实际上就是违反 BIT 第 3 条第 1 款的"相当于征收"（tantamount to expropriation）的措施。[3] 那么什么是"相当于征收"？即该如何界定"相当于征收"的措施，实际上就成了仲裁庭需要解释的重要问题。为此，仲裁庭援引了 2000 年 8 月 30 日 *Metalclad Corporation v. The United Mexican States* 案的裁决对"相当于征收"的措施的结论进行解释。该案中，仲裁庭关于"相当于征收"的论述是这样的："NAFTA 关于征收的规定，不仅包括公开的、故意的、公认的财产的剥夺，比如完全的占有或正式或有利于东道国的强制的财产权的转移，还包括隐藏的或偶然的对财产使用的干涉，其会产生部分或全部的剥夺拥有者使用或关于财产的合理预期的经济效益的效果，即使该措施不是有利于东道国利益所必需。"[4] 这样，相当于征收的解释工作就由先例的使用来完成了。

又如，Continental 案中仲裁庭援引 WTO 中的一些案例对例外条款进行解释。[5] Continental 是美国的 CNA 金融公司（CNA Financial Inc.）的一家子公司，它拥有阿根廷 CNA ART 公司 99.9995% 的股权。Continental 诉称，阿根廷

---

[1] See Occidental Petroleum Corporation Occidental Exploration and Production Company v. The Republic of Ecuador, ICSID Case No. ARB/06/11, Award, 5 October 2012, paras. 1-2.

[2] See Occidental Petroleum Corporation Occidental Exploration and Production Company v. The Republic of Ecuador, ICSID Case No. ARB/06/11, Award, 5 October 2012, paras. 453-454.

[3] See Occidental Petroleum Corporation Occidental Exploration and Production Company v. The Republic of Ecuador, ICSID Case No. ARB/06/11, Award, 5 October 2012, para. 455.

[4] See Metalclad Corporation v. The United Mexican States（ICSID Case No. ARB（AF）/97/1），Award, 30 August 2000, para. 103; also see See Occidental Petroleum Corporation Occidental Exploration and Production Company v. The Republic of Ecuador, ICSID Case No. ARB/06/11, Award, 5 October 2012, para. 455.

[5] 参见陈正健：《国际投资条约中例外条款的解释》，载《法学论坛》2013 年第 6 期，第 143-144 页。

政府自 2001 年 12 月起采取的一系列资本控制措施，使其遭受了严重的经济损失。因此，该公司主张阿根廷所采取的这些措施违反了《美国—阿根廷 BIT》的相关规定。[1] 作为抗辩，阿根廷提出了其采取的这些措施是符合《美国—阿根廷 BIT》第 11 条例外条款的要求的。如果阿政府的措施被认定为确实符合该条款，那么其就无需对 Continental 的损失进行赔偿。这样，关于该投资条约第 11 条的争论就成为了本案的焦点问题，而关于该条款中的"必需的"（necessary）一词的解释，就成为焦点问题中的焦点。该案仲裁庭提出应该运用已经形成较为"稳定"构成要件的 GATT/WTO 判例法中关于例外条款中"必需的"来对例外条款进行解释。[2] 于是其首先援引了韩国牛肉案中 WTO 上诉机构关于 GATT 第 20 条一般例外第 4 款的适用。[3] 在如何确定一个措施不是必不可少的，但依然可能是"必需的"，仲裁庭继续援引 EC Tyres 案专家组裁决中的裁决对此进行解释。[4] Continental 案仲裁庭认为上述关于"必需的"一词的解释还不充分，于是其又援引了 US-Gambling 案上诉机构关于不存在"合理可用的"其他可选择性措施进行补充性解释，即"一个可替代性措施被认为不是合理可用的，不仅仅指的是在理论上成员方不能利用它或该措施给成员方施加了过度的负担，如过高的成本或大量技术上的困难。而且，一个合理可用的替代性措施还必须是一种能够确保成员方完成所追求的目标的措施"。[5]

至此，仲裁庭完成了对例外中"必需的"一词的解释工作，开始按照上述分析对阿根廷政府所采取的银行冻结令、比索贬值、以美元计价的合同和存款

〔1〕　See Continental Casualty Company v. The Argentine Republic, ICSID Case No. ARB/03/9, Award, 5 September 2008, paras. 15-20.

〔2〕　See Continental Casualty Company v. The Argentine Republic, ICSID Case No. ARB/03/9. Award, 5 September 2008, para. 192.

〔3〕　See Report of the Appellate Body, Korea-Measures Affecting Imports of Fresh, Chilled and Frozen Beef, WT/DS161/AB/R, WT/DS169/AB/R, 11 December 2000, para. 161.

〔4〕　See Continental Casualty Company v. The Argentine Republic, ICSID Case No. ARB/03/9. Award. September 5, 2008, para. 194; also see Report of the Panel, Brazil -Measures Affecting Imports of Retreaded Tyres, WT/DS332/R, 12 June 2007, para. 7.104.

〔5〕　See Continental Casualty Company v. The Argentine Republic, ICSID Case No. ARB/03/9. Award. September 5, 2008, para. 195; also see Report of WTO Appellate Body, United States-Measures Affecting the Cross-Border Supply of Supply of Gambling and Betting Services, WT/DS285/AB/R, 7 April 2005, para. 308.

的比索化、延期支付以及政府金融工具的重组等措施进行相应的分析。显然，整个关于"必需的"一词的解释工作都是由援引一系列先例完成的。同时，我们也可以看到，投资仲裁中援引的先例可能是与投资无关的其他类型的先例，而且 ICSID 也可以援引非 ICSID（如 WTO）的先例。

（二）直接内化功能

国际投资仲裁中，仲裁庭不仅运用先例对相关问题进行解释，即间接的辅助性作用，而且，还直接将先例作为仲裁庭推理过程的重要组成部分，即仲裁庭将先例中的主张、结论直接作为其审理案件的主张和结论，故称之为直接内化功能。

如马里恩公司诉哥斯达黎加共和国案中，仲裁庭在论述公平公正待遇时就直接将有关先例作为其推理的一部分。仲裁庭首先指出该标准已经被先前大量的仲裁庭界定过，根据这些先例，仲裁庭认为要证明哥斯达黎加共和国违反公平公正待遇标准，原告必须出示被告存在法律错误的证据。除此之外，仲裁庭还直接援引了 *Saluka* 案仲裁庭关于此的论断，进一步明确指出，原告必须出示确定被告行为或决定是"明显不一致、不透明或者不合理的（如：一些不相关的合理政策）"的证据。[1]

接着，仲裁庭指出即使原告完成了上述举证责任，被告依然可以享有免责的例外，即在被告有正当的公共政策存在，特别是采取的措施或决定是与国家"保护公共健康、安全、道德或福利以及有关税收和政策权力的其他国家功能"时，被告可以采取与公平公正待遇不相符合的措施而不必负法律责任。此时，仲裁庭引用了 *S. D. Myers* 案中仲裁庭提出的"作为对一个国家享有对其境内事务具有管理权的尊重，这些措施应该被视为合法"这一论断来支持其推理。[2]但是，仲裁庭马上指出，这一尊重并不是没有限度的。即使这些措施是为了重要的公共目的，政府还是被要求适当谨慎保护外国人。如果它们的行为被认为

---

〔1〕 See Marion Unglaube and Reinhard Unglaube v. Republic of Costa Rica, ICSID Case No. ARB/08/1, or ICSID Case No. ARB/09/20, Award, 16 May 2012, para. 245.

〔2〕 See Marion Unglaube and Reinhard Unglaube v. Republic of Costa Rica, ICSID Case No. ARB/08/1, or ICSID Case No. ARB/09/20, Award, May 16, 2012, para. 246; Also see S. D. Myers, Inc. v. Gov't of Canada, UNCITRAL, Partial Award, 13 November 2000, para. 263.

是武断的或歧视性的，则它们的责任就不能被免除。[1]

最后，仲裁庭援引了 *LG&E v. Argentina* 案和 *Duke Energy* 案仲裁庭关于公平公正待遇的论断作为自己的主张，即"一国法律和商业框架的稳定性是公平公正待遇标准的根本要素。同样的，仲裁庭将这一解释认定为国际法中公平公正待遇的新发展"。[2] "法律和商业环境的稳定性与投资者的预期直接相连。仲裁庭认识到这种预期是公平公正待遇的重要方面。同时，应该注意到它们的限制。投资者的预期在投资者进行投资时必须是合法和合理的……合理或合法的评估必须考虑到所有的环境，不仅包括与投资相关的事实，还包括东道国的政治、社会经济、文化以及历史条件。而且这种预期必须是来源于国家提供给投资者的条件，而后投资者必须根据这种预期进行的投资。"[3] 仲裁庭最终得出结论认为，公平公正待遇的一个重要因素是保证法律和商业环境的稳定性，这种稳定性有一个公共政策的例外，而这是基于对东道国管理本国事务的尊重，但是这种尊重也是有限度的，即不能有武断、歧视性行为、缺乏适当的程序或其他有违良知，而被认为是明显不恰当或不可预见的或公然地违反逻辑或根本公平的行为。[4] 显然，在得出这一结论的过程中，仲裁庭直接将很多先例的论断作为其推理的一部分，换言之，先例的援引不仅是解释性辅助作用，而是"内化为"仲裁庭认知的组成部分。

又如，在 Railroad Development Corporation 案中，仲裁庭指出，仲裁裁决并不构成国家实践，但是争端各方却在国际程序中用裁决来支撑其在某个特别问

---

　　[1]　See Marion Unglaube and Reinhard Unglaube v. Republic of Costa Rica, ICSID Case No. ARB/08/1, or ICSID Case No. ARB/09/20, Award, 16 May 2012, para. 247.

　　[2]　See Marion Unglaube and Reinhard Unglaube v. Republic of Costa Rica, ICSID Case No. ARB/08/1, or ICSID Case No. ARB/09/20, Award, 16 May 2012, para. 248；Also see LG&E Energy Corp. et al. v. Argentine Republic, ICSID Case No. ARB/02/1, Decision on Liability, 3 October 2006, para. 125.

　　[3]　See Marion Unglaube and Reinhard Unglaube v. Republic of Costa Rica, ICSID Case No. ARB/08/1, or ICSID Case No. ARB/09/20, Award, 16 May 2012, para. 249；Also see Duke Energy v. Republic of Ecuador, ICSID Case No. ARB/04/19, Award, 18 August 2008, paras. 337-340.

　　[4]　See Marion Unglaube and Reinhard Unglaube v. Republic of Costa Rica, ICSID Case No. ARB/08/1, or ICSID Case No. ARB/09/20, Award, 16 May 2012, para. 258.

题上的法律的主张。[1] 关于最低待遇标准在尼尔案之后是否已经演进的问题上争端各方有不同的观点。仲裁庭认为这一问题在以前的 NAFTA 的案件中仲裁庭已经解决了。接着，仲裁庭特意指向了 ADF 裁决："考虑到被告美国接受第 1105（1）条所指的习惯国际法不应该被冻结在那一时刻以及最低待遇标准是不断演进的是非常重要的。从美国的视角来看，2001 年 NAFTA 自由贸易委员会的解释所指向的习惯国际法存在于当下。同样重要的是，加拿大和墨西哥同意美国的这一观点，尽管它们主张违反这一标准的门槛还是很高。换言之，习惯国际法的表达并不是停留在 1927 年尼尔案裁决所确定的外国人最低待遇标准上的静止的画面，习惯国际法和外国人最低待遇标准是一个不断发展的过程。"[2] 最后，Railroad Development Corporation 案中仲裁庭明确表明其采纳 *ADF* 案仲裁庭的推理及关于最低待遇标准是一个不断发展的过程的结论。[3] 关于最低待遇标准的内容，仲裁庭援引并采纳了 Waste Management II 案关于此的结论，即认为"公平公正待遇的最低待遇标准是由国家作出的，如果该行为是武断的、极度不公平或故意忽视义务，歧视性的以及对原告有偏见，或者适当程序的缺失——如诉讼程序中明显缺失自然正义或完全缺失透明度以及管理过程中缺失公正。"[4] 仲裁庭还特别指出，其认为 Waste Management II 案有说服性地将以前 NAFTA 仲裁庭累计的分析进行了整合，并且是对最低待遇标准一个较为均衡的描述。仲裁庭正是基于这一目的才采用 Waste Management II 案关于最低待遇标准的描述。[5]

再如 Toto 公司诉黎巴嫩案中仲裁庭关于保护和安全条款的论述中，仲裁庭虽然同意黎巴嫩负有投资条约第 4.1 条项下的为投资者提供保护和安全的义

［1］ See Railroad Development Corporation v. Republic of Guatemala, ICSID Case NO. ARB/07/23, A-ward, 29 June 2012, para. 217.

［2］ ADF Group Inc. v. United States, ICSID Case No. ARB（AF）/00/1（NAFTA）, Award, 9 January 2003, para. 179.

［3］ See Railroad Development Corporation v. Republic of Guatemala, ICSID Case NO. ARB/07/23, A-ward, 29 June 2012, para. 218.

［4］ Waste Management, Inc. v. United Mexican States, ICSID Case No. ARB（AF）/00/3, Award, 30 April 2004,（Waste Management II）, para. 98.

［5］ See Railroad Development Corporation v. Republic of Guatemala, ICSID Case NO. ARB/07/23, A-ward, 29 June 2012, para. 219.

务。但是，仲裁庭认为该保护和安全标准是有限的，且其适用范围仅限于投资者实体安全免遭物理破坏。为了支撑其这一论断，仲裁庭援引了 1989 年国际法院关于 *Elettronica Sicula S. p. A.*（*United States of America v. Italy*）案的裁决，在该案中，国际法院认为"持续的保护和安全"不应该被理解为财产在任何情况下都不应该被占有或干扰。[1] 仲裁庭还援引了 *Noble Ventures v. Romania* 案的裁决，该仲裁庭认为罢工的工人并不构成对投资者的威胁，即使他们占领了投资者的商业经营场所。[2] 为了说明该标准的适用范围仅限于实体安全，仲裁庭援引了 *Saluka Investments BV*（*The Netherlands*）*v. The Czech Republic* 案关于保护和安全标准的论述，即该标准并不包含所有损害的种类，而只是保护投资免遭武力破坏的实体安全。[3]

必须指出的是，先例的间接解释功能与直接内化功能之间的界限有时并不清晰，因为严格来说，解释也可以被视为推理的一部分，而且有时很难判断仲裁庭使用先例时解释某一法律问题，还是直接就将其作为仲裁庭认知的一部分，同时，还应该注意的是，仲裁庭在同一个案件中援引先例时，一般同时运用先例的上述两种功能。显然，这两种功能又同时发挥着简化推理的作用。[4]

三、先例的一致性功能

争端解决裁决的一致性和可预见性是任何司法和仲裁机制至关重要的方面。[5] 从长远来看，任何种类的争端解决，只有可预见的裁决才会被使用者接受。从根本上来说，可预见性和一致性保证争端方对争端解决系统的信任，

---

[1]　See United States of America v. Italy, International Court of Justice, Reports of Judgments, Advisory Opinions and Orders, Judgment of 20 July 1989, para. 108, http：//www. icj - cij. org/docket/files/76/6707. pdf.

[2]　See Noble Ventures v. Romania, ICSID Case No. ARB/01/111, Award, 12 October 2005, paras. 155-166.

[3]　See TOTO Costruzioni Generali S. P. A. v. Republic of Lebanon, ICSID Case No. ARB/07/12, Award, 7 June 2012, para. 228.

[4]　See Stephan W. Schill, *The Multilateralization of International Investment Law*, Cambridge University Press, pp. 328-330.

[5]　严格来说，实际上可预见性是一致性所追求的更为深层次的价值追求。

并且提高对合法和公正的认识。[1] 显然在作为争端解决的重要部分——国际投资仲裁中亦是如此。因为国际投资裁决的不一致性不仅造成了主权国家和投资者合法预见的不确定和破坏，还进而会导致投资仲裁系统的合法性危机，[2] 所以投资仲裁中的一致性也被看作是投资仲裁中的现实且必需的目标。[3]

因此，在国际投资仲裁过程中，仲裁庭认识到"相似案件相似裁决"或者说"同案同判"（like cases should be decided alike）是法治的根本原则，[4] 并开始非常注意保持先后裁决的一致性。无疑，援引先例或者说对照先例是保证裁决一致性和可预见性的最佳路径之一[5]。换言之，先例的使用具有一致性功能或者说趋同化功能。有的学者甚至据此认为，先例的使用实际上是推动国际投资法制多边化的重要动力。[6] 在实践中，先例的这一一致性功能主要表现在促进投资法制的一致性和控制检查功能两个方面。

（一）促进投资法制的一致性

一般认为，规则越是欠发展，争端解决者对于规则的创建就越重要。换言之，通过争端解决的规则创建依赖于可预见性的需要。当在国际仲裁中适用经过充分的发展而具有可预见性的国内法时，则仲裁者的作用并不涉及属于国内法的发展规则，因为这是国内立法者的功能。当仲裁者适用欠发达的且还在形成过程中的规则时，仲裁者关于可以预见的法律的建立的功能更为重要。[7]

---

〔1〕 See August Reinisch, "The Role of Precedent in ICSID Arbitration", http: //investmentarbitration. univie. ac. at/fileadmin/user_ upload/int_ beziehungen/Personal/Publikationen_ Reinisch/role_ precedents_ icsid_ arbitrationaayb_ 2008. pdf, p. 1.

〔2〕 See Susan D. Franck, "The Legitimacy Crisis in Investment Treaty Arbitration: Privatizing Public International Law Through Inconsistent Decisions", 73 *Fordham L. Rev.* 1521, 2005, p. 1558, p. 1587.

〔3〕 See Gabrielle Kaufmann-Kohler, "Is Consistency a Myth?", in Emmanuel Gaillard and Yas Banifatem ed., *Precedent in International Arbitration* 137, 2007, p. 147.

〔4〕 See Daimler Financial Services AG v. Argentine Republic, ICSID Case No. ARB/05/1, Award, 22 August 2012, para. 52.

〔5〕 See Tai-Heng Cheng, "Is There a System of Precedent in Investment Treaty Arbitration?", http: // papers. ssrn. com/sol3/papers. cfm? abstract_ id=1259943&download=yes.

〔6〕 See Stephan W. Schill, *The Multilateralization of International Investment Law*, Cambridge University Press, p. 321.

〔7〕 See Gabrielle Kaufmann-Kohler, "Arbitral Precedent: Dream, Necessity or Excuse?", *Arbitration International*, Volume 23, Issue 3, p. 375.

而后者的一个重要体现就是我们现在所要讨论的国际投资法制。众所周知，目前的国际投资法制主要是以众多双边投资条约和逐渐增多的区域性投资条约为支撑。因此，这一状况就导致了国际法的"破碎化"[1]在国际投资法制中表现得尤为突出。国际投资法制中的实体性条款，如投资者的国民待遇、最惠国待遇、公平公正待遇、保护和安全标准、征收及补偿等在不同的条约中有不同的表达方式，甚至一个国家对外缔结的双边投资条约的具体措辞相差也极为悬殊（如中国的双边投资条约就是这样）。因此，国际投资仲裁机构（员）在适用发展不充分的国际投资法制时，实际上还背负着促进投资法制一致性、可预见性的责任。无疑，先例的使用是完成该任务的重要工具，即可以从很大程度上削弱国际投资法制的"破碎化"。以近些年来争议较大的公平公正待遇为例，由于公平公正待遇包含于很多国际投资条约中，而且，措辞极其模糊和简略，所以关于其争议几乎每案必涉，并且使得广大的被诉国家和投资者都感到很难捉摸。但是，这种担心和忧虑正在随着仲裁裁决的不断作出而逐渐减少，因为后来的仲裁庭在涉及该待遇时都会援引早期的先例，而这些先例在一定程度上早已经将公平公正待遇的内涵和范围进行了"穷尽"，换言之，在投资条约中措辞模糊而又简略的公平公正待遇实际上已经有了较为"固化"的构成要素。[2] 而这很大程度上得益于先例的使用。正如 *Saipem S. p. A. v. The People's Republic of Bangladesh* 案中仲裁庭所指出的：仲裁庭考虑到其并不受到先例的约束。同时，又认为其必须对早期的国际仲裁裁决进行适当的考量。仲裁庭相信其有义务采用通过一系列一致的裁决所得出的结论。仲裁庭也相信其有义务谋求国际投资法制的和谐发展，以便使投资者仲裁的当事方——国家和投资者都

---

[1] See "Report of the International Law Commission, Fifty-eighth Session (1 May-9 June and 3 July-11 August 2006)", in UN website, http://untreaty. un. org/ilc//reports/2006/2006report. htm, last visited Sep. 20, 2012.

[2] See Alexandra Diehl, "The Core Standard of International Investment Protection: Fair and Equitable Treatment", *Kluwer Law International*, 2012, pp. 311-503; Roland Klager, "*Fair and Equitable Treatment*" in *International Investment Law*, Cambridge University Press, 2011, pp. 154-258; Andrew Newcombe and Lluis Paradell, "Law and Practice of Investment Treaties: Standards of Treatment", *Kluwer Law International*, 2009, pp. 257-297; Ioana Tudor, *The Fair and Equitable Treatment in International Law of Foreign Investment*, Oxford University Press, 2008, pp. 154-181.

能对特定的条款有一个合法性预期。[1] 而投资仲裁机构的这一援引先例的行为也被称之为实际上是在对未来更为精细的国际投资法制进行形塑或推动投资法律的发展。

（二）控制检查功能

一般认为，任何权力都必须受到限制，而任何受限的权力都必须通过一些控制系统作为保障。没有控制系统，则假定的限制就没有依凭，权力就会从有限变为绝对。这一点在以一种委托和受限的权力按规定的方式作出特定裁决的国际投资仲裁中体现得尤为重要：一方面，与国内的争端解决机构（法院）相比，国际投资仲裁机构应该受到更高的控制义务限制。因为国内争端解决机构的司法权力由国家宪法所授予，并且受到宪法的结构性约束和限制，不仅如此，现存的国内法院系统一般是由二级、三级甚至四级法院构成，这种等级"森严"的司法制度使得上一级法院可以对下一级法院的错误裁决进行撤销，从而形成有效的监督和控制；而国际仲裁机构则缺失这种宪法性和"森严"等级的有效限制。另一方面，与普通的纯私人商事仲裁机构相比，国际投资仲裁机构也有更高的控制责任。这是由于前者的裁决具有保密性，一般不对外公开，这些裁决不会对国际商事交易法制产生结构性影响，但是，国际投资仲裁机构所作出的裁决则恰恰相反，一般予以公开，其会对后来的相似的争端解决带来"可借鉴性"，进而对国际投资法制产生结构性影响，因此，相对而言，就需要对国际投资仲裁庭进行更严格的控制。[2]

在社会—法律安排中，控制可以是内部的，也可以是外部的，或者是两者兼备的。内部控制机制主要是通过教授、认证、训练技能、同行压力以及强调基于明显推理的裁决等方式，来达到约束和限制的目的；外部控制机制包括诸如通过并列的实体或复杂的等级安排对相关裁决或决定进行平衡和检查等方式

---

〔1〕 See Saipem S. p. A. V., "The People's Republic of Bangladesh, Decision on Jurisdiction", 21 March 2007, para. 67; Also see Judith Gill Q. C., "Is There a Special Role for Precedent in Investment Arbitration?", *ICSID Review* (2010) 25 (1): 87–94, p. 92.

〔2〕 See Tai-Heng Cheng, "Precedent and Control in Investment Treaty Arbitration", 30 *Fordham Int'l L. J.* 1014, pp. 1023–1026.

来达到控制的目的。[1] 一般而言，控制机制的功能有两个方面的意义，一是从总体法制角度来看，控制是指其阻止对于法制的明显偏离从而保持足够的稳定，以便使公众能够据此规划自己的事务，且预期该规划的法律后果。二是从司法判决的角度来看，控制指的是法官作出的裁决是否在其职权（authority）范围内，以及该系统是否能纠正由于裁决者滥用职权和权力所造成的偏离。[2]

通过上述分析可知，本章所说的国际投资仲裁中的先例使用严格来说是属于内部控制的一种，其由于现行国际投资仲裁中作为外部控制的上诉机制的缺失而得到了广泛运用；相应地，在国际投资仲裁中，先例使用的控制功能主要就表现在防止仲裁机构对于国际投资法制的背离以及对国际投资仲裁机构"宽泛"的自由裁量权进行限制。显然，从这个角度来看，先例使用可以很好地平衡法律的发展性和稳定性之间的张力，促使国际投资法制以一种循序渐进的方式向前演进。

国际投资仲裁的实践较好地验证了上述观点。如上文所述，近些年来先例在投资仲裁中，尤其在一些存在争议的问题上得到了普遍的使用。这说明仲裁机构已经对先例产生了高度的认同和依赖。尽管仲裁者在决定先前裁决与摆在他们面前的争端的相关性方面有鉴别的幅度，即仲裁员有着较宽泛的自由裁量权，但是充分的实证分析显示，在一些重要的条款的理解上，短期内还并没有出现明显偏离先例的情况。任何改变都是在逐步演进中的，而任何忽视普遍法律推理规则的孤立的裁决很少得到后来仲裁庭的支持。这些改变可能不会立刻被上诉裁决否决，也不会像美国最高法院推倒其以前裁决那样需要付出漫长的时间。需要注意的是，先例的内部控制不是孤立发挥作用的，在投资仲裁中，其他形式的法律推理与先例一起运行。由于仲裁实践上的原因，先例的这种内部控制功能还将会持续有效地运行。[3]

---

〔1〕 See W. Michael Reisman, "The Breakdown of the Control Mechanism in ICSID Arbitration", 1989 *Duke L. J.* 739, pp. 740-741.

〔2〕 See Tai-Heng Cheng, "Precedent and Control in Investment Treaty Arbitration", 30 *Fordham Int'l L. J.* 1014, p. 1019.

〔3〕 See Tai-Heng Cheng, "Precedent and Control in Investment Treaty Arbitration", 30 *Fordham Int'l L. J.* 1014, pp. 1044-1046.

　　另外，先例的一致性功能还表现在国际投资仲裁机构在作出自己的裁决后，使用相关先例与之进行比较，以此来判断该裁决是否与先例一致，即事实上的跨案件检查（*de facto* cross-checking）功能。[1] 用先例对当前案件裁决进行检查是仲裁庭使用先例的主要方法。[2] 如在西班牙天然气公司诉阿根廷共和国案中，仲裁庭认为其独立地作出自己的裁决，没有受到任何其他法官或仲裁裁决的约束。但是，在作出裁决后，仲裁庭还是认为，将其作出的裁决与其他近期依据同时期（contemporary）的双边投资条约所提出的主张以及依据ICSID仲裁规则作出的裁决相比较是有益处的，并指出通过综述一些这样的裁决，确信其还没有发现或找到任何裁决或决定得出相反的结论。[3]

　　综上所述，由私人和国家双方当事人组成的具有特殊混合型性质的投资仲裁为先例的出现提供了基础，同时，由于国际投资法制，尤其是国际投资条约中规则和原则内涵和外延的不确定性促使了先例使用的普遍化。而先例自身所具有的说服性和一致性功能，让投资仲裁机构更加难以割舍。除此之外，国际投资仲裁中先例的使用的原因还有：仲裁庭（员）所面临的压力：担心其裁决公布后的负面评论、希望其裁决能被后者援引、作为法律专家的荣誉感、责任心驱使以及主流裁决的压力（存在这样一个事实上的以及非常强的压力，迫使仲裁庭去留意在相同或非常相似的法律语言下其他仲裁庭的做法）。另外，国际投资仲裁机构使用先例可能存在的一个非常简单的原因是，投资争端双方在争辩过程中都援引先例，笔者经过统计发现，近些年的国际投资仲裁案件中，原被告越来越重视使用先例来支持其提出的观点，而仲裁庭在推理过程中除了使用其认为与该案相关的案件以外，还格外地重视争端双方之前提及的先例，并对它们进行分析和取舍。

<hr>

　　[1] See August Reinisch, "The Role of Precedent in ICSID Arbitration", http://investmentarbitration. univie. ac. at/fileadmin/user_ upload/int_ beziehungen/Personal/Publikationen_ Reinisch/role_ precedents_ icsid_ arbitrationaayb_ 2008. pdf, p. 10, also see Stephan W. Schill, *The Multilateralization of International Investment Law*, Cambridge University Press, p. 325.

　　[2] See Justin D'Agostino, "Herbert SmithA, Discussion on the Use of Precedents in International Investment Arbitration and its Consequences", http://www. sccinstitute. com/filearchive/4/40956/Justin%20D'Agostino_ Report. pdf, p. 8.

　　[3] See Gas Natural SDG, S. A. v. The Argentine Republic, ICSID Case No. ARB/03/10, Decision on Jurisdiction, 17 June 2005, para. 36.

第三节　先例使用的缺陷

国际投资法制和仲裁的特殊性、先例的间接解释和直接内化功能以及其促进投资法制的一致性和控制检查功能促使先例在国际投资仲裁中得以大量而广泛地使用。然而，正如我们在本文第一部分指出的那样，国际投资仲裁机构如此频繁地使用先例是否妥当？先例使用所具有的这些优点是否真的就"无懈可击"？即其给国际投资仲裁机构带来便利的同时，可能还会带来什么样的不良后果？经过分析，本文认为，国际投资仲裁中的先例使用至少存在如下三种主要缺陷。

一、先例使用的前提性缺陷

（一）缺少必要的法律支撑

首先，从国际法的角度来看，《国际法院规约》第 38 条的规定一般被认为是国际法的渊源的陈述，具体包括："一、法院对于陈诉各项争端，应依国际法裁判之，裁判时应适用：（子）不论普通或特别国际协约，确立诉讼当事国明白承认之规条者。（丑）国际习惯，作为通例之证明而经接受为法律者。（寅）一般法律原则为文明各国所承认者。（卯）在第 59 条规定之下，司法判例及各国权威最高之公法学家学说，作为确定法律原则之补助资料者。"[1] 从该条第 1 款第 4 项规定来看，司法判例作为法律原则的补助资料可以被看作是国际法的渊源之一，但是有一个前提，即"在第 59 条的规定之下"。继续查看《国际法院规约》，我们发现《国际法院规约》第 59 条的规定是这样的："法院之裁判除对于当事国及本案外，无拘束力。"[2] 于是，我们可以认定，司法判例只对本案及本案的当事人有约束力，而且只能作为法律原则的补助资料。如此严苛的条件，使得先例的使用从总体上来看在国际法中缺失了必要的法律支

---

〔1〕《国际法院规约》第 38 条，http：//www. un. org/zh/documents/statute/chapter2. shtml.
〔2〕《国际法院规约》第 59 条，http：//www. un. org/zh/documents/statute/chapter3. shtml.

撑。有学者因此指出，既然依据《国际法院规约》国际法院不受其自身的先例的约束，那么可以肯定的是，常设投资仲裁庭也不受其他国际仲裁庭裁决的约束。[1]

其次，从国际投资法制来看，投资仲裁中也缺少先例使用的法律支撑。例如，《ICSID 公约》第 53 条就规定："一、裁决对双方有约束力。不得进行任何上诉或采取任何其他除本公约规定外的补救办法。除依照本公约有关规定予以停止执行的情况外，每一方应遵守和履行裁决的规定。"[2] 该条款表明了裁决对非争端双方以外的个体或实体以及国家没有约束力。有的学者通过研究，更进一步指出"这一观点实际上与其他任何国际仲裁机制以及国际公法是一致的"。[3] 除此之外，与国际商事仲裁法制相似，依据国际投资法制组成的仲裁庭都具有临时性特征，几乎每一个案件都由不同的仲裁员组成，各个仲裁员来自不同的国家和法系，其接受的法律理念、法律教育、经历的法律实践等都不相同，于是，此仲裁庭的推理及作出的裁决很难被彼仲裁庭接受，因此，从这个角度上来看，国际投资法制所形成的仲裁庭的临时性特征实际上间接地影响到先例使用的效果。

（二）存在逻辑上的漏洞

归纳和类比是仲裁庭推理过程中使用先例的两种方法，从逻辑的角度来看，这两种方法都存在局限性：第一，归纳推理。一般来说，归纳推理是由个别事物或现象推导出该类事物或现象的普遍性推理，其前提是关于个别事物或现象一定数量的判断，而最终的结论却是超出前提所限定的范围的该类事物或现象的普遍性判断。因此，归纳推理中，前提和结论之间的联系是或然的，而并不是必然的。归纳推理分为两类：简单枚举法和完全归纳法。所谓简单枚举法是指，仅依据一个个事物或现象的列举，而没有对这些事物或现象进行深入分析，而得出结论。列举事物或现象的数量决定了简单枚举可靠性的高低。当

---

[1] See Lucy Reed, "The De Facto Precedent Regime in Investment Arbitration: A Case for Proactive Case Management", *ICSID Review* (2010) 25 (1): 95–103, p. 95.

[2] Article 53 of Convention on the Settlement of Investment Disputes Between States and Nationals of Other States, https://icsid.worldbank.org/ICSID/StaticFiles/basicdoc/CRR_ English-final.pdf.

[3] See J. Romesh Weeramantry, "The Future Role of Past Awards in Investment Arbitration", *ICSID Review* (2010) 25 (1): 111–124, p. 114.

列举的数量不断增多时，简单枚举的可靠性也会增加，但是，即使列举事物或现象很多，简单枚举的可靠性仍然不大，所以其又被称为不完全归纳法。而完全归纳法则是由组成该类事物或现象的每一个事物或现象都具有某一属性，从而推导出该类事物或现象全部具有这一属性。可见，完全归纳法得出的结论没有超出前提所限定的范围，即最终的结论和前提之间是必然性关系，只是需要满足非常严苛的条件——完全列举某类事物或现象中的所有组成分子。[1] 因此国际投资仲裁庭就某一法律问题援引先例时，如果采用简单枚举的归纳推理，那么得出的结论很有可能是不准确的。如果仲裁庭试图通过归纳先例的方法来得出关于某个法律问题的准确结论，最为稳妥的方法是进行完全的归纳推理，即对有关这一问题的全部先例进行分析。而这一要求对于由几个人（有可能是一个人）组成的仲裁庭来说显然太高了。因为，截至目前，关于投资仲裁的裁决已经有几百个，而且，这一数量还在迅速增长，不仅如此，还有数量众多的其他争端解决机构的裁决（如 WTO 的各种裁决）。所以，简单枚举的归纳推理可能是国际投资仲裁庭在较长一段时间内要使用的推理方法，而不全面的前提显然会使结论在准确性上打折扣，而且还会很容易导致挑选先例的现象出现，关于此下文将进行阐述。

第二，类比推理。在逻辑学上，类比推理指的是如果两个事物或现象在很多属性上都相同，我们就推导出它们在其他属性上也相同的推理方法。类比推理可靠性的高低取决于两个事物或现象的相同属性与所推导出的其他属性之间的关联程度。如果关联程度高，则类比推理的可靠性程度就高。然而，我们必须清楚，类比推理的结论毕竟超出了前提所限定的范围，所以，类比推理中前提和最终的结论之间的关系是或然的。[2] 可见，类比推理的可靠性程度不是很高。在类比法律推理中，"作为推理前提的法律规范与作为推理结论的司法裁决之间的联系是一种或然关系，某一个具体的司法裁决的得出不具有唯一性、必然性，即并不是从该推理前提（法律规范）出发所能得出的唯一推理结论；

〔1〕 参见金岳霖主编：《形式逻辑》，人民出版社 1979 年版，第 212-224 页。
〔2〕 参见金岳霖主编：《形式逻辑》，人民出版社 1979 年版，第 225、227 页。

类比法律推理也不能保证推理结论的真实可靠性即司法裁决的公平正义性。"[1] 因此，如果国际投资仲裁机构将案情相同或非常相似的先例的结论类比使用到其欲仲裁的案件中时，那么，最终的仲裁结果的准确性往往很难保证。

二、先例使用的价值缺失

(一) 不充分的目标追求

从上述先例的间接解释、直接内化功能、促进投资法制一致性以及控制检查功能的分析来看，先例使用的目的或欲追求的目标明显是基于保证裁决的一致性的基本预设的基础上的。然而这种一致性的基本价值预设或者说价值追求还远非其终极的目标。因为一致性并非是孤立的，在其背后还有更为深层次的价值目标为其提供理论上的支撑，换言之，先例使用不仅为了实现投资仲裁裁决的一致性目标，而且还继而欲实现一致性所"服务于"促进平等性（或公平性）、连续性和合法性目标。[2] 其一，平等性，即同等情况同等对待。虽然平等性在实践中的含义还远非明确可言，但是其所包含的同等情况同等对待在一些投资仲裁环境下表现得非常明显，如在以阿根廷为被告的仲裁案件中，基于相同的 BIT 提出索赔要求的原告就应该享有同等的对待。其二，连续性，即国际投资法制的渐进式发展。一致性要求从来就不是绝对的，其并不要求没有创新性地遵循早期的裁决，而毋宁是要求某种特定程度上的一致性，最终导致的结果是法制依然往前演进，但却是以一种循序渐进的方式。[3] 其三，合法性，即一致性可以促进或有助于投资仲裁庭依据规则作出合法的而不是武断的裁决；相反地，不一致的裁决则会破坏国际投资体制的合法性。然而，我们必须确定的一点是先例使用所追求的一致性价值目标是相对的，而且先例使用虽追

---

〔1〕 刘克毅：《试论类比法律推理及其制度基础——以普通法的运作机制为例》，载《法商研究》2005 年第 6 期，第 87 页。

〔2〕 See Irene M. Ten Cate, "The Costs of Consistency: Precedent in Investment Treaty Arbitration", 51 *Colum. J. Transnat'l L.* 418, pp. 448-456.

〔3〕 See Martin Shapiro & Alec Stone Sweet, *On Law, Politics, and Judicialization*, Oxford University Press, 2002, p. 93.

求的一致性价值本身所服务的上述那些更为深层次的价值追求并不能反映国际投资仲裁裁决所欲实现的所有价值目标，诸如正义、准确性、诚挚性、透明度等。

（二）价值目标间存在的张力

先例使用所欲实现的一致性目标以及其背后更为深层次的价值追求虽然是必要的，但绝不是充分（充足）的。这种基本预设的不充分性至少表现在其对投资仲裁行为本身所欲实现的其他价值的漠视甚至排斥。换言之，作为仲裁裁决一部分的先例使用的价值目标追求并不能完全涵盖投资仲裁裁决所欲追求的其他价值目标，而且更为重要的是这种一致性价值及其背后的价值追求在一定程度上还与其他价值有着内在的冲突。正如有的学者所指出的那样，国际投资仲裁中先例使用所欲实现的一致性实际上是以牺牲仲裁裁决所欲追求的准确性（或正确性）、诚挚性和透明度等其他价值为代价的。如以准确性价值目标为例，过分追求裁决的一致性，有时会导致仲裁者关于法律的正确解释或适用独立判断缺失；再如国际投资仲裁中的诚挚性一般要求刺激仲裁庭作出裁决的原因与证明裁决合法性的原因相符，如果过于强调裁决的一致性要求，则会使仲裁庭忽视其自身的"真实性"观点，从而出现与诚挚性要求发生冲突的潜在可能性。[1]

因为投资仲裁裁决所欲实现的这些其他价值多是以仲裁员的自主性（独立性）为前提的，所以价值目标间的张力就变为先例使用的一致性追求与仲裁员的自由裁量权之间的矛盾。对于特定的案件来说，双方选定的仲裁员对本案有着高度的独立性和中立性，而一旦仲裁庭选择使用先例，则先例自身所释放出的一致性目标追求就会使仲裁员的独立性大打折扣，甚至最终演化成以前的仲裁庭作出了本案的裁决。从法理角度来看，先例使用的一致性追求与仲裁员的自由裁量权之间的矛盾实质上是律的稳定性与发展性这一法哲学上长久存在且很难解决的矛盾在国际投资法中的体现。

---

〔1〕　See Irene M. Ten Cate, "The Costs of Consistency: Precedent in Investment Treaty Arbitration", 51 *Colum. J. Transnat'l L.* 418, pp. 456-469.

三、先例使用的结果缺陷

（一）错案纠正机制的排斥

无论是国内案件还是国际争端，都有可能出现错误，国际投资争端当然也不例外。因此，就需要一个纠错机制来对国际投资仲裁中出现的不当裁决进行纠正。因为被纠错的裁决（可能）一般都不是孤立的，而是仲裁庭在援引先例并与先例保持一致的基础上做出的，所以这种纠正机制显然会导致与先前裁决不同的结果，即与援引先例的主要初衷——保证一致性和可预见性相违背。因此，如果过分强调一致性，则可能会阻止或排斥错案纠正机制的建立和运行。以 ICSID 为例，其裁决撤销程序就是目前唯一的错案纠正机制，尽管该程序对于阻止错案的出现效果不是很明显，而且近些年来，不断有学者建议对其进行改革（如建立上诉机制等），但是到目前为止，还是没有实质性进展，究其原因，除了一裁终裁制的考虑外，先例使用的一致性与可预见性价值追求所释放出的压力可能也是一个重要原因。一旦某个"错误"的裁决没有被审查出来而成为了"先例"，那么后继的类似案件裁决很可能就会援引该先例，从而会出现"一错再错"的情况。

不仅如此，假如错案纠正机制得以有效运转，某一个案件的裁决经过一段审查期最终被撤销，那么，该裁决就成为了"错案"。而由于该案从裁决作出到最终被撤销经过了一段较长的时期，在这一期间内，该裁决非常有可能被其他案件的裁决引用。于是，一旦作为先例的该裁决被认定为"错案"，那么援引该裁决且根据该裁决的推理而得出相似结论的其他案件的裁决都面临着被撤销的风险，或者如果引用之前裁决的裁决先被认定为"错案"而被撤销，则其所援引的之前的裁决一般难免遭遇被撤销的命运，从而会出现一系列连锁"撤销"反应。这一点在国际投资仲裁实践中得到了印证，如 2000 年来由阿根廷经济危机所导致的国际投资仲裁几十起案件中，就出现了裁决被连锁撤销的情况。这些案件有共同的背景：阿根廷当局为了尽可能地减少本国经济危机带来的危害，颁布了《紧急状态法》，采取了一系列诸如美元比索化等紧急措施，给在阿根廷的外国投资者带来了严重的经济损害，于是外国投资者纷纷向国际投资仲裁机构提起了仲裁请求，其中美国的 CMS 天然气公司、Enron 公司和

Sempra 公司也分别依据《美国—阿根廷 BIT》向 ICSID 提起了仲裁申请。CMS 案首先在 2007 年作出裁决裁定阿根廷须对 CMS 公司进行赔偿的裁决,[1] 其后的 Enron 案仲裁庭援引了 CMS 案的裁决得出相似的裁决。[2] 而在最后的 Sempra 案中,仲裁庭则在裁决中同时大量地引用了前两者的裁决,如在分析《美国—阿根廷 BIT》第 11 条例外条款时,同时引用了之前作出的 CMS 案和 Enron 案的相关裁决,其赞同这两个案件中对阿根廷提出的由于严重的国内经济危机而可以援引作为习惯国际法的国家危急情况条款抗辩的认定,即认为阿根廷所提出的这一抗辩不能成立。[3] 最终,Sempra 案仲裁庭作出了与前两个案件相似的裁决。然而,阿根廷对这三个案件的裁决非常不满,并很快分别提出了撤销程序。首先进入撤销程序的是 CMS 案,其专门委员会虽然最终并没有撤销原裁决,但还是指出了用国家危急情况条款解释《美国—阿根廷 BIT》第 11 条是错误的。[4] 2010 年 6 月 29 日 Sempra 案专门委员会作出了撤销决定,其理由之一便是援引了 CMS 案专门委员会关于《美国—阿根廷 BIT》第 11 条的认定,并最终认为由于原裁决对于该第 11 条的错误理解,从而导致了没有适用应该适用的法律,属于明显越权,从而撤销了原裁决。[5] 一个月后,Enron 案专门委员会同样援引了 CMS 案撤销裁决的相关认定,以明显越权为由撤销了原裁决。[6]

---

〔1〕 See CMS Gas Transmission Co. v. Argentine Republic, ICSID CASE NO. ARB/01/8, Award, 12 May 2005.

〔2〕 See Enron Corporation Ponderosa Assets L. P. v. Argentine Republic, ICSID Case No ARB/01/3, Award, 22 May 2007.

〔3〕 See Sempra Energy International v The Argentine Republic, ICSID CASE NO. ARB/02/16, Award, 28 September 2007, para. 346.

〔4〕 See CMS Gas Transmission Company v. The Argentine Republic, ICSID Case no. ARB/01/08 (annulment proceeding), Decision of the Ad Hoc Committee on the Application for Annulment of the Argentine Republic, 25 September 2007, paras. 129-130.

〔5〕 See Sempra Energy International v. The Argentine Republic. ICSID Case no. ARB/02/16 (Annulment Proceeding), Decision on the Argentine Republic's Request for Annulment of the Award, 29 June 2010, paras. 186-190.

〔6〕 See Enron Creditors Recovery Corp. Ponderosa Assets, L. P. v. The Argentine Republic, Decision on the Application for Annulment of the Argentine Republic, (ICSID Case No. ARB/01/3) (Annulment Proceeding) 30 July 2010, paras. 355-408.

尽管时间是漫长的、过程是曲折的，但是值得庆幸的是，上述错误先例的频繁使用所导致"错误"的"传递"，最终圆满地得以纠正。但是，欣喜之余，我们不能不对这种情况加以反思和重视，那就是关于什么是"错误的裁决"很多情况下实际上并没有什么绝对的标准，关于此，更多的是一种仁者见仁、智者见智的认定；由于许多"错案"有时具有很强的隐蔽性和迷惑性，以及这些"错案"很有可能得到广泛地使用。在这些因素的共同作用下，国际投资仲裁中的错案识别和纠正机制很有可能失灵。不仅如此，这些因素还为以后仲裁庭的"先例挑选"提供了可能。

（二）挑选先例

之所以会出现挑选先例的问题，除了明显的错误外，更多的是由某些尚不能确定的争议所引起的"相反"裁决。这些裁决至今在国际社会中还并不能用简单的正确和错误加以分辨，从而就为后继的投资仲裁提供了截然相反的先例。这样，仲裁庭在面对类似情形时，就有了挑选先例的可能性。如仲裁庭在关于最惠国待遇是否能够适用于争端解决程序事项时，实际上就面临着这样一个先例挑选的棘手问题。Maffezini v. Spain 案是第一个主张最惠国待遇可以适用于争端解决程序性事项且对其进行了较为详细论述的案件。[1] 其后的 Siemens v. Argentina 案中，仲裁庭在分析最惠国待遇的范围时，大量而详尽地援引了 Maffezini v. Spain 案裁决中的推理以及结论，最终得出结论认为，最惠国待遇有足够宽泛的外延，而可以将争端解决程序性条款包括进来。[2] 与之相反，Plama v. Bulgara 案中，仲裁庭经过分析认为，特殊条约中的争端解决条款的目的是为了解决该条约下的争端，不能推定缔约双方同意争端解决条款可以扩大适用，即将争端在完全不同背景下谈判形成的其他条约的争端解决条款包括进来。仲裁庭得出结论认为，原告不能将保加利亚作为缔约方的其他 BIT 中的争端解决条款适用于本案中[3]，从而在实际上否定了最惠国待遇条款可以

---

〔1〕 参见徐崇立：《从实体到程序：最惠国待遇适用范围之争》，载《法商研究》2007 年第 2 期，第 41-42 页。

〔2〕 See Simens A. G v. The Argentine Republic, Decision on Jurisdiction, ICSID Case No. ARB/02/8, 3 August 2004, paras. 33-103.

〔3〕 See Plama Consortium Limited v. Republic of Bulgaria, ICSID Case No. ARB/03/24, Decision on Jurisdiction, 8 February 2005, paras. 207, 227.

适用于争端解决程序性事项。2006 年的 Telenor v. Hungary 案仲裁庭在裁决中，援引了 Plama v. Bulgaria 案关于最惠国待遇的分析，并指出本仲裁庭完全支持 Plama 案中推理，从而得出结论认为，最惠国待遇条款不能被用来将仲裁庭的司法管辖权扩展到除征收以外的其他请求类别[1]。从而也否定了最惠国待遇条款可以扩展适用于争端解决程序性事项。

挑选先例的情形同样出现在争论较大的有关保护伞条款的案件中，一般认为自 SGS v. Pakistan 案和 SGS v. Philippine 案之后，国际投资仲裁实践关于保护伞条款就出现了截然不同的认定，即前者认为《瑞士—巴基斯坦 BIT》中的保护伞条款不能将巴基斯坦违反其与 SGS 公司的货物装运前检验合同的行为转换为对该投资条约的违反；[2] 而后者则认为菲律宾政府违反与 SGS 公司货物转运前检验服务合同的行为可以由《瑞士—菲律宾 BIT》保护伞条款转化为对该条约的违反。[3] 在此之后，国际投资仲裁关于保护伞条款的认定就出现了分野。凡是涉及对保护伞条款认定的案件，仲裁庭几乎都对这两个 SGS 案的裁决进行分析，从中选择其中一个他们自认为"更具说服力"的路径。例如在 Eureko v. Republic of Poland 案中，仲裁庭分别对 SGS v. Pakistan 案和 SGS v. Philippine 案裁决中的推理进行了分析，认为前者的推理不能使人信服，从而最终选择了 SGS v. Philippine 案裁决的路径。[4] 关于保护伞条款认定先例挑选更有代表性的是 CMS Gas Transmission Co. v. Argentine Republic 案、El Paso Energy Int'l Co. v. Argentine Republic 案和 Pan American Energy LLC v. Argentine Republic 案，因为这三个案件涉及的保护伞条款是完全相同的——《美国—阿根廷 BIT》第 2 (2) (c) 条。CMS 案仲裁庭首先作出裁决认为该保护伞条款将合同义务转化为条约义务；[5] 而其后两个案件的仲裁庭在认定该保护伞条款时

---

〔1〕　See Telenor Mobile Communications A. S. v. Republic of Hungary. ICSID Case No. ARB/ 04/ 15. Award, 13 September 2006, paras. 99-100.

〔2〕　See SGS Société Générale de Surveillance S. A. v. Islamic Republic of Pakistan, Case No. ARB/01/13, Decision of the Tribunal on Objections to Jurisdiction, paras. 163-173.

〔3〕　See SGS Société Générale de Surveillance S. A. v. Republic of the Philippines, Case No. ARB/02/6, Decision of the Tribunal on Objections to Jurisdiction, paras. 113-139.

〔4〕　Eureko B. V. v. Republic of Poland, Partial Award, 19 August 2005, para. 257.

〔5〕　See CMS Gas Transmission Co. v. Argentine Republic, ICSID CASE NO. ARB/01/8, Award, 12 May 2005, para. 303.

先明确表明自己遵循了之前重要先例，但是这些重要的先例却并不包括与之涉及完全相同条款的 CMS 案裁决，最终两个仲裁庭都认为该保护伞条款并不能将合同义务上升为条约义务。[1] 显然，后面两个仲裁庭采取了非常明显的先例挑选。因此，截然相反的裁决的作出很有可能为后来的仲裁庭提供可供挑选的素材。从一定程度上来看，先例使用的现状是破碎化的。[2]

第四节　先例使用的评价及启示

综上所述，随着大陆法系和英美法系的逐渐融合，国际投资仲裁中仲裁庭在注重对条约文本自身进行分析的同时，还注重先例的使用。在这种大趋势下，国际投资仲裁中的先例在实践中得到越来越普遍的使用（援引）：不仅仲裁庭在裁决中大量地使用先例，而且原告和被告也开始在争辩过程中使用先例。先例使用的作用也越来越重要：仅就仲裁裁决来说，先例的使用至少发挥了说服性功能和一致性功能，对仲裁庭的推理提供了有力的支撑，从而对最终的裁决也产生了重要的和不可忽视的作用。有学者甚至认为先例的使用实际上形成了一种事实上的判例法系统，仲裁庭依赖先例并将它们认为是准权威的表现。[3]

但是，我们必须看到投资仲裁中先例的使用的确存在法律支撑的缺失，因此，目前国际投资仲裁中先例的使用还绝不是法律上的遵循先例（或曰普通法意义上的遵循先例），其被看作是事实上的遵循先例（De Facto Precedent）更

---

〔1〕　See EI Paso Energy International Company v. The Argentine Republic, ICSID Case No. ARB/03/15, Decision on Jurisdiction, 27 April 2006, paras. 65-88; Pan American Energy LLC, and BP Argentina Exploration Company, The Argentine Republic Respondent, ICSID Case No. ARB/04/8, Decision on Preliminary Objections, 27 July 2006, paras. 110-116.

〔2〕　See Pedro J. Martinez-Fraga, Harout Jack Samra, "The Role of Precedent in Defining Res Judicata in Investor-State Arbitration", *Northwestern Journal of International Law & Business*, Vol. 3, Issue 3, p. 449.

〔3〕　See August Reinisch, "The Role of Precedent in ICSID Arbitration", http://investmentarbitration. univie. ac. at/fileadmin/user_ upload/int_ beziehungen/Personal/Publikationen_ Reinisch/role_ precedents_ icsid_ arbitrationaayb_ 2008. pdf, p. 13.

为合适。[1] 而且，使用先例的方法（归纳和类推）存在的逻辑推理上的缺陷、先例使用的其他缺陷，如先例使用的一致性价值追求的基本预设与其他价值（诸如准确性、诚挚性和透明度等）的张力、援引先例对错案纠正机制的排斥以及挑选先例的不良后果使得投资仲裁中的先例作用大打折扣。因此，就目前先例使用的情形来看，不会出现习惯国际投资法。[2] 而至于未来先例使用的作用会发生什么变化（是更大还是变小）可能最终还取决于现实的需要。[3]

因此，对于国际投资仲裁中的先例使用，我们应该以一种客观务实的态度加以对待，既不要盲目崇拜，也不要掉以轻心。[4] 对国际投资仲裁机构来说，应该注意以下三点：首先，先例的使用要更加严谨。具体而言，仲裁机构应该对想要使用的先例进行彻底的分析，从而对先例与当前的案件之间的相似度进行科学合理的鉴定。[5] 具体包括：①先前案例与当前案例在所有相关的因素方面有多大程度的"相似性"；②在一个特别的法律问题上，确定的法理一致性的程度；③仲裁庭对先前仲裁庭推理的说服性的独立的评估。[6] 总之，在具体的裁决中使用先例时，要注意分辨案件之间的事实和背景，不能将事实和所依据的法律完全不同的，且与所审理案件没有相关性的先例应用到仲裁推理过程中。其次，国际仲裁机构还应该加强对先例的识别，从而进一步解决先例的发展功能与控制功能之间的张力（亦即国际投资法制的发展性与稳定性之间

---

〔1〕　See Zachary Douglas, "Can a Doctrine of Precedent Be Justified in Investment Treaty Arbitration?", *ICSID Review* (2010) 25 (1): 104−110, p. 105.

〔2〕　See Justin D'Agostino, Iain Maxwell, Mike McClure and Deborah Wilkie, "A Discussion on the Use of Precedents in International Investment Arbitration and its Consequences, Does the Evolving Practice of Relying on Previous Investment Arbitration Awards Represent the Birth of a Customary International Law on Investment?", http://www.sccinstitute.com/filearchive/4/40956/Justin%20D'Agostino_ Report.pdf, p. 26, 35.

〔3〕　See J. Romesh Weeramantry, "The Future Role of Past Awards in Investment Arbitration", *ICSID Review* (2010) 25 (1): 111−124, p. 124.

〔4〕　See Gilbert Guillaume, "The Use of Precedent by International Judges and Arbitrators", *Journal of International Dispute Settlement*, Vol. 2, No. 1 (2011), pp. 5−23, p. 5.

〔5〕　See Domenico Di Pietro, "The Use of Precedents in ICSID Arbitration: Regularity or Certainty?", *Int. A. L. R.* (2007) 10 (3): 92−103, p. 103.

〔6〕　See Daimler Financial Services AG v. Argentine Republic, ICSID Case No. ARB/05/1, Award, 22 August 2012, para. 52.

的张力）。[1] 最后，加强对先例系统的管理。要想尽可能多地发挥先例的作用，从而将事实上的遵循先例的利益最大化，则对之前的案例进行研究和管理是一个必不可少的、更为基础性的工作。[2]

对中国来说，应该加大对先例的系统性研究。改革开放四十多年来，中国经济经过持续稳定发展已经成为世界第二大经济体，成绩斐然，但是从另一个角度来看，中国作为东道国被诉至国际投资仲裁机构以及作为外国投资者受到其他国家的侵害的风险概率很高。而且，由于近些年来，国际经济环境并不稳定，上述风险概率也随之提高。事实上，中国作为被告被诉以及中国投资者的权益受到其他国家侵害的案件均已经出现，[3] 因此，加大对国际投资仲裁的研究实际上已经迫在眉睫。这当然必须包括对在投资仲裁中被普遍使用且发挥重要作用的先例的研究。近些年来，很多学者在有关国际投资法的论著中，都或多或少地对投资仲裁的案例进行了研究。但是，不得不承认这种对于先例的研究还处于初始阶段、不自觉阶段、间接性阶段或零散性阶段。这一现状明显与中国的经济地位不相匹配，而且也不能很好地应对随时可能发生的投资争端，从而很容易在仲裁中处于被动地位，损害中国的利益。因此，加大对于投资仲裁中先例问题，尤其是先例使用问题的系统性研究，符合中国的国情和利

---

〔1〕 See Tai-Heng Cheng, "Precedent and Control in Investment Treaty Arbitration", 30 *Fordham Int'l L. J.* 1014, p. 1020, pp. 1047-1048.

〔2〕 See Lucy Reed, "The De Facto Precedent Regime in Investment Arbitration: A Case for Proactive Case Management", *ICSID Review* (2010) 25 (1): 95-103, p. 100.

〔3〕 中国为被申请人的投资仲裁案件包括：①Ekran Berhad v. China, ICSID Case No. ARB/11/15；②Ansumg Housing Co. Ltd. v. China, ICSID Case No. ARB/14/25；③Hela Schwarz GmbH v. China, ICSID Case No. ARB/17/19。中国投资者为申请人的投资仲裁案件包括：①Tza Yap Shum v. Peru, ICSID Case No. ARB/07/6；②Sanum Investments Limited v. The Respondent is the Government of the Lao People's Democratic Republic, PCA Case No. 2013-13, Award, 13 December 2013；③Standard Chartered Bank (Hong Kong) Limited v. Tanzania Electric Supply Company Limited, ICSID Case No. ARB/10/20；④Ping An Life Insurance Company of China, Limited v. Belgium, ICSID Case No. ARB/12/29；⑤Philip Morris Asia Limited v. the Commonwealth of Australia, Award on Jurisdiction and Admissibility, PCA Case No. 2012-12, 17 December 2015；⑥China Heilongjiang International Economic & Technical Cooperative Corp., Beijing Shougang Mining Investment Company Ltd., and Qinhuangdaoshi Qinlong International Industrial Co. Ltd. v. Mongolia, Award, UNCITRAL, PCA, 30 June 2017；⑦Beijing Urban Construction Group Co. Ltd. V. Yemen, ICSID Case No. ARB/14/30；⑧Standard Chartered Bank (Hong Kong) Limited v. Tanzania, ICSID Case No. ARB/15/41；⑨Sanum Investments Limited v. Lao, ICSID Case No. ADHOC/17/1。

益。应该注意的是，这里的系统性研究，其一，应该对国际投资仲裁案例（包括仲裁裁决、撤销裁决等）进行全面准确地翻译引介，这是最为基础性的工作。有学者认为：国际投资仲裁裁决的数量太大，而且呈现出飞速增长之势，要对全部投资裁决进行分析工作量太大，因此主张引进"达尔文竞争"（Darwinian struggle）机制，[1] 即对之前的裁决通过一定的机制进行筛选，将"质量高"的裁决留下，将其他裁决排除，这样可以节省很多精力。这种思路理论上是对的，但是具体操作起来可能存在如何判断"好"的裁决。因此，笔者认为，在还没有客观标准对裁决进行有效筛选的情况下，对先例进行全面的研究不失为万全之策。其二，逐案对投资仲裁案例中仲裁庭的逻辑推理思路，尤其对案件中仲裁庭援引先例的思路进行详细分析。其三，按照重要条款、国别、相似案情等将案例进行分类，然后对不同分类的各个案件中仲裁庭所援引的先例加以统计与深入分析。其四，在上述分析的基础上，对先例的援引对最终结果的影响进行研究和评估。其五，针对不同的争端分别提出适合中国利益的先例使用的应对方案，从而做到未雨绸缪。

---

[1] See Judith Gill Q. C. , "Is There a Special Role for Precedent in Investment Arbitration?", *ICSID Review* (2010) 25 (1)：87-94, pp. 91-94, also see Alejandro A. Escobar, Latham & Watkins, "The Use of ICSID Precedents by ICSID and ICSID Tribunals", http：//www. biicl. org/files/917_ alejandro_ escobar_ -_ precdent. pdf.

第十章 比例原则

比例原则主要解决政府特定行为的"目的"与为实现目的而采取的"手段"之间的关系，是调整公权力行为目的与手段之间关系的基本原则。[1] 更为具体地讲，比例原则要求政府行为的目的与手段之间应存在一定的"比例"关系，即政府采取的行为所带来的利益不应该低于付出的成本。一般而言，比例原则包括三个子原则：适当性原则、必要性原则和狭义比例原则或均衡性原则。适当性原则强调政府行为是否服务于或能促进政府目的的实现；必要性原则强调实现目的的政府措施应该是必要的，即不存在既能实现政府目的，同时造成损害较少的政府措施。狭义比例原则强调国家措施带来的损害与政府目的的重要性之间的平衡。[2]

《维也纳条约法公约》第31条，尤其是第31（3）（c）条（"适用于当事国间关系之任何有关国际法规则"）为比例原则在国际投资仲裁中的适用提供了主要的合法性依据。[3] 实践中，国际投资争端各方还可能会援引比例原则作为其申诉的一部分。如在 Al Tamimi 诉阿曼案中，申请人辩称，比例是习惯国际法的一部分，也是《阿曼—美国自由贸易协定》中国际最低待遇标准的一部分。美国对此进行强烈的反对，认为习惯国际法的最低待遇标准不包括一般比例义务，而且比例本身也并不是习惯国际法中的独立义务（a self-standing obli-

---

〔1〕 刘权：《目的正当性与比例原则的重构》，载《中国法学》2014 年第 4 期，第 149 页。
〔2〕 杨临宏：《行政法学中的比例原则研究》，载《法制与社会发展》2001 年第 6 期，第 42 页。
〔3〕 Gebhard BÜCheler, *Proportionality in Investor - State Arbitration*, Oxford University Press, 2015, pp. 84-121.

gation)。[1] 仲裁庭并未对该问题做出裁决。[2] 可见，国际投资仲裁中比例原则的认定问题存在较大争议，需要进一步深入跟踪研究。本章仅对比例原则在间接征收认定、公平公正待遇认定以及例外条款认定中的适用情况做简要描述。

第一节　比例原则在间接征收认定中的适用

在 Tecmed 诉墨西哥案中，仲裁庭指出，在确定了国家规制行动和措施不能从一开始就排除于征收定义之外，加之这些行为或措施确实造成了负面财政影响，因此为了确定这些行为或措施是否具有征收的特征，仲裁庭需要考虑该类行为或措施是否与其所要保护的公共利益以及对条约所保护的投资造成的影响成比例（即进行"适当性"考察），仲裁庭同时也考虑到此类影响的重要性对决定比例性具有关键作用。尽管仲裁庭应尊重国家采取的维护公共政策或社会利益的行为或措施，但这不能妨碍其根据《墨西哥—西班牙 BIT》第5.1条的规定对国家行为进行审查，从而确定该行为对其目标的实现与对因征收造成的损害的投资者是否合理（狭义"比例原则"）。仲裁庭认为，对外国投资者征收的费用或负担与通过任何征收措施实现的目标之间必须存在合理的比例关系。[3] 综上所述，墨西哥国家生态研究机构危险材料、废物和活动司（INE）拒绝续签许可证的主要原因是社会或政治环境及其对市政和州当局以及 INE 造成的压力，因此，为了确定被申请人是否违反了《墨西哥—西班牙 BIT》第5.1条，有必要对这些原因作为一个整体进行评估，以便确定该决议［Resolution，1998 年 11 月 INE 做出的拒绝 Cytrar（依据墨西哥法律成立的公司，Tec-

---

〔1〕　Adel A Hamadi Al Tamimi v. Sultanate of Oman (ICSID Case No. ARB/11/33), Award, 3 November 2015, paras. 260-261.

〔2〕　Adel A. Hamadi Al Tamimi v. Sultanate of Oman (ICSID Case No. ARB/11/33), Award, 3 November 2015, para. 239.

〔3〕　Técnicas Medioambientales Tecmed, S. A. v. The United Mexican States, ICSID Case No. ARB (AF) /00/2, Award, 29 May 2003, para. 122.

med 拥有其 99% 的股份）对垃圾填埋场的运营授权并下令关闭垃圾填埋场的决议〕是否与对 Cytrar 权利的剥夺以及因这种剥夺而对经济造成的负面影响成比例。[1] 最终，仲裁庭裁定决议及其效果构成了《墨西哥—西班牙 BIT》第 5 条规定的征收。[2] 该案中，仲裁庭采用了比例原则子原则中的"适当性"原则和狭义"比例原则"（平衡原则）来衡量国家行为是否构成间接征收。

LG&E 诉阿根廷案中，仲裁庭在审理涉及间接征收的问题时，也采用了比例原则，其指出：本案中涉及投资者法律地位以及所承受的实际影响的事实以及享有投资所有权和使用权的可能性对确定间接征收具有决定性作用。问题是，是否仅考虑措施产生的影响就足够了，或者是否还应考虑采取措施的背景和东道国的目的（狭义"比例原则"），本仲裁庭认为，在分析某项措施是否具有征收性质需要通过平衡的路径进行分析。区分国家采取政策的权利和采取征收措施的权力尤为重要。[3]

比例原则在征收认定中的主要作用在于，既强调国家行为或措施给投资者带来的损害，又强调国家行为或措施所要实现的目的。比例原则试图在两种利益之间寻求一种平衡。实际上，关于征收一直有"唯效果论"和"治安权"（police power）之争，比例原则试图在两个相反的观点中找到某种平衡。

如在 Philip Morris 诉乌拉圭案中，仲裁庭审议了乌拉圭的香烟包装措施、单一展示条例（Single Presentation Regulation，SPR）和 80/80 条例是否构成间接征收。仲裁庭认为"通过 SPR 和 80/80 条例是为了履行乌拉圭保护公共卫生的国家和国际法律义务"。仲裁庭还注意到，采取的措施符合一般提及的执行管制的条件，特别是"采取的措施必须是为保护公共福利，必须是非歧视性的和成比例的"。这些措施"是乌拉圭为保护公共卫生而有效行使其治安权的行

---

〔1〕 Técnicas Medioambientales Tecmed, S. A. v. The United Mexican States, ICSID Case No. ARB (AF) /00/2, Award, 29 May 2003, para. 132.

〔2〕 Técnicas Medioambientales Tecmed, S. A. v. The United Mexican States, ICSID Case No. ARB (AF) /00/2, Award, 29 May 2003, para. 151.

〔3〕 LG & E Energy Corp. , LG&E Capital Corp. , and LG & E International, Inc. v. Argentine Republic, ICSID Case No. ARB/02/1, Decision on Liability, 3 October 2006, para. 194.

为",因此,仲裁庭驳回了征收诉求。[1] 又如在 WNC 诉捷克共和国案中,申请人主张被申请人采取的几项措施导致构成了对申请人投资的间接征收,并导致了申请人的公司破产。被申请人认为,被指控的中央银行冻结了该公司的账户是基于"虚假和无根据的指控"。[2] 对此,仲裁庭认定中央银行的决定是对涉嫌洗钱的治安权的正常行使,并且被申请人是出于公共目的,以比例和非歧视性的方式真诚地行使其权力。[3]

再如,在 PL Holdings 诉波兰案中,仲裁庭认为东道国银行监管机构采取的某些措施构成间接征收。通过禁止投资者行使股东投票权和无限制地处置其投资,监管机构的措施严重限制了构成所有权基本要素的权利,在某种程度上构成了征收。[4] 在得出东道国的措施构成征收的结论后,[5] 仲裁庭开始考虑这些措施是否成比例。申请人援引作为欧盟和波兰法律的一部分的比例原则,认为被挑战的措施是"武断的、不适当的、与据称服务的公共目的不相称的,且不是善意的"。被申请人辩称对征收诉求的比例分析主要基于波兰法律。申请人和被申请人都提出,要用之前仲裁庭所采用的比例测试的建议。[6] 仲裁庭指出在管辖权中使用比例原则在很大程度上是相似的。[7] 仲裁庭审查了每一项有争议的措施是否① "从性质上看适合实现合法的公共目的";② "实现这一目标的必要条件是,不存在任何一项造成更少损害的措施";③ "措施造

〔1〕 Philip Morris Brand Sarl (Switzerland), Philip Morris Products S. A. (Switzerland) and Abal Hermanos S. A. (Uruguay) v. Oriental Republic of Uruguay (ICSID Case No. ARB/10/7), Award, 8 July 2016, paras. 302, 305, 307.

〔2〕 WNC Factoring Ltd (WNC) v. The Czech Republic (PCA Case No. 2014-34), Award, 22 February 2017, para. 389.

〔3〕 WNC Factoring Ltd (WNC) v. The Czech Republic (PCA Case No. 2014-34), Award, 22 February 2017, paras. 394-395.

〔4〕 PL Holdings S. a. r. l. v. Poland (SCC Case No. 2014/163), Partial Award, 28 June 2017, para. 320.

〔5〕 PL Holdings S. a. r. l. v. Poland (SCC Case No. 2014/163), Partial Award, 28 June 2017, paras. 320-323.

〔6〕 PL Holdings S. a. r. l. v. Poland (SCC Case No. 2014/163), Partial Award, 28 June 2017, paras. 248-278.

〔7〕 PL Holdings S. a. r. l. v. Poland (SCC Case No. 2014/163), Partial Award, 28 June 2017, para. 355.

成的损害不过分超过其带来的好处"。在本案中适用该比例测试，仲裁庭裁决被申请人的措施既不合适、不必要，也不成比例。[1]

第二节　比例原则在公平公正待遇认定中的适用

比例原则在公平公正待遇认定中的适用主要体现在对投资者的合理期待与东道国公共利益的平衡方面，即主要采用狭义比例原则（强调国家措施带来的损害与政府目的的重要性之间的平衡）作为分析工具。

如在 Saluka 诉捷克案中，仲裁庭指出：要确定捷克共和国是否违反《捷克—荷兰 BIT》第 3.1 条公平公正待遇条款，既要权衡申请人的合法与合理期待，又要权衡被申请人的合法监管利益。受《捷克—荷兰 BIT》保护的外国投资者可能在任何情况下都会期待捷克通过行为善意地执行其政策，即公共政策应尽可能合理正当地影响投资者的投资，并且执行政策的行为没有违反一致性、透明性、中立和非歧视的要求。特别是，对外国投资者的任何差别待遇不得以不合理的区别和要求为基础，并必须证明其与合理的政策之间存在合理的关系。[2]

又如在 Parkerings 诉立陶宛案中，仲裁庭指出：行使主权立法权是每个国家不可否认的权利和特权。国家有权自行制定、修改或者撤销法律。除了存在以稳定条款或其他形式达成的协议外，并无任何理由反对国家修改在投资者做出投资决定时所实行的规则框架。任何商人或投资者都知道法律会随着时间的推移而发展。投资者进行投资时对监管框架所作的修改并无任何异议。事实上，任何商人或投资者都知道法律会随着时间的推移而发展。只有不公平、不合理、不公正地行使国家立法权的情形才是被禁止的。[3] 原则上，投资者有

---

[1] PL Holdings S. a. r. l. v. Poland (SCC Case No. 2014/163), Partial Award, 28 June 2017, paras. 373-391.

[2] Saluka Investments B. V. v. The Czech Republic, UNCITRAL, Partial Award, 17 March 2006, paras. 306-307.

[3] Parkerings-Compagniet AS v. Republic of Lithuania, ICSID Case No. ARB/05/8, Award, 11 September 2007, para. 332.

权要求投资的法律环境具有一定的稳定性和可预测性。只要投资者尽职尽责，
其合法预期是合理的，投资者将有权要求保护其合法预期。投资者必须预见
到，情况可能发生变化，从而对其投资进行结构调整，以适应法律环境的潜在
变化。[1]

再如 Blusun 诉意大利案中，投资者认为意大利修改上网电价的方案违反了
FET 义务，从而破坏了他们投资的法律和监管框架的稳定性，并导致其在意大
利南部的太阳能项目最终清算。[2] 仲裁庭驳回了这些主张，注意到尽管《能
源宪章条约》（ECT）第 10（1）条规定各国必须"创造稳定、公平、有利和
透明的条件"，但也"保留东道国监管机构根据作出的具体承诺，制定和更改
其法律和法规以适应不断变化的需要，包括财政需要"。关于补贴的发放，如
上网电价，仲裁庭指出，"如果有必要对其进行修改，则应以与立法修正目标
成比例的方式进行。应适当考虑到在先前制度基础上可能投入大量资源的接受
者的合理信赖利益"。[3] 仲裁庭在审查了意大利所采取的措施后，认为对上网
电价方案的更改是真诚的，且并非不成比例。[4] 此外，仲裁庭指出，本案中
不存在合理预期的问题，因为意大利政府并未明确承诺相关规定不会改变。[5]
通过援引 Charanne and Construction Investments 诉西班牙、El Paso 诉阿根廷以及
Philip Morris 诉乌拉圭案，仲裁庭指出东道国的一般承诺或立法本身并不等于
能够产生合法预期的承诺。[6] 虽然国家有义务不以不成比例的方式作出改变，
但仲裁庭认为情况发生变化，在没有具体承诺的情况下，改变的风险应由企业

〔1〕 Parkerings-Compagniet AS v. Republic of Lithuania, ICSID Case No. ARB/05/8, Award, 11 September 2007, para. 333.

〔2〕 Blusun S. A. , Jean-Pierre Lecorcier and Michael Stein v. Italian Republic（ICSID Case No. ARB/14/3）, Award, 27 December 2016, para. 170.

〔3〕 Blusun S. A. , Jean-Pierre Lecorcier and Michael Stein v. Italian Republic（ICSID Case No. ARB/14/3）, Award, 27 December 2016, para. 319（4）（5）.

〔4〕 Blusun S. A. , Jean-Pierre Lecorcier and Michael Stein v. Italian Republic（ICSID Case No. ARB/14/3）, Award, 27 December 2016, paras. 329-330, 342-343, 350.

〔5〕 Blusun S. A. , Jean-Pierre Lecorcier and Michael Stein v. Italian Republic（ICSID Case No. ARB/14/3）, Award, 27 December 2016, paras. 372, 374.

〔6〕 Blusun S. A. , Jean-Pierre Lecorcier and Michael Stein v. Italian Republic（ICSID Case No. ARB/14/3）, Award, 27 December 2016, paras. 367-369, 371.

家评估和承担。[1]

第三节 比例原则在例外条款认定中的适用

非排除措施条款（Non-Precluded Measures clause，以下简称 NPM 条款）是国际投资条约中的"例外条款"。如《美国—阿根廷 BIT》第 11 条规定："本条约不应排除缔约任何一方为了维护公共秩序，履行其维护或恢复国际和平或安全的义务，或保护其根本安全利益所采取的必需措施。"

实际上例外条款本身就包含比例原则。一方面，例外条款往往是国家（政府）为了公共利益（目的）采取的措施，符合比例原则中的"适当性原则"；另一方面，例外条款中往往有"必需的"（necessary）要求，符合比例原则中的"必要性原则"。CMS 诉阿根廷案、Enron 诉阿根廷案以及 Continental 诉阿根廷案中关于"必要性测试"的认定，直接体现了比例原则的适用。

一、CMS 诉阿根廷案

CMS 是于 2001 年在美国密歇根州成立的一家天然气输送公司。2001 年 7 月 26 日，CMS 以阿根廷为被申请人向 ICSID 提交了仲裁申请，主张阿根廷颁布的《紧急状态法》所规定的暂停天然气输送的税收调整框架、天然气价格比索化等措施违反了《美国—阿根廷 BIT》的规定。[2]

阿根廷在其管辖权异议被驳回后，提出了《美国—阿根廷 BIT》第 11 条"例外条款"进行抗辩，其认为根据《美国—阿根廷 BIT》第 11 条的规定，只要满足了其中的构成要件，那么阿根廷采取的措施就不能被认定为不法行为，

---

[1] Blusun S. A., Jean-Pierre Lecorcier and Michael Stein v. Italian Republic (ICSID Case No. ARB/14/3), Award, 27 December 2016, paras. 372-373.

[2] See CMS Gas Transmission Co. v. The Argentine Republic, ICSID CASE NO. ARB/01/8, Award, 12 May 2005, paras. 4-52.

从而也就不必为该行为所导致的外国投资者的损害赔偿。[1] 仲裁庭通过援引作为习惯国际法的《国家对国际不法行为的责任条款草案》（以下简称"《国家责任条款》"）第 25 条 "国家危急情况" 条款（Necessity Clause，以下简称"Necessity 条款"）[2] 对《美国—阿根廷 BIT》第 11 条的 "例外条款" 进行解释。仲裁庭从四个方面对《美国—阿根廷 BIT》第 11 条 "例外条款" 进行了分析，实际上涉及对阿根廷采取措施的必要性进行权衡。[3] 这尤其体现在分析阿根廷采取措施的目的是否满足时，仲裁庭指出阿根廷经济危机并未导致整个经济和社会的衰落，因此在该经济状况下，阿根廷采取的措施并非是唯一的，即还有其他可以选择的方法。而申请人的经营活动原本也可以照常进行。[4]

二、Enron 诉阿根廷案

2001 年 2 月 26 日，美国 Enron 公司以阿根廷政府针对外国投资者所采取的一系列措施违反了《美国—阿根廷 BIT》为由，将阿根廷诉诸 ICSID，希望 ICSID 裁定阿根廷的措施违反了其条约义务，并且赔偿其所遭受的损失。[5] 仲裁庭指出《国家责任条款》第 25 条 "Necessity 条款" 有着非常严苛的适用条件：一是国家保护基本利益不受严重和迫在眉睫的危险损害。国家（政府）有义务采取相应措施来防止情况的恶化，但是国家（政府）采取抵消正在发生的

---

〔1〕 See CMS Gas Transmission Co. v. The Argentine Republic, ICSID CASE NO. ARB/01/8, Award, 12 May 2005, paras. 304-308, 344-352.

〔2〕 国际法委员会（International Law Commission）起草的《国家对国际不法行为的责任条款草案》第 25 条 "国家危急情况" 条款被认为是习惯国际法，其规定 "1. 一国不得援引危急情况作为理由解除不遵守该国某项国际义务的行为的不法性，除非：（a）该行为是该国保护基本利益，对抗某项严重迫切危险的唯一办法；而且（b）该行为并不严重损害作为所负义务对象的一国或数国或整个国际社会的基本利益。2. 一国不得在以下情况下援引危急情况作为解除其行为不法性的理由：（a）有关国际义务排除援引危急情况的可能性；或（b）该国促成了该危急情况"。

〔3〕 See CMS Gas Transmission Co. v. The Argentine Republic, ICSID CASE NO. ARB/01/8, Award, 12 May 2005, paras. 353-377.

〔4〕 See CMS Gas Transmission Co. v. The Argentine Republic, ICSID CASE NO. ARB/01/8, Award, 12 May 2005, paras. 355-356.

〔5〕 Enron Corporation Ponderosa Assets LP v. The Argentine Republic, ICSID Case No ARB/01/3, A-ward, 22 May 2007, paras. 1-40.

危机的措施必须是实现这一目的的"唯一途径"（only way），而且没有其他替代办法。实践经验表明，总是有很多方法来处理经济危机。该案很难证明满足该要求。二是"行为并不严重损害作为所负义务对象的一国或数国或整个国际社会的基本利益"。三是国家危急情况若是国家行为导致，则不能援引"Necessity 条款"来免责。[1]

因为《美国—阿根廷 BIT》第 11 条"例外条款"并非自行判断标准，所以仲裁庭就认定需要依据《国家责任条款》第 25 条"Necessity 条款"的构成要件对本案进行分析。在分析第一个要件时，仲裁庭指出《美国—阿根廷 BIT》并没有给出根本安全利益、维持国际和平与安全的定义，对于根本安全利益的界定就需要依赖于作为习惯国际法《国家责任条款》第 25 条"国家危急情况"条款的要件。[2] 根据分析，仲裁庭考虑了《国家责任条款》第 25 条"Necessity 条款"中关于"行为并不严重损害作为所负义务对象的一国基本利益的行为"，认为因为对申请人的损害确实存在，所以阿根廷不能援引《美国—阿根廷 BIT》第 11 条"例外条款"进行免责。[3] 显然，该案中仲裁庭在分析《美国—阿根廷 BIT》第 11 条"例外条款"时，明确直接将《国家责任条款》第 25 条"Necessity 条款"的三个构成要件纳入进来，从而在分析阿根廷采取的措施的目的与措施带来的损害时，实际上进行了比例的权衡。

三、Continental 诉阿根廷案

美国 Continental 公司 2003 年 1 月 17 日以阿根廷为被申请人向 ICSID 提起仲裁申请，主张阿根廷自 2001 年 12 月起采取的一系列资本控制措施（银行冻结令、比索贬值、以美元计价的合同和存款的比索化、延期支付以及政府金融

---

〔1〕 Enron Corporation Ponderosa Assets LP v. The Argentine Republic, ICSID Case No ARB/01/3, Award, 22 May 2007, paras. 303-313.

〔2〕 See Enron Corporation Ponderosa Assets LP v. The Argentine Republic, ICSID Case No ARB/01/3, Award, 22 May 2007, paras. 333-334.

〔3〕 Enron Corporation Ponderosa Assets LP v. The Argentine Republic, ICSID Case No ARB/01/3, Award, 22 May 2007, paras. 331-342.

工具的重组等）违反了《美国—阿根廷 BIT》的相关规定。[1]

阿根廷除了对 Continental 提出的主张进行反驳外，还提出了《美国—阿根廷 BIT》第 11 条例外条款进行抗辩。关于此，仲裁庭提出，应该运用已经形成较为"稳定"构成要件的 GATT/WTO 中的例外条款来对例外条款进行解释。[2] 仲裁庭援引了韩国牛肉案中 WTO 上诉机构关于《关税与贸易总协定》（GATT）第 20 条"一般例外"第 4 款中"必需的"论述。[3] 在如何确定一个措施不是必不可少的，但依然可能是"必需的"方面，仲裁庭继续援引 EC Tyres 案专家组裁决中的裁决对此进行解释。[4]

在阐明了 GATT/WTO 法例外条款所应具有的要素后，仲裁庭就开始运用他们对例外条款进行解释。仲裁庭指出在 2001 年年末的经济和金融形势下，阿根廷政府所采取的措施从防止金融经济崩溃、积极应对危机角度看，存在一定程度的不可避免性和必不可少性。也就是说，这些措施与其欲达到的这些效果之间是有真实的因果关系的。[5] 接着，仲裁庭开始逐一地判断阿根廷采取的上述四种"资本控制体制"措施是否是可以替代的，即是否还有其他可以选择的措施。经过仔细地分析，仲裁庭认为，除了财政短期证券（"Treasury Bills"或"LETEs"）重组外，阿根廷采取的其他所有措施都是不可替代的。[6] 因此，仲裁庭最终得出结论认为，阿根廷可以援引《美国—阿根廷 BIT》第 11 条证明其采取的措施是合法的。

尽管具体的路径存在分歧，但是 CMS 诉阿根廷案、Enron 诉阿根廷案以及

---

〔1〕 See Continental Casualty Company v. The Argentine Republic, ICSID Case No. ARB/03/9, Award. 5 September 2008, paras. 1-20.

〔2〕 See Continental Casualty Company v. The Argentine Republic, ICSID Case No. ARB/03/9, Award, 5 September 2008, para. 192.

〔3〕 See Report of the Appellate Body, Korea-Measures Affecting Imports of Fresh, Chilled and Frozen Beef, WT/DS161/AB/R, WT/DS169/AB/R, 11 December 2000, para. 161.

〔4〕 See Continental Casualty Company v. The Argentine Republic, ICSID Case No. ARB/03/9, Award, 5 September 2008, para. 194; also see Report of the Panel, Brazil -Measures Affecting Imports of Retreaded Tyres, WT/DS332/R, 12 June 2007, para. 7.104.

〔5〕 See Continental Casualty Company v. The Argentine Republic, ICSID Case No. ARB/03/9, Award, 5 September 2008, para. 197.

〔6〕 See Continental Casualty Company v. The Argentine Republic, ICSID Case No. ARB/03/9, Award, 5 September 2008, paras. 200-222.

Continental 诉阿根廷案的仲裁庭却均根据"例外条款"对阿根廷的措施采取了"必要性测试"。相比较而言，Continental 诉阿根廷案仲裁庭因为更多地侧重对"必需的"的分析，所以比例原则的适用相对更为明显。对于其他两个案件，仲裁庭在适用比例原则时则相对"含蓄"，需要仔细比对和分析。但是，无论如何，这三个案件在分析"例外条款"时均采用了"必要性测试"，而这种必要性测试实际上即比例原则中的子原则——必要性原则的适用。这三个案件的裁决推理也说明，在涉及例外条款（国家危急情况条款）时比例原则的适用（或明显或含蓄）出现常态化趋势。

第四编　应对篇

第十一章 例外条款

第一节 例外条款概述

例外条款在投资条约中有时也被称为非排除措施条款（Non‑Precluded Measures Clause，以下简称"NPM 条款"）。例外条款的产生大致可以追溯到国际投资条约的初始形态——"友好通商航海条约"中，20 世纪 50 年代后期被移植到德式双边投资条约（Bilateral Investment Treaty，以下简称"BIT"）中，目前可知的包含例外条款的第一个德式 BIT 是 1959 年德国和巴基斯坦签订的"促进和保护投资条约"，从此以后，几乎每一个德式 BIT 中都含有该条款。相对于德式 BIT，美式 BIT 产生初期并没有例外条款，其直至 1982 年《美国—巴拿马 BIT》中才首次出现。[1]

据统计，2011 年仅有约 10% 的国际投资条约中有例外条款，但是近年来缔结的投资条约中频繁地纳入例外条款，[2] 各国越来越重视并寻求更广泛的例

〔1〕 See William W. Burke‑White & Andreas von Stadan, "Investment Protection in Extraordinary Time: The Interpretation and Application of Non‑Precluded Measures Provisions in Bilateral Investment Treaties", 48 *Va. J. Int'l L.* 307 (2008), pp. 312‑313.

〔2〕 See Jose E. Alvarez and Tegan Brink, "Revisiting the Necessity Defense: Continental Casualty v. Argentina", in Karl P. Sauvant (ed.), *Yearbook on International Investment Law and Policy* 2010‑2011, New York: Oxford University Press, 2011, pp. 319, 357.

外条款（fail-safe provision），以更大程度地确保其公共福利措施不受限制和损害。[1] 例外条款大致分为两大类：一是国家安全例外，二是一般例外。[2]

一、国家安全例外

有的国家对外缔结的投资条约中包含国家安全例外条款，如《美国—乌拉圭 BIT》（2005，2006）第 18 条"根本安全"规定："本条约不应被解释为：一、要求缔约方提供或允许获得其认为未被根本安全利益的信息；二、排除缔约方采取其认为履行维持或恢复国际和平与安全的义务或保护自身根本安全利益所必须的措施。"又如《能源宪章条约》第 24（3）条也规定了国家安全例外："本条约的规定除了第（1）款所指的规定不得解释为阻止任何缔约方采取其认为必要的任何措施：（a）为了保护期基本安全利益，包括（i）与军事机构的能源材料和产品供应相关的；或（ii）在国际关系的战争、武装冲突或其他紧急状态下采取的措施；（b）涉及国家关于不扩散核武器或其他核爆炸装置的实施或其他在本条约项下就不扩散核武器和核供应商准则需履行的义务及国际核不扩散义务或协议；或（c）为维护公共秩序。"

实践中安全例外涉及的一个重要问题是其是否为自行判断条款。从文本上来看，上述两个条约均包含"其认为"（it considers necessary）措辞，因此是明显的自行判断条款。但是有的条约中就未明确规定"其认为"（it considers necessary），如《新加坡—秘鲁 BIT》（2003，2006）第 11 条"禁止和限制"规定："本协定的规定不应以任何方式限制任何一缔约国为保护其基本安全利益或为保护公共卫生或预防动植物的病虫害而采取任何形式的禁止或限制或采取任何其他行动的权利。"此时就需要仲裁庭根据实际情况加以判断。

为了防止国家滥用安全例外，即使条约中规定了"其认为"（it considers

---

　　[1] See UNCTAD, Investment Policy Framework for Sustainable Development, above n 47, at 44; Suzanne Spears, "The Quest for Policy Space in a New Generation of International Investment Agreements", 13 *Journal of International Economic Law* (2010) 1037, 1043; UNCTAD, Recent Trends in IIAs and ISDS above n 22, at 3.

　　[2] See Andrew Newcombe and Liuis Paradell, "Law and Practice of Investment Treaties: Standards of Treatment", *Kluwer Law International*, 2009, pp. 481-528.

necessary），仲裁庭也还是会对国家行为进行所谓的"善意"审查，即要求国家必须善意行事。其主要根据是《维也纳条约法公约》中"条约必须信守"的国际义务和善意履行条约规定。大致存在两种路径：一是认为善意审查即实质性审查，即对国家是否满足了安全例外的具体要求进行分析，仲裁庭需要审查国家是否善意地采取应对危机的措施；[1] 另一种路径是认为，善意审查不同于实质性审查。[2]

二、一般例外

《澳大利亚—中国自由贸易协定》第9章《投资》第8条"一般例外"规定："一、就本章而言，在此类措施的实施不在投资或投资者之间构成武断的或不正当的歧视，或构成对国际贸易或投资的变相限制的前提下，本协定任何规定均不得解释为阻止一方采取或执行以下措施：（一）为保护人类、动物或植物生命或健康所必需的措施；（二）为保证与本协定规定不相抵触的法律法规得到遵守所必需的措施；（三）为保护具有艺术、历史或考古价值的国宝所采取的措施；或者（四）与保护有生命的或无生命的可用尽自然资源相关的措施。二、双方理解，本条第一款（一）项所述措施包含与保护人类、动物或植物的生命或健康有关的环境措施，本条第一款（四）项所述措施包含与保护有生命的或无生命的可用尽自然资源相关的环境措施。"

缔约实践中，例外条款并未完全严格按照上述安全例外和一般例外的内容进行分类，换言之，与WTO中将例外条款明确分为安全例外和一般例外不同，国际投资条约中例外条款实际上还处于"各自为政"的发展阶段，混乱化、碎片化和多样化是其当下的主要特征。出现这些特点的主要原因是世界上缺少一部专门的多边的国际投资条约。如《加拿大—中国BIT》中的例外条款较有代表性。其第33条虽然以"一般例外"为名，但却包括安全例外、金融审慎例外等。具体包括以下例外规定：

---

〔1〕 LG&E Energy Corp., LG&E Capital Corp., and LG&E International, Inc. v. Argentine Republic, ICSID Case No. ARB/02/1, Decision on Liability, 3 October 2006, para. 214.

〔2〕 See Enron Corporation Ponderosa Assets L. P. v. The Argentine Republic, ICSID Case No ARB/01/3, Award, 22 May 2007, para. 339.

第一，"与文化产业相关的措施"例外："一、本协定中任何规定均不适用于与文化产业相关的措施。'文化产业'系指从事如下任一活动的自然人或企业：（一）以印刷或机器可读形式的出版、发行或销售书籍、杂志、期刊或报纸，但不包括仅仅对前述所列的印刷或排版活动；（二）出版、发行、销售或展览电影或录像；（三）出版、发行、销售或展览音频或视频音乐录音；（四）以印刷或机器可读形式出版、发行、销售或展览音乐；或（五）旨在能够为普通大众直接接收的无线电通讯，以及所有的广播电台，电视台或有线广播事业和所有的卫星节目以及广播网络服务。"

第二，保护人类、动植物生命或健康例外："二、只要相关措施不以武断或不合理之方式适用，或不构成对国际贸易或投资之变相限制，本协定中任何规定均不得被理解为阻止缔约方采取或维持下述措施，包括环境措施：（一）确保遵守与本协定条款无不一致的法律法规所必要的措施；（二）保护人类、动物或植物生命或健康所必要的措施；或（三）与保护有生命或无生命的可耗尽自然资源相关的措施，如果此类措施与限制国内生产或消费的措施同时有效实施。"

第三，金融审慎例外："三、本协定中任何规定均不得被理解为阻止缔约方基于审慎原因采取或维持的合理措施，例如：（一）保护存款人、金融市场参与者和投资者（据理解，本款中"投资者"特指缔约方金融市场中的投资者）、投保人、索赔人，或金融机构对其负有信托责任的人的措施；（二）维持金融机构的安全、稳健、完整或其财务责任的措施；以及（三）确保缔约方金融体系的完整性和稳定性的措施。"

第四，货币和信贷或汇率政策例外："四、本协定中任何规定均不得适用于公共实体为（"公共实体"系指缔约方的中央银行或货币管理机构，或缔约方拥有或控制的任何金融机构）实施货币和相关信贷政策或汇率政策而普遍适用的非歧视性措施。本款不应影响缔约方依据第十二条应承担的义务。"

第五，安全例外："五、本协定中任何规定均不得被理解为：（一）要求缔约方提供或允许获得其认定披露后将违背其根本安全利益的信息；（二）阻止缔约方采取其认为保护其根本安全利益所必要的任何如下措施：1. 此类措施与武器，弹药和战争工具的贸易有关，并与直接或间接为军事或其他安全设施之目的而进行的其他货物、材料、服务和技术的贸易和交易有关，2. 在战时或其他国际关系紧急情况时采取的措施，或 3. 此类措施与执行关于不扩散核武器或其他核爆炸装置的国家政策或国际协定有关；或（三）阻止缔约方根据联合国宪章为履行维护国际和平与安全义务而采取行动。"

第六，法律执行、机密、隐私例外："六、（一）本协定中任何规定均不得被理解为要求缔约方提供或允许获得这样的信息，此类信息披露后将阻碍法律执行或有违缔约方保护内阁机密、个人隐私或金融机构的金融事务和个人顾客账户信息保密性的法律。（二）本协定中任何规定均不得被理解为，在本协定下任何争端解决过程中，要求缔约方提供或允许获得受其竞争法律保护的信息，或要求缔约方的竞争主管部门提供或允许获得任何其他秘密信息或保护不被披露的信息。（三）在第（二）分款中，若缔约方无其他通知，则"竞争主管部门"系指：1. 对加拿大而言，竞争委员；以及 2. 对中国而言，国务院反垄断执法机构。缔约双方应及时以外交照会的形式将第 1、2 分款所述竞争主管部门的继任者通知对方。"受竞争法律保护之信息"系指：1. 对加拿大而言，《竞争法》第 29 节（R. S. 1985, c. 34）规定范围内的信息，或其任何后续条款规定的信息；以及 2. 对中国而言，受《反垄断法》、《价格法》和《反不正当竞争法》保护不得披露的信息，或其任何后续条款规定的信息。"

三、例外条款的主要问题

国际投资条约中设置的例外条款作为最重要的平衡投资者与东道国之间利益的手段已然为国际社会所普遍接受。[1] 这一点不仅表现在现行很多国际投资条约中包含例外条款，而且在国际投资仲裁实践中，例外条款成为了作为原告的外国投资者与作为被告的东道国之间争辩的核心问题。我们知道，无论某一国际投资仲裁案件之前关于某一条款的解释和举证如何，往往例外条款会决定最终的裁决结果，因为无论如何，只要东道国证明了其之前采取的措施或行为符合投资条约中的例外条款，那么，该国就可以享有"豁免"的权利，从而

---

[1]　参见余劲松：《国际投资条约仲裁中投资者与东道国权益保护平衡问题研究》，载《中国法学》2011 年第 2 期。

达到平衡国际投资条约中东道国与外国投资者之间利益的目的。于是，在仲裁中，作为被告的东道国总是希望能扩大例外条款的适用范围，与之相反，外国投资者则"千方百计"地对其进行限定。

在面对如何正确适用例外条款这一"棘手"的问题时，仲裁庭除了对其从文本、上下文以及从条约的目的和宗旨等方面进行解释外，近些年来一些仲裁庭还采用了一种新方法——援引外部资源对例外条款进行解释。此处所谓外部资源是指，仲裁庭在解释例外条款时援引除含有该例外条款的条约之外的其他国际法对其进行解释，这里的其他国际法包括习惯国际法、一般国际法原则、国际条约等。在具体的仲裁实践中，仲裁庭所援引的外部资源主要有两种——分别是作为习惯国际法的国际法委员会（International Law Commission）起草的《国家责任条款》第 25 条"Necessity 条款"以及 GATT/WTO 法中的例外条款。

关于例外条款在实践中的主要争论是能否援引外部资源对其进行解释以及应该援引什么样的外部资源的问题，即具体而言，是引用作为习惯国际法之《国家责任条款》第 25 条"Necessity 条款"，还是引用 WTO 体制中的例外条款规定的问题。[1]

第二节　外部资源引入带来的困境

一、习惯国际法的引入

仲裁庭引入的习惯国际法是《国家责任条款》第 25 条"Necessity 条款"，根据该条款的规定，只有在一个国家的行为是该国为保护基本利益、对抗某项严重迫切危险的唯一办法，而且该行为并不严重损害作为所负义务对象的一国或数国或整个国际社会的基本利益的情况下，该国才可以"危急情况"为理由解除不遵守其某项国际义务的行为的不法性。不仅如此，该条款还规定了在有

---

〔1〕 参见陈正健：《国际投资条约中例外条款的解释》，载《法学论坛》2013 年第 6 期，第 141-142 页。

关国际义务排除援引危急情况的可能性或该国促成了该危急情况的情形下，国家不得援引"危急情况"解除其行为不法性。[1]

将具有如此"严苛"条件的"Necessity 条款"引入进来对例外条款进行解释首先出现在 CMS 案的仲裁裁决中。CMS（天然气输送公司）是美国密歇根州的一家公司，创办于 2001 年。CMS 拥有阿根廷一家新的天然气公司的股份，它以阿根廷政府颁布的《紧急状态法》所规定的暂停天然气输送的税收调整框架、天然气价格比索化等违反了《美国—阿根廷 BIT》为由，而将阿根廷诉诸 ICSID。[2] 阿根廷在提出 ICSID 没有管辖权被驳回后，提出了《美国—阿根廷 BIT》第 11 条——例外条款（"本条约不应排除缔约任何一方为了维护公共秩序，履行其维护或恢复国际和平或安全的义务，或保护其根本安全利益所采取的必需措施"）进行抗辩。很显然，只要符合《美国—阿根廷 BIT》第 11 条的构成要件，则阿根廷采取的措施就不能被认定为不法行为，从而也就不必为该行为所导致的外国投资者的损害进行赔偿。这样，《美国—阿根廷 BIT》第 11 条的适用问题就成为了该案的关键。仲裁庭经过分析认为，应该援引作为习惯国际法的"Necessity 条款"对《美国—阿根廷 BIT》第 11 条的例外条款进行解释，[3] 即将"Necessity 条款"的构成要件"等同于"例外条款的构成要件。

如果说在 CMS 案中，仲裁庭援引"Necessity 条款"对例外条款进行解释还比较"含蓄"的话，那么，Enron 案仲裁庭则采取了非常明确直接的方式引入"Necessity 条款"对例外条款进行解释。Enron 公司是美国特拉华州的一家公司，它以阿根廷政府针对外国投资者所采取的一系列措施违反了《美国—阿根廷 BIT》为由，将阿根廷诉诸 ICSID，希望 ICSID 裁定阿根廷的措施违反了《美国—阿根廷 BIT》，并且赔偿其所遭受的损失。[4] Enron 案仲裁庭指出，《美国—阿根廷 BIT》并没有给出根本安全利益、维持国际和平与安全的定义，这

---

[1] 《国家对国际不法行为的责任》第 25 条，http：//www.un.org/chinese/ga/56/res/a56r83.pdf.

[2] See CMS Gas Transmission Co. v. The Argentine Republic，ICSID CASE NO. ARB/01/8，Award，12 May 2005，paras. 4—52.

[3] See CMS Gas Transmission Co. v. The Argentine Republic，ICSID CASE NO. ARB/01/8，Award，12 May 2005，paras. 308，374.

[4] See Enron Corporation Ponderosa Assets LP v. The Argentine Republic，ICSID Case No ARB/01/3，Award，22 May 2007，paras. 1—40.

些概念以及它们适用的条件必须从其他地方去寻找。后者可以从《联合国宪章》中找到依据；而前者的界定就需要依赖于作为习惯国际法的"Necessity 条款"的要件，即需要考察本案是否满足了这些要件，这样《美国—阿根廷 BIT》的例外条款就不能与"Necessity 条款"的运行要件分开。[1]

在案情与 CMS 案、Enron 案非常相似的 Sempra 案的仲裁裁决中，仲裁庭也采用了 CMS 案、Enron 案仲裁庭适用例外条款所采取的路径。仲裁庭指出，条约条款（指《美国—阿根廷 BIT》第 11 条）不能与作为习惯国际法的"Necessity 条款"相分离，其构成要件也被认为应等同于"Necessity 条款"的构成要件。[2]

与"Necessity 条款"相比，《美国—阿根廷 BIT》第 11 条例外条款的构成要件要"宽松"很多。但是，援引"Necessity 条款"对例外条款进行解释，实际上就是将"Necessity 条款"的"严苛"的条件"合并"进入例外条款中，大大提高了例外条款适用的"门槛"，东道国由于举证不能而陷于被动，从而最终导致败诉。

二、GATT/WTO 法中例外条款的援引

仲裁庭除了援引作为习惯国际法的"Necessity 条款"来解释例外条款外，还尝试引入其他外部资源。例如 Continental 案就提供了一个新的路径——援引 GATT/WTO 中的例外条款。Continental 是美国的一家公司，同时还是美国 CNA 金融公司（CNA Financial Inc.）的子公司，它拥有 CNA ART（阿根廷的一家公司）99.9995％的股权。Continental 诉称，自 2001 年 12 月起，阿根廷采取的一系列资本控制措施，使其遭受了 46 412 000 美元的严重经济损失。Continental 主张阿根廷所采取的限制转移、美元比索化等措施违反了《美国—阿根廷 BIT》的相关规定。[3] 阿根廷除了对 Continental 提出的主张进行反驳外，还提

---

〔1〕 See Enron Corporation Ponderosa Assets LP v. The Argentine Republic, ICSID Case No. ARB/01/3, Award, 22 May 2007, paras. 333-334.

〔2〕 See Sempra Energy International v. The Argentine Republic, ICSID Case No. ARB/02/16, Award, 28 September 2007, para. 376.

〔3〕 See Continental Casualty Company v. The Argentine Republic, ICSID Case No. ARB/03/9, Award, 5 September 2008, paras. 15-20.

出了《美国—阿根廷 BIT》第 11 条例外条款进行抗辩。如果阿根廷的措施被认定为符合该条款，那么阿根廷政府就无需对 Continental 的损失进行赔偿。这样，关于《美国—阿根廷 BIT》第 11 条的争论就成为了本案的焦点问题。仲裁庭不同意将"Necessity 条款"的构成要件合并进入例外条款中，而是提出应该运用已经形成较为"稳定"构成要件的 GATT/WTO 中的例外条款来对例外条款进行解释。[1] 仲裁庭援引了韩国牛肉案中 WTO 上诉机构关于 GATT 第 20 条"一般例外"第 4 款（"本协定的规定不得解释为阻止缔约国采用或实施以下措施：……为保证某些与本协定的规定并无抵触的法令或条例的贯彻执行所必需的措施，包括加强海关法令或条例，加强根据本协定第二条第四款和第十四条而实施的垄断，保护专利权、商标及版权，以及防止欺骗行为所必需的措施"[2]）中"必需的"论述：所谓"必需的"，并不限于"必不可少的"或"绝对必需的"或"不可避免的"，"必不可少的"或"绝对必需的"或"不可避免的"措施当然能够确保符合第 20 条（d）的要求，但是，其他措施也可以满足该例外的要求。第 20 条（d）中"必需的"指的是一定程度的必需（a range of degrees of necessity）。"必需的"连续统一体（continuum）的一端是"必不可少的"；另一端是"有助于"。显然，"必需的"措施应该更明显地靠近连续统一体（continuum）中的"必不可少的"一极（端），而不是与之相反的简单地"有助于"的另一端。[3]

那么，更明显靠近"必不可少"一极（端）的一定程度的"必需的"该如何判断呢？即如何确定一个措施不是必不可少的，但依然可能是"必需的"，仲裁庭援引了 WTO 专家组和上诉机构所确定的构成要素——首先，所采取的措施与欲追求的结果之间有因果关系，其中所追求的结果有相对重要性，而采

〔1〕　See Continental Casualty Company v. The Argentine Republic, ICSID Case No. ARB/03/9, Award, 5 September 2008, para. 192.

〔2〕　See "General Exceptions" of GATT1947, http://www.wto.org/english/docs_ e/legal_ e/gatt47_ e. pdf.

〔3〕　See Report of the Appellate Body, Korea-Measures Affecting Imports of Fresh, Chilled and Frozen Beef, WT/DS161/AB/R, WT/DS169/AB/R, 11 December 2000, para. 161.

取的措施对于实现该结果有一定程度的"必不可少"的贡献。[1] 其次，所采取的措施必须是不可替代性措施，即不存在"合理可用的"其他可选择性措施，如果被告没有能力采用该措施或该措施施加给被告国过度的负担，都被视为不是"合理可用的"。[2]

在阐明了 GATT/WTO 法例外条款所应具有的要素后，仲裁庭就开始运用它们对例外条款进行解释。仲裁庭指出在 2001 年年末的经济和金融形势下，阿根廷政府所采取的措施（银行冻结令、比索贬值、以美元计价的合同和存款的比索化、延期支付以及政府金融工具的重组）从防止金融经济崩溃、积极应对危机角度看，存在一定程度的不可避免性和必不可少性。也就是说这些措施与其欲达到的这些效果之间是有真实的因果关系的。[3] 接着，仲裁庭开始逐一地判断阿根廷采取的上述四种"资本控制体制"措施是否是可以替代的，即是否还有其他可以选择的措施。经过仔细分析，仲裁庭认为除了财政短期证券（"Treasury Bills"或"LETEs"）重组外，阿根廷采取的其他所有措施都是不可替代的。[4] 因此，仲裁庭最终得出结论认为，阿根廷可以援引《美国—阿根廷 BIT》第 11 条证明其采取的措施是合法的。

总之，上述案件原告都是美国公司，被告都是阿根廷政府，案件起因都是阿根廷政府为应对本国经济危机而采取的一系列措施，涉及对同一条款（《美国—阿根廷 BIT》第 11 条例外条款）进行解释，但是却得出不同甚至相反的结果，其原因只是因为援引了不同的外部资源对例外条款进行解释。我们不禁要问，产生这一问题的根源何在？

---

〔1〕 See Report of the Panel, Brazil-Measures Affecting Imports of Retreaded Tyres, WT/DS332/R, 12 June 2007, para. 7. 104.

〔2〕 See Report of WTO Appellate Body, United States-Measures Affecting the Cross-Border Supply of Supply of Gambling and Betting Services, WT/DS285/AB/R, 7 April 2005, para. 308.

〔3〕 See Continental Casualty Company v. The Argentine Republic, ICSID Case No. ARB/03/9, Award, 5 September 2008, para. 197.

〔4〕 See Continental Casualty Company v. The Argentine Republic, ICSID Case No. ARB/03/9, Award, 5 September 2008, paras. 200-222.

第三节　适用困境产生的根源

要探究根源，首先应该弄清外部资源引入的根据，即仲裁庭是否能够援引外部资源对例外条款进行解释，这一问题是例外条款适用困境产生的根源的前提。

一、外部资源引入的根据

一般认为，条约解释所遵循的规则是 1969 年的《维也纳条约法公约》第 31 条 "解释之通则"。根据该条的规定，条约适用者可以从条约的用语、上下文以及按照条约的目的和宗旨的通常意义，对条约进行善意的解释。其中条约的上下文除了指弁言及附件在内之约文外，还应包括全体当事国间因缔结条约所订与条约有关之任何协定、一个以上当事国因缔结条约所订并经其他当事国接受为条约有关文书之任何文书。该条款还规定，当事国嗣后所订关于条约之解释或其规定之适用之任何协定、嗣后在条约适用方面确定各当事国对条约解释之协定之任何惯例、适用于当事国间关系之任何有关国际法规则这三个方面应该与上下文一起考虑，[1] 显然，"应该与上下文一并考虑的"《维也纳条约法公约》第 31 条第 3 款第 3 项（以下简称 "VCLT 第 31（3）（c）条"）——"适用于当事国间关系之任何有关国际法规则"为外部资源引入提供了理论依据，而且，根据国际法委员会的释义 "条约解释程序是一个统一体，从而本条的各项规定组成一个单一的、互相紧密地连在一起的完整规则。……该第 31 条并不为其中包含的条约解释规则规定法律上的上下等级关系，而只是按照逻辑把一些解释因素进行适当的排列"[2]，援引外部资源对条约进行解释与文本解释、上下文解释以及按照条约目的及宗旨进行解释处于同等的地位。可见，VCLT 第 31（3）（c）条为仲裁庭援引外部资源对例外条款进行解释提供的理

---

〔1〕《维也纳条约法公约》第 31 条，载联合国官网，http：//www.un.org/chinese/law/ilc/treaty.htm，最后访问时间：2019 年 8 月 18 日。

〔2〕李浩培：《条约法概论》（第 2 版），法律出版社 2003 年版，第 351 页。

论依据是较为充分的。

外部资源引入不仅有理论上的依据，还有先例的支持。如 Oil Platform 案就是一个代表性案例——国际法院在 Oil Platform 案裁决中就指出，1969 年的 VCLT 第 31 (3) (c) 条，是引入习惯国际法对美国和伊朗之间的《友好、经济关系和领事权利条约》进行解释的理论依据。在该案中，国际法院需要解释美国和伊朗 1955 年《友好、经济关系和领事权利条约》中的两个条款，以便决定两伊战争期间，伊朗的行为是否对中立的商船造成威胁，以及美国海军随后对伊朗在波斯湾的三个石油平台的破坏行为是否违反该条约。[1] 经过分析，仲裁庭认为，条约中的例外条款——该条约第 20 条 (1) (d) "本条约不应该排除以下措施的适用……(d) 为缔约国维护或恢复国际和平和安全所必需，或保护其根本安全利益所必需"[2]——的适用问题成为了争论的焦点。对此，国际法院首先提出必需的措施是否包括武力的使用，如果包括，该武力的使用是否应该根据国际法（包括合法自卫的任何条件）加以适用。国际法院指出根据 1969 年《维也纳条约法公约》所规定的条约解释的一般规则，解释必须考虑 "适用于当事国间关系之任何有关国际法规则" （即 VCLT 第 31 (3) (c) 条）。因此，国际法院不认为 1955 年美—伊条约第 20 条 (1) (d) 意欲完全独立于武力使用的国际法规则，相反，其认为应该将国际法的一般原则适用于美国采取的措施。国际法院指出，美国的行为不能被证明是必需的，因为根据国际法关于自卫行为的界定，这些措施并不满足武力使用的构成要件，所以并不属于预期措施的种类。[3] 很显然，该案中，国际法院将 VCLT 第 31 (3) (c)

---

〔1〕 See International Court of Justice, Oil Platforms (Islamic Republic of Iran v. United States of America), Application instituting proceedings, filed in the Registry of the Court on 2 November 1992, http：//www. icj-cij. org/docket/files/90/7211. pdf.

〔2〕 See International Court of Justice, Oil Platforms (Islamic Republic of Iran v. United States of America), Application instituting proceedings, filed in the Registry of the Court on 2 November 1992, http：//www. icj-cij. org/docket/files/90/7211. pdf.

〔3〕 See International Court of Justice, Reports of Judgments, Advisory Opinions and orders, Case Concerning Oil Platforms (Islamic Republic of Iran v. United States of America), Judgment of 6 November 2003, paras. 40-41.

条作为友好条约条款和武装冲突的习惯国际法之间架起的桥梁。[1]

二、例外条款适用困境产生的根源

既然 VCLT 第 31（3）（c）条为引入外部资源对例外条款进行解释提供了合理的理论依据，那么本文第二部分所指出的例外条款的适用困境出现的原因是什么呢？笔者认为，困境的根源还是 VCLT 第 31（3）（c）条。

VCLT 第 31（3）（c）条一开始并非这样一个条款，其在 1964 年条款草案的原文是"根据条约缔结时有效的一般国际法规则"，很明显，这一规定是在强调"现行"（contemporary）有效的国际法。国际法委员会在第 18 届会议时对这一条款进行了讨论，指出该条款中"条约缔结时有效的"短语没有考虑国际法规则的演进，而且试图制定一个能涵盖所有"当前"因素的规则难度很大，因此，委员会决定删除条款中的"时间因素"（temporal element），于是就改成了现在的"适用于当事国间关系之任何有关国际法规则"。[2] 从 VCLT 第 31（3）（c）条的起草及修订可知，国际法委员会的考虑是缩小对可以被援引的"国际法"的限制，即扩大可以用来进行解释的外部资源的范围，而没有对条款中"有关的"（relevant）一词进行有效的界定，而这就为国际投资仲裁中例外条款的适用困境埋下了伏笔。

由于国际法委员会在《维也纳条约法公约》起草以及后来的修订时都没有对可以援引的"有关的"其他国际法的范围进行限定，因此 VCLT 第 31（3）（c）条的讨论和适用都不是很多。内容的不确定性导致 VCLT 第 31（3）（c）条长期以来相对于其他"解释规则"有较低的"出场率"，甚至被学者称之为"条约解释中被遗弃的孩子"。[3] 这种情形在近些年来有所改变，国际社会开始逐渐意识到，VCLT 第 31（3）（c）条在条约解释中潜在的重要作用，并有

---

[1]　See Campbell McLachlan, The Principle of System Integration and Article 31（3）（c）of Vienna Convention, I. C. L. Q. 2005, 54（2）, 279–319, p. 280.

[2]　See Draft Articles on the Law of Treaties with Commentaries, Yearbook of the International Law Commission, 1996, Vol. II. p. 222.

[3]　See Campbell McLachlan, The Principle of System Integration and Article 31（3）（c）of Vienna Convention, I. C. L. Q. 2005, 54（2）, 279–319, p. 289.

意识地尝试利用其不确定的外延来"开发"该条款。例如，上述提到的 Oil Platform 案中，在国际法院在法官内部有较大争议的情况下，其不顾美国提出的应该对 1955 年美—伊条约第 20 条（1）（d）进行文本解释，而不应该援引其他外部条约规则对该条款进行解释的主张，依据其对 VCLT 第 31（3）（c）条外延的"宽泛"理解，引入武装冲突习惯国际法对该条款进行解释。显然，VCLT 第 31（3）（c）条不确定的范围，为国际法院这一做法提供了比较"充分"的理由。又如，国际法委员会在 2006 年的"国际法委员会的报告"中，提出了一系列应对国际法"破碎化"（fragmentation）难题的方法，其中之一就是以 VCLT 第 31（3）（c）条"宽泛"外延为基础的"系统合并"方法，它要求条约的适用者在解释条约时要考虑"适用于当事国间关系之任何有关国际法规则"，而不论所援引的国际法规则的主题（subject matter）是什么。[1]

可见，VCLT 第 31（3）（c）条自身内容的不确定性，使其具有了非常"宽泛"外延的可能性，同时增加了 VCLT 第 31（3）（c）条被"滥用"的风险，而这就成为了仲裁机构援引两种不同外部资源对例外条款做出不同解释的根源。当然，例外条款自身措辞的模糊性也为 VCLT 第 31（3）（c）条被"滥用"提供了条件。

第四节　例外条款适用困境的应对

一、投资仲裁机构的应对："排除"习惯国际法

上文提及的 CMS 案、Sempra 案和 Enron 案的仲裁庭都将习惯国际法的"Necessity 条款"引入进来对例外条款进行解释，从而做出了对阿根廷非常不利的裁决。阿根廷政府很快提起了撤销程序。

CMS 案首先成立了专门委员会，其在撤销裁决中指出了原裁决援引"Ne-

---

[1] See "Report of the International Law Commission, Fifty-eighth Session (1 May-9 June and 3 July-11 August 2006)", in UN website, http://untreaty.un.org/ilc//reports/2006/2006report.htm, last visited 20 September 2012.

cessity 条款"对《美国—阿根廷 BIT》第 11 条进行解释的不妥之处：其一，是两者列明所需条件的方式不同，前者采用的是消极的方式，即除非特定的严格条件被满足，否则它将会排除对抗危险的国家危急情况的适用，后者则以肯定的方式列明了其所需的条件。其二，两者的用途或适用导致的结果不同，前者是用来排除被确定为构成实质性义务违反的借口，而后者的适用则会导致条约下的实体性义务不需要适用。〔1〕其三，两者所需的条件不同，前者规定所采取的措施必须有四个严格的条件，而后者对采取的措施没有什么限制。〔2〕CMS 案专门委员会认为"Necessity 条款"与《美国—阿根廷 BIT》第 11 条这些不同之处说明两者应该是分离关系，而且从两者适用的逻辑顺序来看，《美国—阿根廷 BIT》第 11 条应该优先适用。而 CMS 案仲裁庭却回避了这些不同，贸然地将"Necessity 条款"引进来对《美国—阿根廷 BIT》第 11 条进行解释，实际上就是将两者放在同一序列上，从而变相地适用了"Necessity 条款"。尽管专门委员会最终并没有撤销原裁决，但是，却指出了引用"Necessity 条款"对《美国—阿根廷 BIT》第 11 条进行解释是错误的。

紧接着，Sempra 案也进入了撤销程序，专门委员会赞许地指向了 CMS 案的专门委员会的发现，其首先指出 ICSID 仲裁机制（不管是机构仲裁，还是专门委员会仲裁）决定于当事方的同意。只要条约中规定，国家在特定的环境下可以对投资者采取不利的行为，就必须通过条约本身的措辞来排除条约对投资者的保护，而且只要 BIT 提供了相关的用语，就必须首先适用该 BIT。〔3〕然后专门委员会彻底否定了仲裁庭的推理。它指出"Necessity 条款"涉及"作为理由解除不遵守该国某项国际义务的行为的不法性"的国家危急情况实际上有个假定条件，即假定一项行为违反国家的国际责任而被认定为"不法"行为。而

---

〔1〕 See CMS Gas Transmission Company v. The Argentine Republic, ICSID Case No. ARB/01/08 (Annulment proceeding), Decision of the Ad Hoc Committee on the Application for Annulment of the Argentine Republic, 25 September 2007, para. 129.

〔2〕 See CMS Gas Transmission Company v. The Argentine Republic, ICSID Case No. ARB/01/08 (Annulment proceeding), Decision of the Ad Hoc Committee on the Application for Annulment of the Argentine Republic, 25 September 2007, para. 130.

〔3〕 See Sempra Energy International v. The Argentine Republic. ICSID Case No. ARB/02/16 (Annulment Proceeding), Decision on the Argentine Republic's Request for Annulment of the Award, 29 June 2010, paras. 186-190.

《美国—阿根廷 BIT》第 11 条则规定"本条约不应排除"一定的措施，因此，只要适用《美国—阿根廷 BIT》第 11 条，那么所采取的措施就没有违反国家的国际责任，当然也就不是"非法"了。因此，"Necessity 条款"和《美国—阿根廷 BIT》第 11 条处理的是截然不同的情形。[1] 正是基于此，专门委员会认为将"Necessity 条款"与例外条款进行合并，实际上是没有适用应该适用的法律，从而构成明显越权，专门委员会据此做出了撤销原裁决的裁定。[2]

同年，Enron 案专门委员会也做出了撤销裁决。裁决中尽管没有给出明确的关于"Necessity 条款"和例外条款之间关系的定论。但其还是通过援引 CMS 案撤销裁决的相关认定，指出仲裁庭引进"Necessity 条款"来对《美国—阿根廷 BIT》第 11 条进行解释的实质是排除了后者的适用，属于明显越权，应该被撤销。[3]

三个案件的撤销裁决表明原裁决中援引作为习惯国际法的"Necessity 条款"来解释例外条款是错误的，从而在例外条款的解释过程中，排除了作为外部资源的习惯国际法的引入。有学者指出，专门委员会所做的这一决定纠正了原仲裁庭的法律适用错误，必将对以后的裁决产生重要影响。[4]

二、国际社会的应对：限定 VCLT 第 31（3）（c）条外延

上述三个撤销裁决排除了作为习惯国际法的"Necessity 条款"对于例外条款解释的可能性，但是这似乎与外部资源引入的根据——VCLT 第 31（3）（c）条"宽泛"的外延产生了矛盾。那么，该如何处理这一矛盾呢？

---

〔1〕 See Sempra Energy International v. The Argentine Republic. ICSID Case No. ARB/02/16（Annulment Proceeding），Decision on the Argentine Republic's Request for Annulment of the Award, 29 June 2010, para. 200.

〔2〕 See Sempra Energy International v. The Argentine Republic. ICSID Case No. ARB/02/16（Annulment Proceeding），Decision on the Argentine Republic's Request for Annulment of the Award, 29 June 2010, paras. 209-214.

〔3〕 See Enron Creditors Recovery Corp. Ponderosa Assets, L. P. v. The Argentine Republic, ICSID Case No. ARB/01/3（Annulment Proceeding），Decision on the Application for Annulment of the Argentine Republic, 30 July 2010, paras. 355-408.

〔4〕 参见余劲松：《国际投资条约仲裁中投资者与东道国权益保护平衡问题研究》，载《中国法学》2011 年第 2 期，第 135 页。

显然，对 VCLT 第 31（3）（c）条"宽泛"的外延进行适当的限定是解决这一矛盾的必由之路。其实，关于 VCLT 第 31（3）（c）条外延的问题，早就被人们所关注。如在 Oil Platform 案中，尽管最终裁决中国际法院以 VCLT 第 31（3）（c）条为依据，援引了武装冲突的习惯国际法对美—伊友好条约中的第 20 条（1）（d）进行解释，但是还是有法官不同意这种做法，如 Higgins 法官在对最终的裁决表达异议时就指出 VCLT 第 31（3）（c）条的适用问题，她认为国际法院利用该条款将使用武力的全部实体国际法都包括在内是不妥当的，国际法院忽视了该条款需要与"上下文"一并考虑，而此处的上下文明显是一个经济和商业条约。[1] 显然，Higgins 法官认为国际法院对 VCLT 第 31（3）（c）条的外延做出了过于"宽泛"的理解。

尽管国际法委员提出的"系统合并"的方法有潜在扩大 VCLT 第 31（3）（c）条适用范围的意图，但是它绝不希望使该条款的外延无限扩大。国际法委员会认为只有在外部资源与需要解释的条约之间是"特别有关"（particular relevance）关系的情况下，才能援引前者对后者进行解释。如国际法委员会指出习惯国际法和法的一般原则在以下三种情况下与需要解释的条约是"特别有关"：①条约规则不明确或是开放式结构（open-textured）；②条约中的术语在习惯国际法中有公认的意思；③在条约自身没有阐明应该适用的法律（进行解释）时，解释者认为有在国际法其他部分寻找规则的需要。[2] 与需要解释的条约"特别有关"的其他条约应具备以下因素：①其缔约方也是需要解释的条约的缔约方；②条约规则已经生效或是习惯国际法的重述，或其为需要解释的条约的目标和目的或特别术语的通常意思提供了充分的证据。[3] 尽管国际法委员会做出这种界定的初衷不是为了解决 VCLT 第 31（3）（c）条外延过于

---

〔1〕 See "Separate Opinion of Judge Higgins", http：//www. iilj. org/courses/documents/AILUnit4Oil PlatformsHigginsSepOp. pdf.

〔2〕 See "Report of the International Law Commission, Fifty-eighth Session（1 May-9 June and 3 July-11 August 2006）", in UN website, http：//untreaty. un. org/ilc//reports/2006/2006report. htm, last visited Sep. 20，2012.

〔3〕 See "Report of the International Law Commission, Fifty-eighth Session（1 May-9 June and 3 July-11 August 2006）", in UN website, http：//untreaty. un. org/ilc//reports/2006/2006report. htm, last visited Sep. 20，2012.

"宽泛"的问题（而是为了解决国际法的"破碎化"问题，并为了证明其提出的"系统合并"方法的合理性和可操作性），但是它的分析在客观上还是对该条款进行了一定程度的限定。由于联合国国际法委员会在国际法编纂过程中的重要作用，且《国家责任条款》是由其起草的，因此其关于 VCLT 第 31（3）（c）条的适用说明具有重要的意义。

尽管如此，我们还是应该看到国际法委员会所做的上述"界定"，还远没有达到限定 VCLT 第 31（3）（c）条"宽泛"外延从而保证其能得以明确适用的目标。对此，有学者也明确表达了其对国际法委员会所做的上述界定的明显不满，他指出，尽管国际法委员会研究小组强调了"系统合并原则"证明了宽泛适用 VCLT 第 31（3）（c）条是合理的，但是主流观点还是认为应对"有关的"进行严格限定，主张"有关的"应该从"解释条约的所有成员方"的视角来界定，即如果法律适用者（law-appliers）试图援引条约文本外部的国际法规则，则这些规则必须受到"在条约解释过程中条约所约束的每一个国家"的约束。[1] 通过对 VCLT 中"有关的"一词进行严格限定，以达到限制 VCLT 第 31（3）（c）条"宽泛"外延的做法具有相当重要的意义。当然，这一任务绝不是任何一个国家单独就可以完成的，需要国际社会共同的努力。

---

[1] See Desierto, Diane A, *Necessity and National Emergency Clauses：Sovereignty in Modern Treaty Interpretation*，Martinus Nijhoff Publishers，2012，pp. 229-230.

第十二章　国家反诉

第一节　国家反诉概述

反诉是国内法中一个重要的诉讼程序。[1] 布莱克法律词典中"反诉"的定义是："由被告提出的旨在反对或抵减原告诉求的主张。"[2] 除了国内法，国际法中也有关于反诉的规定。[3]

近些年来，投资者—国家争端解决（Investor-State Dispute Settlement，简称ISDS；或国际投资仲裁）中的国家反诉逐渐受到关注。原因主要有二：一是其自身的重要性。近些年来，随着国家资本输入国与资本输出国身份的混同，如何平衡投资者与国家间利益成为世界各国的热门话题。[4] 而投资者与国家争端解决中的国家反诉显然是平衡利益的一个重要途径。二是其自身存在的问

---

〔1〕　如《中华人民共和国民事诉讼法》第51条："原告可以放弃或者变更诉讼请求。被告可以承认或者反驳诉讼请求，有权提起反诉。"

〔2〕　国内有学者将反诉界定为："正在进行的诉讼中，原诉的被告以原诉的原告为被告提起的诉讼。"江伟主编：《民事诉讼法》，高等教育出版社2013年版，第88页；也有学者认为反诉是指"在已经开始的诉讼程序中，原诉的被告通过法院向原诉的原告提出的一种独立的反请求"。参见常怡主编：《民事诉讼法学》，中国政法大学出版社2005年版，第103页。

〔3〕　如《国际法院规则》第80条："1. 只有当属于法院的管辖范围并与当事国另一方的诉讼标的直接相关时，法院可以接受一项反诉。2. 反诉应在提出辩诉状的当事国的辩诉状中提出，并应作为该当事国的诉讼主张的一部分。无论法院作出何种裁定，当事国另一方应有权根据关于提出进一步的书状的本规则第45条第2款，在附加的书状中提出有关反诉的书面意见的权利。3. 如果与第1款的适用相关的一项反对被提起或者法院认为有必要，法院应在听取诉讼各方意见后做出其相关裁定。"

〔4〕　参见余劲松：《国际投资条约仲裁中投资者与东道国权益保护平衡问题研究》，载《中国法学》2011年第2期，第132-143页。

题。与国内法中内容较为确定的反诉制度不同，投资者与国家争端解决中的国家反诉存在较大争议，主要原因是其构成要件并不明确，而这无疑也是国家成功提起反诉的重要障碍。截至目前涉及国家反诉的共有十几起案件，其中仲裁庭认定有管辖权的寥寥无几。[1]

2014 年 11 月 4 日韩国安城有限公司在 ICSID 对中华人民共和国提起投资争端仲裁，争端涉及房地产开发项目。[2] 2016 年中国将在历史上第一次正式地、积极地以被申请人（被告）的身份参与投资者与国家争端解决，与韩国安城有限公司进行"真刀真枪地对抗"。中国在 2014 年已成为世界上外国直接投资最大的接受国。截至目前，中国共缔结了 104 个双边投资条约（BIT），[3] 签署了 18 个"自由贸易协定"（FTA），[4] 目前中国正在积极缔结更多高水平、高标准的投资条约（如中欧 BIT 和 13 个 FTA 等目前正在谈判中），这些投资条约中都涉及投资者—国家争端解决机制。在此背景下，中国面临被提起投资仲裁的风险也相应增加，可以预见的是，未来中国作为被告参与的投资者与国家争端解决案件还会不断出现。[5] 因此，投资者与国家争端解决中的国家反诉是中国当前面对的一个新的重要的课题，对中国当前及未来都有重要意义。要想充分发挥国家反诉平衡投资者与国家间利益的重要作用，当务之急乃是梳理其构成要件及其内涵，指明争议所在，并探寻国家反诉的可能性路径。

---

〔1〕 笔者对涉及国家反诉的案件进行了初步统计，详见文后《国家反诉案件一览表》。有的案件中国家反诉因与事实不符或不能证明反诉事实而失败的不在本文考察范围内。

〔2〕 See Ansung Housing Co., Ltd. v. People's Republic of China, ICSID Case No. ARB/14/25, Pending.

〔3〕 商务部官方网站公布的 BIT，http://tfs.mofcom.gov.cn/article/Nocategory/201111/20111107819474.shtml，最后访问日期：2019 年 8 月 18 日。

〔4〕 数据来自商务部官方网站，http://fta.mofcom.gov.cn/，最后访问日期：2019 年 9 月 1 日。

〔5〕 实际上，早在 2011 年 5 月 24 日，艾克兰（Ekran Berhad）已经在 ICSID 对中国提起过投资仲裁，只是该案于 2013 年 5 月 16 日因双方达成和解而终结。See Ekran Berhad v. People's Republic of China, ICSID Case No. ARB/11/15, Concluded.

第二节　国家反诉的主体要件

从国内法关于反诉的规定来看，反诉涉及的双方主体应该与原诉涉及的双方主体是一致的，这是反诉得以成功提起的重要要件。作为反诉的一种，投资者与国家争端解决中的国家反诉也同样需要满足上述主体要件。

一、主体一致存在的主要问题

然而，在投资者与国家争端解决中，国家反诉的主体要件往往存在问题。国家与外国投资者之间有时没有直接的法律（合同）关系，而是由投资者的附属公司或国家特殊公共实体充当中介。主要表现在两个方面：

（一）原诉主体与反诉主体的不一致问题

由于国家作为原诉的被告和反诉的原告身份比较统一，因此，此处争议的焦点集中于原诉原告与反诉被告的不一致问题上，此外实际上涉及投资者身份的确认问题。外国投资者一般是依据其母国法律设立的公司，它在东道国的投资往往是依据当地法律设立的公司（外国投资者的当地公司）。因为投资条约经常将"投资争端"界定为一缔约国与另一缔约国投资者之间的争端，所以，外国投资者与其当地公司之间关系有可能成为国家反诉的障碍。

例如 Saluka 诉捷克案中，原诉是 2001 年 Saluka 以捷克共和国为被告提起的，依据是《荷兰—捷克斯洛伐克 BIT》。2002 年捷克对 Nomura 发起反诉，其中一个主要依据是《股权购买协议》。仲裁庭在决定其对反诉的管辖权时，首先面对的问题就是原诉主体与反诉主体的一致性问题，即 Saluka 和 Nomura 间的关系问题。《荷兰—捷克斯洛伐克 BIT》第 8 条规定了仲裁庭的管辖权限于一成员国与另一成员国投资者之间的争端，而依据第 1 条的规定，本案中的另一成员国投资者指的是依据荷兰的法律成立的法人。

本案中 Saluka 是依据荷兰法律设立的法人，而 Nomura 则是其依据英格兰法律成立的法人。原告认为 Saluka 和 Nomura 是两个彼此独立的实体，只有 Saluka 作为原告才属于仲裁庭的管辖权范围，而 Nomura 不应被纳入《荷兰—捷克斯洛伐克 BIT》调整的范围内，因此，捷克对 Nomura 提起的反诉不应归入 Saluka 正对捷克提起的原诉之中。作为抗辩，捷克指出 Saluka 和 Nomura 存在紧密联系，以至于它们在仲裁程序中可以产生互换的效果，而且捷克还坚持认为，Nomura 才是真正的争端一方。[1]

Saluka 案中，捷克提出的八项反诉请求（Heads D-K）都是以 Nomura 违反了其国内法为依据，而原诉的原告却是 Saluka，显然，原诉与反诉主体并不一致。

（二）投资合同主体与国家反诉主体的一致性争论

以合同为依据的国家反诉想要成功提出，其要符合的条件是合同是由投资者自身和国家本身签订的，而不是投资者权利的受让者或其附属公司与国家所拥有的公司签订的合同。当国家的附属实体与投资者签订合同时，投资者是可以直接对国家提起投资仲裁的，因为一般情况下，国家附属机构或实体被认为是政府权威的实施者。但是，如果合同是由在投资者的附属实体与东道国签订的，则情况就不同了。

同样以 Saluka 案为例，捷克提出反诉的重要依据是 1998 年《股权购买协议》，通过该协议 Nomura 获得了捷克"国家地产基金"（NPF）的股权。随后不久 Nomura 将股权转让给了 Saluka，这些股权构成了受《荷兰—捷克斯洛伐克 BIT》保护的 Saluka 的投资。捷克提出了三个反诉请求（Heads A-C）都主张 Nomura 违反了《股权购买协议》。但问题是《股权购买协议》的缔约双方是 Nomura 和捷克国家地产基金，而并非 Saluka 和捷克共和国。那么，按照反诉的主体和原诉的主体必须是相同的重要原则，依据《股权购买协议》提起的三项国家反诉的主体显然与原诉的主体并不相同。

不仅如此，反诉和原诉的主体相同还包括原诉被告与《股权购买协议》的另一方是否相同的问题。《股权购买协议》的另一方是"国家地产基金"，其并非原诉的被告捷克共和国，而且国家反诉的发起者也并非"国家地产基金"。从原诉原告和被告在 2004 年的口头听证会来看，双方都认为尽管受捷克共和

---

[1] See Saluka Investments B. V. v. The Czech Republic, Under the Arbitration Rules of UNCITRAL, Decision on Jurisdiction over the Czech Republic's Counterclaim, 7 May 2004, paras. 41-42.

国的控制，但"国家地产基金"毕竟是与捷克共和国相分离的独立的实体机构。[1]

二、解决主体不一致的路径

诚然，Saluka 案所提出的国家反诉的主体要件一致性要求有其相当的合理性，其可能代表投资者与国家争端解决对国家反诉主体要件认定的一般态度。但是，如果考虑到投资者与国家争端解决的特殊性，我们认为应该允许国家反诉主体要件在一定条件下存在"不一致"。Klöckner 诉喀麦隆案至少提供了以下两种可行性路径：

（一）刺破公司的面纱

从理论上来看，通过刺破公司的面纱来解决国家反诉主体不一致的路径是可行的。尽管上述 Saluka 案中仲裁庭裁定其对国家反诉并无管辖权，从而未采用该路径。但是，这并不意味着这一路径完全被"堵死"，如果条件适当，刺破公司面纱还是可行的。[2] Klöckner 诉喀麦隆案中，喀麦隆针对 Socame（Klöckner 在喀麦隆注册的子公司）提起反诉，尽管反诉主体与原诉主体不一致，但是仲裁庭还是裁定其对国家反诉有管辖权，主要依据是其认为在喀麦隆与 Klöckner 签订合同时，Socame 是受 Klöckner 控制的。[3] 显然，该案仲裁庭采用了实际控制理论，通过刺破公司面纱而最终使不一致的主体要件达到了实质上的一致。

---

〔1〕 See Saluka Investments B. V. v. The Czech Republic, Under the Arbitration Rules of UNCITRAL, Decision on Jurisdiction over the Czech Republic's Counterclaim, 7 May 2004, paras. 47-51.

〔2〕 实际上 Saluka 案中，仲裁庭还是指出了扩展仲裁庭对国家反诉管辖权的路径的。其指出依据 Nomura Europe 和国家地产基金达成的《购买股权协议》而提出的反诉想要成功提起，则要满足一些要件：一是尽管其提出的反诉要求（Heads A-C）都是针对 Nomura Europe，但是，如果这些反诉可以被解释为指向 Saluka；二是证明 Saluka 作为 Nomura Europe 股权的转让者应受《股权购买协议》的约束。See Saluka Investments B. V. v. The Czech Republic, Under the Arbitration Rules of UNCITRAL, Decision on Jurisdiction over the Czech Republic's Counterclaim, 7 May 2004, para. 50. 可见，Saluka 案仲裁庭在一定程度上是支持通过刺破公司面纱来"扩展"其对国家反诉的管辖权。

〔3〕 See Klöckner Industrie-Anlagen GmbH v. Republic of Cameroon, ICSID Case No. ARB/81/2, Award, 21 October 1983, 2 ICSID Rep. 9 (1994), pp. 15-16.

（二）突出属物管辖权

在国家反诉与投资者原诉主体不一致的情况下，通过弱化属人管辖权，强化属物管辖权，可以绕过主体要件的障碍。Klöckner 诉喀麦隆案为国家反诉提供了该可行性路径的模板。本案中，仲裁庭在面对反诉主体与原诉主体不一致的情况下，没有过多地纠结于其是否有"属人管辖权"，而是转而强化其属物管辖权，仲裁庭指出当国家对在其本国的附属实体提起反诉时，仲裁员关注的是对合同的主要问题管辖权，而不是投资者的附属实体不是仲裁协议的缔约方的 ICSID 项下的属人管辖权。因此，仲裁庭对喀麦隆的反诉有管辖权。[1]

第三节　国家反诉的同意要件

同意是仲裁的基石。[2] 作为仲裁的一种，投资者与国家争端解决也需要满足同意的要求。然而，与商事仲裁不同，投资者与国家争端解决中的同意有其特殊性，一般而言，争端双方同意的达成需要两步：其一，国家在投资条约中发出了一个永久的要约（国家实际上早已经对投资争端的国际解决做了"单方面的同意"）。其二，投资者接受了这一要约。"要约—承诺"一旦达成，即同意将投资争端提交国际仲裁机构进行仲裁。[3] 可见，投资者与国家之间争端解决程序启动的最终决定者是投资者，这就是所谓的国际强制仲裁或无默契仲裁。[4]

除了原诉在很大程度上由投资者同意决定外，实际上，投资者与国家争端解决中的国家反诉是否能成功提起，投资者的同意也起到了决定性作用。根据

---

[1] See Klöckner Industrie-Anlagen GmbH v. Republic of Cameroon, ICSID Case No. ARB/81/2, A-ward, 21 October 1983, 2 ICSID Rep. 9 (1994), p. 17.

[2] See Jeffrey Waincymer, "Procedure and Evidence in International Arbitration", *Kluwer Law International*, 2012, pp. 227—229.

[3] See Jan Pauslsson, "Arbitration Without Privity", *ICSID Review* (1995) 10 (2): 232-257, p. 256.

[4] 参见余劲松、詹晓宁：《国际投资协定的近期发展及对中国的影响》，载《法学家》2006 年第 3 期，第 157 页。余劲松、詹晓宁：《论投资者与东道国间争端解决机制及其影响》，载《中国法学》2005 年第 5 期，第 179-189 页。

投资者同意的表现形式，可以分为明示同意和默示同意两类。如果投资者通过书面、口头或其他形式明确作出国家反诉，问题就简单了，自不待言。

但情况往往是投资者基于自身利益的考虑，一般不会在投资争端发生之后明确表明其同意国家反诉，这样投资者同意就成了国家反诉的主要障碍。是否有破除或绕过该障碍的路径呢？关于此，有学者指出：投资者与国家争端解决中的"同意"是一个非常宽泛的概念，不存在国家反诉排除于仲裁庭管辖权之外的原则。只要具体依据的法律（条约）不明确排除国家反诉，国家反诉就是被允许的，例如常设国际法院、国际法院以及国际海洋法院都曾用程序规则对反诉作出裁决，尽管这些法院规则中并没有关于反诉的规定。[1] 甚至有人还认为，国家在投资条约中所作出的要约并不是国家反诉提出的必要的前提条件。[2]

实际上，此时需要考虑投资者对国家反诉的默示同意，即通过自身行为以外的其他情形推定投资者的"同意"。经过考察，目前主要有两种路径可能推定投资者同意的意思表示。

一、仲裁规则中的默示同意

可适用的仲裁规则可以作为投资者默示同意国家反诉的重要依据之一。如《ICSID 公约》第46条规定："除非双方另有协议，如经一方请求，仲裁庭应对争端的主要问题直接引起的附带或附加的诉请或反诉做出决定，但上述要求应在双方同意的范围内，或者在'中心'的管辖范围内。"

有学者指出，当投资者依据《ICSID 公约》提起原诉的同时，第46条实际上就内化为投资者"同意"的不可分割的一部分，即东道国反诉的提起当然是被允许的。[3] Michael Reisman 在 Roussalis 诉罗马尼亚案的异议中指出：当国

〔1〕 See Zachary Douglas, *The International Law of Investment Claims*, Cambridge University Press, 2009, p. 256.

〔2〕 See Atanasova, Dafina, Martínez Benoit, Adrián & Ostransky, Josef, "The Legal Framework for Counterclaims in Investment Treaty Arbitration", *Journal of International Arbitration* 31, No. 3 (2014): 357-392, p. 366.

〔3〕 See Andrea K. Bjorklund, "The Role of Counterclaims in Rebalancing Investment Law", 17 *Lewis & Clark L. Rev.* 461 (2013), p. 472.

家在双边投资条约中有条件的同意 ICSID 的管辖权时，《ICSID 公约》第 46 条的同意要件在投资者提出仲裁申请时就发生效力。第 46 条对投资者和国家都有利。[1] Reisman 认为国家反诉不需要属于成员方在条约中同意的范围。当国家在投资条约中作出同意 ICSID 管辖权的表示时，《ICSID 条约》第 46 条的同意要素在投资者选择启动仲裁时生效。[2]

除了《ICSID 公约》及《ICSID 仲裁规则》的规定外[3]，还有其他仲裁规则有可能推导出投资者的默示同意。如 2010 年修订的《联合国国际贸易法委员会仲裁规则》第 21（3）条规定："被申请人可在其答辩中提出反诉或基于一项仲裁请求而提出抵销请求，仲裁庭根据情况决定延迟是正当的，被申请人还可以在仲裁程序的稍后阶段提出反诉或基于一项仲裁请求而提出抵销要求，只要仲裁庭对此拥有管辖权。"

二、争端解决条款中的默示同意

（一）投资争端范围的默示同意

国际投资条约中的投资争端范围在一定程度上可以作为投资者默示同意国家反诉的依据。[4] 如果同意提交仲裁的投资争端范围足够宽泛，则可以推定包含同意国家反诉：①投资条约中没有规定可通过仲裁解决的争端范围，则一般不应以此为由排除国家反诉。如 2008 年签订的《美国—卢旺达 BIT》中就没有关于争端的定义。②投资条约中明确规定了可受理的争端的范围，则需要根

---

〔1〕 See Declaration of W. Michael Reisman, Spyridon Roussalis v. Romania, ICSID Case No. ARB/06/1 (2011), 28 November 2011.

〔2〕 See Atanasova, Dafina, Martínez Benoit, Adrián & Ostransky, Josef, "The Legal Framework for Counterclaims in Investment Treaty Arbitration", *Journal of International Arbitration* 31, No. 3 (2014): 357–392, p. 366.

〔3〕《解决投资争端的国际中心仲裁规则》规则四十附带请求：（一）除双方当事者另有协议外，一方当事者可直接对争议之标的提出附带请求、附加请求或反请求，但以此种附带请求在双方当事者同意之范围内或在中心管辖范围内为限。（二）附带请求或附加请求应在提交答辩书前提出，反请求应在提交记要答辩书前提出，除非仲裁庭考虑到提出附带请求之当事者之正当理由及他方当事者之反对理由，准予其在仲裁之较晚阶段上提出此项请求。

〔4〕 See Zachary Douglas, *The International Law of Investment Claims*, Cambridge University Press, 2009, p. 256.

据具体的争端范围来确定是否能够提出反诉。如在 Roussalis 诉罗马尼亚案中，《希腊—罗马尼亚 BIT》就将投资争端明确定义为与国家义务有关的争端，因此，仲裁庭根据该投资争端范围作出裁定认为其没有管辖权。[1] 但是，如果投资条约中规定了与投资有关的所有争端或者任何争端，则可能认定为，该投资争端范围足够宽泛而可包含国家反诉。[2]

然而，如果同意仲裁的范围非常狭窄，则一般不能认为含有对国家反诉的同意。例如 NAFTA 规定，仅将原诉限定在国家对条约义务违反范围内，则无论原告还是被告都不能依据合同的违反或国内法的违反来提出诉请。该狭窄的投资争端范围就自然成为了国家反诉的障碍。因为一般情况下，该原诉争端就是依据投资条约中的义务而产生的。[3]

（二）投资争端启动的默示同意

投资者与国家争端解决程序的启动也往往可被作为投资者对国家反诉默示同意的依据。投资条约中如果规定争端双方都可以提起争端解决程序，或可由争端任何一方提出（如《德国—加纳 BIT》），则国家提起反诉的可能性较大。

但如果投资条约中仅规定投资者可以启动争端解决程序（如《能源宪章条约》和《美国—乌克兰 BIT》就仅规定了只有投资者才能发起投资争端），则一般认为这种有限制的固定争端发起程序是对国家反诉的阻拦。关于此，有学者也有不同意见：有限制的固定条款不应被看作是国家反诉不可逾越的障碍，而应该与确定国家反诉的其他因素（如可适用的仲裁规则）相联，进行综合判断。[4]

---

〔1〕 See Spyridon Roussalis v. Romania, ICSID Case No. ARB/06/1, Award, 7 December 2011, paras. 859-877.

〔2〕 See Atanasova, Dafina, Martínez Benoit, Adrián & Ostransky, Josef," The Legal Framework for Counterclaims in Investment Treaty Arbitration", *Journal of International Arbitration* 31, No. 3 (2014): 357-392, pp. 370-373.

〔3〕 关于此有学者给出了另一种解释：原诉的范围与反诉的范围无明确关系，在此情形下，国家反诉是不受原诉范围限制的，国家可以依据投资者的合同性义务对其提出反诉。See Zachary Douglas, *The International Law of Investment Claims*, Cambridge University Press, 2009, p. 256.

〔4〕 See Atanasova, Dafina, Martínez Benoit, Adrián & Ostransky, Josef, "The Legal Framework for Counterclaims in Investment Treaty Arbitration", *Journal of International Arbitration* 31, No. 3 (2014): 357-392, pp. 370-373.

第四节　国家反诉的义务要件

投资者的义务是国家反诉提起的重要依据，没有义务为依凭的诉求犹如空中楼阁般虚无缥缈。该客体要件本无争议，但是由于国际投资条约是国家之间缔结的，其目的是促进和保护投资，一般不规定投资者的义务。[1] 因此，投资者义务的缺失可能成为国家反诉的重要障碍。[2]

一、可适用的法律及其确认

既然投资条约中一般没有明确规定投资者义务，那么投资者义务问题又该如何解决呢？这就涉及解决投资者与国家间争端可适用的法律问题。从广义上来看，可适用的法律有两个来源：一是投资条约中明确规定可适用的法律；二是国际投资仲裁规则中含有相应的法律指引。

（一）投资条约中的准据法条款

投资条约中规定的可适用的法律对国家反诉的成功提起有重要作用。如在 Roussalis 诉罗马尼亚案中，仲裁庭指出，BIT 中没有规定投资者的义务，而只有国家的义务，因此，当 BIT 明确规定可适用的法律仅是 BIT 本身规定时，仲裁庭对反诉是没有管辖权的。该案涉及的《希腊—罗马尼亚 BIT》第 9（4）条规定"仲裁庭应该根据本条约和可适用的国际法规则和原则来裁决争端"，据

---

　　[1]　但是有少数投资条约就包含投资者的义务规定，这样国家反诉的客体就较易符合。如《伊斯兰会议组织成员国间投资促进、保护和保证条约》第 9 条规定："投资者应该受东道国已生效的法律和规则的约束，并应该限制其可能损害公共秩序或道德或不利于公共利益的行为。投资者还受到竞争协议和通过不法行为获得利益的限制。"

　　[2]　如果条约中规定了投资者的义务，则在认定国家反诉时会起到积极作用，如 Hesham Talaatm M. AL-Warraq v. The Republic of Indonesia 案中，仲裁庭就指出，双方争端所依据的投资条约中规定了投资者应遵守东道国的法律、公共秩序和道德的义务，尽管投资者当然应该遵守东道国的国内法，但是国际投资条约中的这一规定却使投资者遵守国内法的义务转化为遵守投资条约中的义务。除此之外，遵守东道国法律的义务没有构成对国家反诉性质的限制。因此，仲裁庭认为此规定实际上是对国家反诉提出的积极支持。See Hesham Talaatm M. AL-Warraq v. The Republic of Indonesia, UNCITR ALArbitration Rules, Final Award, 12 December 2014, paras. 663, 667.

此（主要原因之一），仲裁庭认定没有管辖权。[1]

又如 Amto 诉乌克兰案中，被告提出反诉认为原告错误的原诉对被告名誉所造成的损害，应该予以赔偿。仲裁庭认为，双方投资争端依据的《能源宪章条约》，其第 26（6）条"准据法条款"规定："仲裁庭应依据本条约和可适用的国家法律规则和原则来裁决争端涉及的问题"，而被告并没有在此"准据法"下找到任何关于对声誉非物质损害赔偿的依据，仲裁庭据此认为，该反诉没有任何基础，因此应该予以驳回。[2] 因为投资合同和本地法经常会为争端一方的投资者规定义务，所以包含投资合同、东道国本地法律的可适用的法律条款相比较那些仅指向 BIT 本身以及国际法的可适用法来说，显然对国家反诉更为有利。[3]

现实中，投资条约关于可适用法律的规定并不统一。如 2006 年签订的《中国—俄罗斯 BIT》第 9 条"缔约一方与缔约另一方投资者争议解决"规定了可以适用的法律包括：①本协定的条款；②接受投资的缔约方的法律和法规，包括与法律冲突相关的规则；③国际法的规则和普遍接受的原则。又如 1990 年缔结的《阿根廷—英国 BIT》第 8 条规定："仲裁庭应根据本协定、争议一方的国内法，包括其冲突规则、与投资有关的任何协议以及国际法的一般原则解决争端。"类似这些准据法条款一般会规定投资者的义务。

（二）仲裁规则中的规定

如果国际投资条约中没有明确规定可适用的法律，那么可以从一些国际投资公约或仲裁规则中找到依据。如《ICSID 公约》第 42 条规定："一、仲裁庭应依照双方可能同意的法律规则对争端作出裁决。如无此种协议，仲裁庭应适用作为争端一方的缔约国的法律（包括其冲突法规则）以及可能适用的国际法

---

[1] See Spyridon Roussalis v. Romania, ICSID Case No. ARB/06/1, Award, 7 December 2011, paras. 870-871.

[2] See Limited Liability Company Amto v. Ukraine, Arbitration institute of the Stockholm Chamber of Commerce, 26 March 2008, paras. 116-119. 仲裁庭对国家反诉的管辖权决定与①投资条约中争端解决条款的措辞；②国家反诉的性质；③反诉与原诉之间的关系。

[3] See Atanasova, Dafina, Martínez Benoit, Adrián & Ostransky, Josef, "The Legal Framework for Counterclaims in Investment Treaty Arbitration", *Journal of International Arbitration* 31, No. 3 (2014): 357-392, pp. 375-378.

规则。二、仲裁庭不得借口法律无明文规定或含义不清而暂不作出裁决。三、第 1 款和第 2 款的规定不得损害仲裁庭在双方同意时按公允及善良原则对争端作出裁决的权力。"又如《UNCITRAL 仲裁规则》第 35 条规定："仲裁庭应适用各方当事人指定适用于实体争议的法律规则。各方当事人未作此项指定的，仲裁庭应适用其认为适当的法律。"

二、确定投资者义务的路径

可能为投资者义务提供依据的可适用的法律主要有三种：一是东道国的本地法；二是一般法律原则；三是合同性义务。

（一）通过东道国的本地法确定投资者义务

作为调整东道国各种社会关系的本地法，其当然包含约束在其境内的外国投资者的义务。例如 2006 年 Inceysa 诉萨尔瓦多案中，仲裁庭拒绝了管辖权，原因是投资条约规定，投资必须依据东道国的法律作出，而投资者却使用了欺诈的手段进行投资。[1]

尽管可适用的本地法规定了投资者的义务，但是，从投资者与国家争端解决的实践来看，基于东道国本地法所规定的投资者义务而成功提起国家反诉困难重重。例如在 Amco 诉印度尼西亚案中，Amco 在印度尼西亚进行饭店和办公楼投资。后来，Amco 向 ICSID 提起了诉求，主张印度尼西亚侵占了其投资，并撤销了联合投资许可证。在仲裁过程中，印度尼西亚提出反诉，认为 Amco 存在税收欺诈。仲裁庭将投资者的义务分为两大类，一是属于东道国管辖权的适用于投资者的权利和义务；二是适用于东道国缔结投资条约中的投资者的权利和义务。依据后者所产生的法律争端属于《ICSID 公约》第 25 条的规定，而依据前者所产生的法律争端除非明确授权该争端依据《ICSID 公约》解决，否则就依据一般法产生的程序加以处理。印度尼西亚提出的投资者税收欺诈的反诉明显是其国内法的一般性义务，并不与投资条约相连。因此，仲裁庭认为该

---

〔1〕 See Inceysa Vallisoletana, S. L. v. Republic of El Salvador, ICSID Case No. ARB/03/26, Award, 2 August 2006, Paras. 230-264.

国家反诉超出了属物管辖权。[1] 又如 Saluka 案中，仲裁庭指出，捷克提出的反诉（Heads D-K）涉及的事项违反的是其一般国内法，因此应该通过捷克法律规定的适当程序解决，而非由投资条约争端解决程序加以解决。[2] 再如，在 Paushok 诉蒙古案中，仲裁庭指出蒙古提出的前三项反诉依据的是蒙古公法，并非投资合同或其他合同，因此这些反诉应专属于蒙古法院，蒙古国内公法并没有域外的效力。因此，仲裁庭对该三项反诉没有管辖权。[3]

可见，依据国内法提出国家反诉在理论上有其可能性，但实践中，该国家反诉很难被认可。未来的发展动向还需要进一步的检验。

（二）通过投资合同确定投资者义务

合同性义务一般指的是投资者与国家之间签订的投资合同中规定的投资者义务，其在一定条件下可以为国家反诉的成功提起提供客体要件。如在 Klöckner 诉喀麦隆案中，喀麦隆成功提起国家反诉的依据就是其与投资者之间缔结的有关投资合同中规定的工厂管理义务。[4]

国家依据投资者的合同性义务而提出的反诉有严格的条件限制。其一，投资条约中应该有较宽泛的争端解决条款；其二，投资合同自身没有争端解决机制。例如 Hesham 诉印度尼西亚案中，仲裁庭驳回被告反诉的一个重要原因是印度尼西亚所依据的一些合同中自身含有争端解决条款。如被告反诉中提到的原告一个欺诈行为，涉及的损害是没有遵守 AMA 合同（"银行世纪"和 Telltop Holding Limited 缔结的合同）。而该合同中就规定了合同争端受英国法院和新加坡国际仲裁庭仲裁规则非排他性管辖。[5] 又如，Saluka 案中，仲裁庭对捷克根据《股权转让协定》提出的反诉没有管辖权的一个重要原因是，该协定中有

〔1〕　See Amco Asia Corporation v. Republic of Indonesia, ICSID Case No. ARB/81/1, Decision on Jurisdiction 10 May 1988, paras. 125-127.

〔2〕　See Saluka Investments B. V. v. The Czech Republic, Under the Arbitration Rules of UNCITRAL, Decision on Jurisdiction over the Czech Republic's Counterclaim, 7 May 2016, paras. 78-79.

〔3〕　See Sergei Paushok v. The Government of Mongolia, Under the Arbitration Rules of UNCITRAL, Award on Jurisdiction and Liability, 28 April 2011, paras. 694-695.

〔4〕　See Saluka Investments B. V. v. The Czech Republic, Under the Arbitration Rules of UNCITRAL, Decision on Jurisdiction over the Czech Republic's Counterclaim, 7 May 2004, paras. 51-54.

〔5〕　See Hesham Talaatm M. AL-Warraq v. The Republic of Indonesia, UNCITR ALArbitration Rules, Final Award, 12 December 2014, para. 671.

强制性的争端解决机制条款：本协定的争端"由该协定引起或与其相关的，或该协定的违反、终止或无效等的所有或任何争端应该由 UNCITRAL 仲裁规则进行仲裁，仲裁地是苏黎世"。[1]

（三）通过一般法律原则确定投资者义务

在国际投资条约中缺少投资者的义务时，一般法律原则也可能为国家反诉提供依据。经学者统计，投资者与国家争端解决中适用的一般法律原则包括：善意；恢复原状；受害者减损伤害的义务；有约必守义务；禁止反言；禁止从自己的欺诈中获益；一方可以合同另一方不履行义务作为其不履行义务的抗辩理由；不当得利；合同的一般原则等。[2] 虽然现在尚未有以一般法律原则规定的投资者义务为由提起国家反诉的案件，但是毕竟其为国家反诉的成功提起提供了理论上的可能。至于一般法律原则在国家反诉的实践中的真正效果，可能还需要以后的案件检验。

第五节　国家反诉的联系要件

与原诉须有联系，是国内法中关于反诉的要求。相类似地，在投资者与国家争端解决机制中，国家反诉也要满足该要求。目前实践中一般认为，国家反诉与投资者原诉之间应存在紧密联系（close connexion 或 close connection 或 close connexity）。但是紧密联系一词较为抽象，该如何确定判断标准，是目前国家提出反诉亟待解决的重要问题。经分析，具体路径大致包括两种：一是反诉规则中的联系；二是实际的紧密联系。

---

〔1〕 See Saluka Investments B. V. v. The Czech Republic, Under the Arbitration Rules of UNCITRAL, Decision on Jurisdiction over the Czech Republic's Counterclaim, 7 May 2004, paras. 65-67.

〔2〕 see Yaraslau Kryvoi, "Counterclaims in Investor-State Arbitration", *Minnesota Journal of INT'L Law*, Vol 21：2, 2012, pp. 248-250.

一、反诉规则中的联系

一些仲裁规则明确规定了反诉与原诉之间应该满足的联系要件，按照不同的仲裁规则对反诉的不同规定，可以分为下三种情况：

首先，反诉与原诉应该依据相同的合同。如《UNCITRAL 规则》第 19.3条："被诉人得在其答辩中，或在迟延情由经仲裁庭认为出于合理的情况时，得在其后仲裁程序进行的各阶段中，根据同一合同提出反诉或根据同一合同提出抵销为目的所依据的请求。"

其次，反诉应该与投资或原诉争端的主要问题有直接联系。如《ICSID 公约》第 25（1）条："中心管辖适用于缔约国（或缔约国向中心指定的该国的任何组成部分或机构）和另一缔约国国民之间直接因投资而产生并经双方书面同意提交给中心的任何法律争端。当双方同意后，任何一方不得单方面撤销其同意。"第 46 条规定："除非另有协议，如经一方请求，仲裁庭应对争端的主要直接引起的附带或附加的要求或反诉作出决定，但上述要求应在双方同意的范围内，或在中心的管辖范围内。"

最后，反诉与原诉所依据的主要问题是由相同合同、交易或事件所构成的。如《伊朗与美国求偿宣言》第 2（1）条："建立国际仲裁庭（美—伊求偿庭）的目的是为了对于美国国民针对伊朗的求偿、伊朗国民针对美国的求偿以及任何因同一合同、交易或事件而产生的构成该国民的求偿事由的反求偿（如果该求偿或反求偿在本协议日期尚未解决，而无论是否在任何法院备案作出裁决）以及因债务、合同（包括属于信用证或银行保函事项的交易）、征收或者影响财产权的其他措施而产生的求偿或反求偿作出的裁决。"

一般而言，选择了某一仲裁规则就需要满足其关于国家反诉与投资者原诉之间的特殊联系要求。如果不符合相关规定，则国家反诉很难成功。

二、实践中的紧密联系及其判断

从目前设计国家反诉的案件来看，仲裁庭判断反诉与原诉之间是否存在实际上的紧密联系一般有三种途径：一是是否与原诉的投资相连；二是是否与原诉的主要问题相连；三是是否与原诉整体相连。

（一）国家反诉须与投资相连

原诉是投资者针对与投资有关的争端提出的，因此国家反诉与原诉的联系性首先体现在其与投资相连。如在 Amco 诉印度尼西亚案中，仲裁庭认为印度尼西亚提出的税收欺诈反诉超出了其属物管辖权，主要原因是禁止税收欺诈义务是印度尼西亚国内的一般法律制度，其与投资合同并没有特别的联系，也并不是直接由投资所引起。[1] 又如在 Saluka 案中，在裁决其对国家反诉是否有管辖权时，仲裁庭认为其对原诉和反诉的管辖权由本案条约第 8 条所限制。该条规定了"与投资有关的"争端，因此，反诉必须满足该要求，才能属于仲裁庭管辖权的范围。[2] 可见，如果国家反诉与投资无关，是不可能被仲裁庭认可的。

（二）国家反诉须与主要问题相连

在 Klöckner 诉喀麦隆案中，仲裁庭强调了反诉的主要问题与原诉的主要问题的联系性要求：它们应该是"不可分割的""相互依赖的"。仲裁庭指出投资者提起的原诉依据的是《供给合同》，而喀麦隆提起的反诉依据是《供给合同》、《1972 年协议议定书》和《1973 年设立协议》。仲裁庭认为这三个依据是相互联系的和不可分割的。该案涉及一个相同的双边关系，因为三个合同（肥料工厂供给合同和技术商业管理以及价格的支付和特定投资保证）是紧密联系在一起的。它们相互间的义务有共同的渊源，是运行的统一体。它们追求同一个目标，彼此是相互依赖的。因此，仲裁庭认为其对国家反诉有管辖权。[3]

（三）国家反诉须与原诉整体相连

在 Paushok 诉蒙古案中，仲裁庭认为其对蒙古的反诉无管辖权，主要依据是蒙古提出的七项反诉与投资者提出的原诉之间缺少紧密联系。在分析前三项反诉时，仲裁庭指出该三项反诉主张是专属于蒙古国内法管辖的事项，与投资

---

〔1〕 See Amco Asia Corporation v. Republic of Indonesia, ICSID Case No. ARB/81/1, Decision on Jurisdiction, 10 May 1988, paras. 126–127.

〔2〕 See Saluka Investments B. V. v. The Czech Republic, Under the Arbitration Rules of UNCITRAL, Decision on Jurisdiction over the Czech Republic's Counterclaim, 7 May 2004, para. 60.

〔3〕 See Klöckner Industrie-Anlagen GmbH v. Republic of Cameroon, ICSID Case No. ARB/81/2, A-ward, 21 October 1983, 2 ICSID Rep. 9 (1994), p. 17, 65.

者依据投资条约提出的原诉之间并没有构成不可分割的一部分，换言之，蒙古的反诉与投资者的原诉之间并不存在合理的联系。[1]

在 Saluka 案中，仲裁庭指出，合法的反诉必须与其所针对的原诉之间存在紧密的联系。经审理，仲裁庭认为被告提出的反诉（Heads D-K）与原诉［原诉涉及 1998 年 10 月在捷克国有商业银行（IPB）所持有的股权所产生的 Saluka 的投资，其涉及的法律是《捷克—荷兰 BIT》第 3 条和第 5 条］并不能构成一个不可分割的整体，国家反诉与原诉也没有共同的来源，或相同的渊源，两者不是运行统一体，也不是单一目标的任务，即两者并不相互依赖。因此，仲裁庭裁定其对国家反诉无管辖权。[2]

一般认为联系要件内涵具体可分为两类：一是法律上的联系；二是事实上的联系。通过上述仲裁实践，关于密切联系要求，我们可以得出一个初步结论：一是，反诉的法律依据不必与主诉的依据相同。[3] 上述 Klöckner 诉喀麦隆案肯定了这一点。二是要注重事实上的联系性。与司法经济相关的，要求反诉与主诉必须有事实上的联系，该特征要求仲裁庭必须考虑所有争端相关的各种事实；同时避免下一个仲裁庭对同样的事实再做同样的努力。[4] 三是国家反诉必须与投资者原诉中的投资有关系，或直接由原诉中的投资所引起。四是国家原诉（主要问题）与投资者反诉（主要问题）必须是不可分割的整体，或国家原诉与投资者反诉之间存在合理的联系；或两者之间有共同的来源（或相同的渊源）；或两者是运行统一体；或两者有单一目标。

〔1〕 See Sergei Paushok v. The Government of Mongolia, Under the Arbitration Rules of UNCITRAL, Award on Jurisdiction and Liability, 28 April 2011, paras. 693-699.

〔2〕 See Saluka Investments B. V. v. The Czech Republic, Under the Arbitration Rules of UNCITRAL, Decision on Jurisdiction over the Czech Republic's Counterclaim, 7 May 2004, paras. 61, 79.

〔3〕 See Atanasova, "Dafina; Martínez Benoit, Adrián & Ostrˇansky, Josef, The Legal Framework for Counterclaims in Investment Treaty Arbitration", *Journal of International Arbitration* 31, No. 3 (2014): 357-392, p. 383.

〔4〕 See Hege Elisabeth Veenstra-Kjos, "Counterclaims by Host States in Investment Dispute Arbitration 'without Privity' ", P. Kahn & T. W. Wälde ed., *New Aspects of International Investment Law*, Nijhoff, 2007, pp. 621-623.

但是，关于紧密联系要件尚存在一些问题，如在缺失法律联系的情况下，能否仅依据事实联系就可以提出国家反诉？法律联系和事实联系哪个更具决定意义？国家是否可以基于投资者损害了土壤，或违反了特定的劳动法或某些人权标准而提出反诉来对抗合同性或条约性原诉？关于此，目前学者倾向于只要反诉与原诉之间存在很强的事实性联系，则可认定为国家反诉符合联系要件。[1] 甚至有学者主张，国家反诉与原诉之间的紧密联系是纯事实性联系。[2] 目前，还有一种较为折中的综合性观点是，国家反诉的认定既要考虑法律因素，又要考虑事实因素，任何一个单独因素都不是决定性的。所谓紧密性，更为合理的途径是同时符合法律的联系性，同时符合事实的联系性。

此外，国家反诉联系要件的性质（是管辖权事项，还是可受理性事项）尚有不同的认识。该问题涉及两个重要问题：举证责任的分配问题和裁决（决定）是否会被审查的问题。[3] 有学者主张应将联系要件归于可受理性事项中，[4] 而实践中，仲裁庭多将联系性问题放在了管辖权事项中加以分析。因此，联系要件的性质问题还亟待进一步解决。

第六节　国家反诉的新发展

投资者与国家争端解决中的国家反诉不仅可以高效地解决国际投资争

---

〔1〕　See Hege Elisabeth Veenstra-Kjos, "Counterclaims by Host States in Investment Dispute Arbitration 'without Privity'", P. Kahn & T. W. Wälde ed", *New Aspects of International Investment Law*, *Nijhoff*, 2007, pp. 621–627.

〔2〕　See Zachary Douglas, *The International Law of Investment Claims*, Cambridge University Press, 2009, p. 430.

〔3〕　*The Legal Framework for Counterclaims in Investment Treaty Arbitration*, p. 379.

〔4〕　See Zachary Douglas, *The International Law of Investment Claims*, Cambridge University Press, 2009, p. 430.

端,[1] 而且还是平衡投资者与国家之间利益的一个非常重要的途径。

一、投资条约实践的新发展

据统计,目前至少有两个条约含有国家反诉的规定:一是 2007 年《东南非共同市场投资条约》(COMESA Investment Agreement) 第 28 (9) 条规定:"一缔约国可以东南非共同市场投资者提出主张时并没有履行其在该条约项下的义务,包括遵守所有可用的当地措施,或者其能采用的任何合理措施,或任何可采取的合理步骤以减少可能的损失,来作为其针对东南非共同市场投资者提出的诉求所进行的抗辩、反诉、抵销权或类似主张。"二是 2018 年签署的《跨太平洋伙伴关系协议》(TPP) 的第 9.18 条"提交仲裁申请"的第 2 款规定:"当申请人根据第 1 款 (a) 项 (i)(B) 目 (投资授权)、第 1 款 (a) 项 (i)(C) 目 (投资协议)、第 1 款 (b) 项 (i)(B) 目 (投资授权) 或第 1 款 (b) 项 (i)(C) 目 (投资协议) 提交诉请时,被申请人可提出与诉请的事实和法律依据有关的反诉,或依赖一项诉请以与申请人抵销。"由于 TPP 缔约国的分布,加之美国的参与和主导,其影响力更大。尽管美国 2017 年宣布退出 TPP,但是 TPP 却并未因美国的退出而销声匿迹,相反,在日本等国家的努力下,《综合进步的跨太平洋伙伴关系条约》(CPTPP) 替代原 TPP 在 10 个国家间生效。美国的退出并未消减美国对 CPTPP 的影响。TPP 中第 9.18 条"提交仲裁申请"变为 CPTPP 的第 9.19 条"提交仲裁申请"内容并无变化。因此,此处重点对 CPTPP 中的反诉进行分析。

CPTPP 中的国家反诉规定大致可根据上述四个构成要件加以分析:其一,从主体要件来看,国家反诉仅针对特定事项:"投资协议"和"投资授权"。而

---

〔1〕 Michael Reisman 在 Roussalis v. Romania 案的异议中指出,拒绝对反诉的管辖权可能导致国家通过其国内法院解决自己的诉求,而这有可能会引起国际投资争端的再次发生,从而出现争端解决程序重复、低效率以及增加交易成本的情形。See Spyridon Roussalis v. Romania, ICSID Case No. ARB/06/1, Declaration of W. Michael Reisman, 28 November 2011.

投资协议和投资授权的主体在 CPTPP 投资章"定义"部分进行了明确的规定。[1] 这就保证了国家反诉与投资者原诉之间主体的一致性。其二，从主观要件来看，CPTPP 国家反诉的规定并不明确。我们是否可以根据 CPTPP 投资章规定的国家享有进行反诉的权利来推定（假定）投资者在作出提交原诉之同意的同时，潜在地暗含地同意了国家基于对原始申请提出的反诉主张，该判断标准可能存在一定"漏洞"，其具体效果尚需实践检验。其三，从客体要件来看，CPTPP 中国家反诉的规定是针对"投资协议"和"投资授权"，显然"投资者的义务"来自于国家与投资者签订的具体文件中的"合同义务"。一般而言，国家在签订"投资协议"或作出"投资授权"时，肯定会规定投资者的相关义务。其四，从客观要件来看，CPTPP 规定的国家反诉与投资者原诉之间关系符合"紧密联系"要求。投资者提出的原诉与国家反诉的依据均是"投资

---

〔1〕 CPTPP 投资章"定义"部分规定：投资协议指一缔约方中央政府的主管机关［对单一制国家，指部级政府机关。部级政府指中央政府层级的政府部门，或部或其他类似机关，但不包括：（a）依据一缔约方的宪法或特定立法设立的、根据该缔约方法律具有独立于政府部门、部或其他类似机关的法人地位的政府机关或机构。（b）仅在特定地区或省份行使权力的政府机关或机构。］与另一缔约方的涵盖投资或投资者之间，在本协定生效日之后缔结和生效的书面协议［双方当事人谈判和执行的书面形式的协议，无论以单个文件还是以多个文件的形式体现。为进一步明确：（a）行政或司法机关的单方行为，如由一缔约方在其管理职权内颁发的许可、执照、授权、证明、批准或类似文件，或给予补贴或赠款，或法令、命令、判决本身；（b）表示同意的行政或司法法令、命令］；该书面协议规定权利和义务的交换，第 9.24（2）条（准据法）规定的适用法律对双方当事人具有约束力，涵盖投资或投资者赖此设立或获取除该书面协议本身之外的涵盖投资；并且该书面协议授予换购投资或投资者如下权利：（a）就国家机关所掌控的自然资源，例如石油、天然气、稀土矿、木材、黄金、铁矿和其他类似资源，但不包括关于土地、水或射频频谱的投资协议而言，享有勘探、开采、冶炼、运输、分销或销售的权利；（b）代表该缔约方为社会公众的消费提供服务的权利，如电力生产或分销，水的处理或分销，或代表该缔约方为社会公众的消费提供其他类似服务，但不涵盖惩教服务、卫生服务、教育服务、儿童保育服务、福利服务或其他类似服务；（c）承担基础设施项目的权利，如公路、桥梁、河渠、大坝、管道或其他类似项目的建设，但是此类基础设施不能是为政府独家或主要使用或受益。投资授权指一缔约方外国投资管理机关［就本定义而言，截至本协定生效之日，"外国投资管理机关指"指：（a）对于澳大利亚而言，澳大利亚外国投资政策包括《1975 年外国收购与兼并法》下的澳大利亚联邦财政部长；（b）对于加拿大而言，工业部长，但仅当其根据《加拿大投资法》第 21 节或第 22 节下发通知之时；（c）对于墨西哥而言，国家外国投资委员会；以及（d）对于新西兰而言，财政部长、渔业部长或土地信息部长，但仅限于此类机关依据《2005 年海外投资法》作出同意的决定的情况。］给予另一缔约方的涵盖投资或投资者的授权。为进一步明确，本定义不包含下列情况：①一缔约方为执行普遍适用的法律，如竞争、环境、卫生或其他规制性法律等所采取的行动；②非歧视的许可制度；及③一缔约方向另一缔约方的涵盖投资或投资者授予，而非由外国投资管理机关在投资授权中规定的特定的投资激励或其他利益的决定。

协议"或"投资授权",而且国家反诉和投资者原诉都与投资有关。显然,CPTPP 中国家反诉的规定具有明显的合理性,但是不可否认其也存在一定的弊端,如在主观要件方面可能存在一定的"同意"漏洞;而且其适用的范围较为狭窄,仅适用于"投资协议"和"投资授权"。因此,未来的一个发展方向可能是在 CPTPP 国家反诉规定的基础上进一步完善。中国在缔结或修订投资条约时,可加以借鉴,并可进行适当改进。

总之,随着不平衡的投资者与国家争端解决机制弊端的日益显露,以及平衡投资者与国家间利益逐渐成为共识,可以预见,在不久的将来,国家反诉在以国家为主导的国际投资法制体系中,将会逐渐得到认可和完善。

二、投资仲裁实践的新发展

(一) Urbaser and CABB 诉阿根廷案

被申请人阿根廷以申请人未能提供特许协议规定的投资,从而违反了基于"水的人权"的国际法义务和承诺而提出反诉,并要求赔偿。[1] 投资者就仲裁庭对该反诉的管辖权提出了异议,其提出的重要的理由包括投资条约并未给投资者施加义务,[2] 仲裁庭指出与其他国家反诉被驳回的案件不同,《阿根廷—西班牙 BIT》明确规定了"任何一方均可请求"将争端提交国际仲裁,即表明 BIT 对投资争端中的申请人或被申请人的身份具有完全的中立性。[3] 关于申请人提出的其未对被申请人的反诉表示过同意,仲裁庭认为,申请人不能将诉求和反诉的同意分开。同意确实涵盖 BIT 中与投资有关的所有争端。[4] 申请人还指出基于侵犯人权提出的任何反诉均超过本案仲裁庭的管辖范围。[5] 仲裁

---

〔1〕 Urbaser S. A. and Consorcio de Aguas Bilbao Biskaia, Bilbao Biskaia Ur Partzuergoa v. Argentine Republic (ICSID Case No. ARB/07/26), Award, 8 December 2016, para. 36.

〔2〕 Urbaser S. A. and Consorcio de Aguas Bilbao Biskaia, Bilbao Biskaia Ur Partzuergoa v. Argentine Republic (ICSID Case No. ARB/07/26), Award, 8 December 2016, para. 1120.

〔3〕 Urbaser S. A. and Consorcio de Aguas Bilbao Biskaia, Bilbao Biskaia Ur Partzuergoa v. Argentine Republic (ICSID Case No. ARB/07/26), Award, 8 December 2016, para. 1143.

〔4〕 Urbaser S. A. and Consorcio de Aguas Bilbao Biskaia, Bilbao Biskaia Ur Partzuergoa v. Argentine Republic (ICSID Case No. ARB/07/26), Award, 8 December 2016, para. 1147.

〔5〕 Urbaser S. A. and Consorcio de Aguas Bilbao Biskaia, Bilbao Biskaia Ur Partzuergoa v. Argentine Republic (ICSID Case No. ARB/07/26), Award, 8 December 2016, para. 1154.

庭指出，申请人仅因为与投资可能无关的争端的诉求这一简单的初步基础提出的反对主张并不充分。[1] 仲裁庭认为其需要确定被申请人提出的反诉确实与BIT 范围内的权利和义务的违反有关。申请人反驳的该方面将会与反诉的实体问题一并进行处理，因此，仲裁庭认定其对被申请人的反诉有管辖权。[2]

申请人提出的"水的人权"义务仅由国家来承担的主张也被驳回。仲裁庭指出，以前只有国家才是国际法的主体的原则已经"失去了其影响力和相关性"。仲裁庭指出，基于企业社会责任和联合国"关于商业和人权指导原则"方面的发展，不能认定"在国际上经营的公司不是国际法的主体"。同时，仲裁庭也承认，这种发展本身并不足以"迫使公司将其政策与人权相一致"。在审查了 BIT 中的争端解决条款、可适用的法律条款以及所谓的"更有利的条款"后，其指出每一个条款均允许或要求援引 BIT 以外的法律渊源。为了确定关于"水的人权"的国际法内容，仲裁庭审查了大量国际法文件，包括 1948年《世界人权宣言》和 1966 年《经济、社会和文化权利国际公约》。仲裁庭指出，水和卫生是当下人权的一部分，国家应承担相应的义务向所有在其管辖范围内生活的人提供安全、清洁的饮用水和污水处理服务。因此，仲裁庭得出结论：为了确保每个人都享有这些权利，还必须确保任何其他个人或实体，无论是公共的还是私人的，都不得无视这些权利。[3]

根据阿根廷的主张，鉴于申请人负有在特许协议下负责提供水和卫生服务，因此提供安全、清洁的饮用水和污水处理服务的人权义务就施加给了申请人。但是仲裁庭最终驳回了被申请人的反诉，认为申请人所谓的义务来自于特许协议，而并未作为国际法问题存在。[4]

〔1〕 Urbaser S. A. and Consorcio de Aguas Bilbao Biskaia, Bilbao Biskaia Ur Partzuergoa v. Argentine Republic (ICSID Case No. ARB/07/26), Award, 8 December 2016, para. 1154.

〔2〕 Urbaser S. A. and Consorcio de Aguas Bilbao Biskaia, Bilbao Biskaia Ur Partzuergoa v. Argentine Republic (ICSID Case No. ARB/07/26), Award, 8 December 2016, paras. 1153-1155.

〔3〕 Urbaser S. A. and Consorcio de Aguas Bilbao Biskaia, Bilbao Biskaia Ur Partzuergoa v. Argentine Republic (ICSID Case No. ARB/07/26), Award, 8 December 2016, paras. 1192-1205.

〔4〕 Urbaser S. A. and Consorcio de Aguas Bilbao Biskaia, Bilbao Biskaia Ur Partzuergoa v. Argentine Republic (ICSID Case No. ARB/07/26), Award, 8 December 2016, paras. 1206-1212.

（二）Perenco 诉厄瓜多尔案

申请人 Perenco 根据《厄瓜多尔—法国 BIT》以及两份特许合同将厄瓜多尔征收石油利润 99% 的暴利税诉诸 ICSID。2014 年仲裁庭作出裁决认定，厄瓜多尔的征税违反了 BIT 和特许合同，但推迟了对申请人赔偿金额的决定。2011年被申请人提出了反诉，声称 Perenco 违反合同和厄瓜多尔环境法运营其油田，从而导致了环境灾难，要求申请人给予 25 亿美元的赔偿。

仲裁庭首先指出，根据不断变化的观点和对各种活动所带来风险的更深理解，国家拥有规定和调整其环境法律、标准和政策的国际法下广泛的自由。根据厄瓜多尔宪法对环境保护的关注，仲裁庭指出当对厄瓜多尔规制体制存在争议时，应优先选择最有利于环境保护的解释。他们利用这一解释性原则来解决厄瓜多尔法律提出的某些问题，如四年的诉讼时效并不禁止反诉。仲裁庭指出，就现有证据而言，Perenco 的行为"是令人不安的"，并非负责任的环境管理者，仲裁庭发现自己无法确定实际污染的程度，最终决定任命一名专家，"全权负责"调查此事。同时，仲裁庭还邀请双方就反诉进行协商解决。[1]

---

〔1〕　Perenco Ecuador Limited v. Republic of Ecuador (Petroecuador) (ICSID Case No. ARB/08/6), InterimDecision on the Environmental Counterclaim, 11 August 2015, paras. 35, 322, 447, 581, 588.

参考文献

一、外文著作

1. Tony Cole, *The Structure of Investment Arbitration*, Routledge, 2013.

2. Christoph H. Schreuer et al. (eds.), *The ICSID Convention*: *A Commentary*, 2nd ed., Cambridge University Press, 2009.

3. R. Doak Bishop, James Crawford, W. Michael Reisman, *Foreign Investment Disputes*: *Cases*, *Materials and Commentary*, Kluwer Law International, 2014.

4. Martins Paparinskis, *The International Minimum Standard and Fair and Equitable Treatment*, Oxford Universiry Press, 2013.

5. Roberto Echandi, Pierre Sauvé, *Prospects in International Investment Law and Policy*: *World Trade Forum*, Cambridge University Press, 2013.

6. J Romesh Weeramantry, *Treaty Interpretation in Investment Arbitration*, Oxford Universiry Press, 2012.

7. Andrés Rigo Sureda, *Investment Treaty Arbitration*: *Judging Under Uncertainty*, Cambridge University Press, 2012.

8. Alexandra Diehl, *The Core Standard of International Investment Protection*: *Fair and Equitable Treatment*, Wolters Kluwer Law & Business, 2012.

9. Diane A. Desierto, *Necessity and National Emergency Clauses*: *Sovereignty in Modern Treaty Interpretation*, Martinus Nijhoff publisher, 2012.

10. Santiago Montt, *State Liability in Investment Treaty Arbitration Global Constitutional and Administrative Law in the BIT Generation*, Hart Publishing Limited, 2012.

11. Roland Kläger, *"Fair and Equitable Treatment" in International Investment Law*, Cambridge University Press, 2011.

12. Erkan, Mustafa, *International Energy Investment Law: Stability though Contractual Clauses*, Kluwer Law International, 2011.

13. Chester Brown, Kate Miles, *Evolution in Investment Treaty Law and Arbitration*, Cambridge University Press, 2011.

14. Cordonier Segger, Marie - Claire, *Sustainable Development in World Investment Law*, Wolters Kluwer Law & Business, 2011.

15. Monique Sasson, *Substantive Law in Investment Treaty Arbitration: The Unsettled Relationship Between International Law and Municipal Law*, Wolters Kluwer Law & Business, 2010.

16. Stephan W. Schill, *International Investment Law and Comparative Public Law*, Oxford University Press, 2010.

17. Stephan W. Schill, *The Multilateralization of International Investment Law*, Cambridge University Press, 2009.

18. Zachary Douglas, *The International law of Investment Claims*, Cambridge University Press, 2009.

19. Newcombe, Andrew Pau, *Law and Practice of Investment Treaties: Standards of Treatment*, Wolters Kluwer Law & Business, 2009.

20. Douglas, Zachary, *The International Law of Investment Claims*, Cambridge University Press, 2009.

21. Ioana Tudor, *The Fair and Equitable Treatment Standard in the International Law of Foreign Investment*, Oxford Universiry Press, 2008.

22. Zeynep Akgul, *The Development of International Arbitration on Bilateral Investment Treaties*, Universal-Publishers, 2008.

23. Peter Muchlinski, Federico Ortino, Christoph Schreuer, *The Oxford Handbook of International Investment Law*, Oxford Universiry Press, 2008.

24. Abhijit P. G. Pandya, *Interpretations and Coherence of the Fair and Equitable Treatment Standard in Investment Treaty Arbitration*, Ph. D. Law (Sub-

mission）London School of Economics.

25. Gabriel Cavazos Villanueva, *The Fair and Equitable Treatment Standard in International Investment Law*：*The Mexican Experience*, A Dissertation Submitted on the Seventh Day of November 2007 to the School of Law in Partial Fulfillment of the Requirements of Tulane University for the Degree of Doctor of Philosophy.

26. Armin von Bogdandy, Ingo Venzke （eds.）, *International Judicial Lawmaking*, Springer, 2012.

二、外文论文

1. Jan Paulsson, "Arbitration Without Privity", *ICSID Review*, 1995, 10 （2）：232-257.

2. August Reinisch, "The Role of Precedent in ICSID Arbitration", http：//investmentarbitration. univie. ac. at/fileadmin/user_ upload/int_ beziehungen/Personal/Publikationen_ Reinisch/role_ precedents_ icsid_ arbitrationaayb_ 2008. pdf.

3. Susan D. Franck, "The Legitimacy Crisis in Investment Treaty Arbitration：Privatizing Public International Law Through Inconsistent Decisions", 73 *Fordham L. Rev.* 1521, 2005.

4. Gabrielle Kaufmann-Kohler, "Is Consistency a Myth?", in Emmanuel Gaillard and Yas Banifatem ed. , *Precedent in International Arbitration* 137, 2007.

5. Tai-Heng Cheng, "Is there a System of Precedent in Investment Treaty Arbitration?", http：//papers. ssrn. com/sol3/papers. cfm? abstract_ id = 1259943&download = yes.

6. Gabrielle Kaufmann-Kohler, "Arbitral Precedent：Dream, Necessity or Excuse?", *Arbitration International*, Volume 23, Issue 3.

7. Judith Gill Q. C. , "Is There a Special Role for Precedent in Investment Arbitration?", *ICSID Review* （2010） 25 （1）：87-94.

8. Tai-Heng Cheng, "Precedent and Control in Investment Treaty Arbitration", 30 *Fordham Int'l L. J.* 1014.

9. W. Michael Reisman, "The Breakdown of the Control Mechanism in ICSID

Arbitration", *Duke L. J.* 739, 1989.

10. August Reinisch, "The Role of Precedent in ICSID Arbitration", http: // investmentarbitration. univie. ac. at/fileadmin/user _ upload/int _ beziehungen/Personal/Publikationen _ Reinisch/role _ precedents _ icsid _ arbitrationaayb _ 2008. pdf.

11. Justin D'Agostino, Herbert Smith, "Discussion on the Use of Precedents in International Investment Arbitration and Its Consequences", http: //www. sccinstitute. com/ filearchive/4/40956/Justin%20D'Agostino_ Report. pdf.

12. Martin Khor, "The Need to Oppose the Emergence of an MAI in the WTO", *Third World Network*, Oct. 28, 1998.

13. Ursula Kriebaum, "Regulatory Takings: Balancing the Interests of the Investor and the State", *The Journal of World Investment & Trade*, Vol. 8, No. 5, October 2007.

14. Sebastián López Escarcena, "The Elements of Fair and Equitable Treatment in International Investment Law", http: //ghum. kuleuven. be/ggs/publications/policy_ briefs/pb14. pdf.

15. Stephan W. Schill, "Fair and Equitable Treatment under Investment Treaties as an Embodiment of the Rule of Law", *IILJ Working Paper* 2006/6, Global Administrative Law Series.

16. Marcela Klein Bronfman, "Fair and Equitable Treatment: An Evolving Standard", *Max Planck UNYB* 10 (2006).

17. George K. Foster, Recovering "Protection and Security": The Treaty Standard's Obscure Origins, Forgotten Meaning, and Key Current Significance, 45 *Vand. J. Transnat'l L.* 1095.

18. Mahnaz Malik, "The Full Protection and Security Standard Comes of Age: Yet Another Challenge for States in Investment Treaty Arbitration?", in The International Institute for Sustainable Development Website, www. iisd. org.

19. Nassib G. ZiadP, Some Recent Decisions in ICSID Cases, p. 514, https: //icsid. worldbank. org/ICSID/FrontServlet? requestType = CasesRH&actionVal

= showDoc & docId = DC675&caseId = C140.

20. Thomas Westcott, "Recent Practice on Fair and Equitable Treatment", 8 *T. J. World Investment & Trade* 409 (2007).

21. Stephen M. Schwebel, "Is Neer Far from Fair and Equitable?", *Arbitration International*, Volume 27, Issue 4.

22. Matthew C. Porterfield, "A Distinction Without a Difference?" *The Interpretation of Fair and Equitable Treatment Under Customary International Law by Investment Tribunals*, Volume 3, Issue 3, March 2013.

23. George K. Foster, "Recovering 'Protection and Security': The Treaty Standard's Obscure Origins, Forgotten Meaning, and Key Current Significance", 45 *Vand. J. Transnat'l L.* 1095, 2012.

24. David Collins, "Applying the Full Protection and Security Standard of Protection to Digital Investments", *Journal of World Investment and Trade*, Vol. 12, No. 2, pp. 225-243, 2011.

25. Christoph Schreuer, "Full Protection and Security", *Journal of International Dispute Settlement*, 2010.

26. Campbell McLachlan, "The Principle of System Integration and Article 31 (3) (c) of Vienna Convention", *I. C. L. Q.* 2005.

27. Luke Engan, "In Search of Necessity: Congruence, Proportionality, and the Least-Restrictive Measures in Investor-State Dispute Settlement", 43 *Geo. J. Int'l L.* 495.

28. David A. Gantz, "The 'Bipartisan Trade Deal', Trade Promotion Authority and the Future of U. S. Free Trade Agreements", http: //papers. ssrn. com/sol3/papers. cfm? abstract_ id = 1186982.

29. Kevin P. Gallagher, "Reforming U. S. FTAs for Environmental Protection: Lessons from Mexico and Beyond", http: //www. ase. tufts. edu/gdae/Pubs/rp/GallagherWWCNewTradePolicyOct2010. pdf.

30. Peter Muchlinski, " 'Caveat Investor' ? The Relevance of the Conduct of the Investor Under the Fair and Equitable Treatment Standard", *ICLQ*, Vol. 55, July

2006.

31. Ole Kristian Fauchald, "The Legal Reasoning of ICSID Tribunals—An Empirical Analysis", *The European Journal of International Law*, Vol. 19, 2008.

32. Jeffrey P. Commission, "Precedent in Investment Treaty Arbitration: A Citation Analysis of a Developing Jurisprudence", *Journal of International Arbitration*, Vol. 24 (2), 2007.

33. Judith Gill Q. C. , "Is There a Special Role for Precedent in Investment Arbitration?", *ICSID Review* (2010) 25 (1): 87–94.

34. Stephan Schill, "System – Building in Investment Treaty Arbitration and Lawmaking", 12 *German Law Journal* (2011), Vol. 12, No. 05.

35. Gabrielle Kaufmann-Kohler, "Arbitral Precedent: Dream, Necessity or Excuse?", *Arbitration International*, Volume 23, Issue 3.

36. Anthea Roberts, "Power and Persuasion in Investment Treaty Interpretation: The Dual Role of States", *The American Journal of International Law* 104. 2 (2010): 179–225.

37. Stephan Schill, "System—Building in Investment Treaty Arbitration and Lawmaking", 12 *German Law Journal* (2011), Vol. 12, No. 05.

三、中文著作

1. 姚梅镇:《国际投资法》,武汉大学出版社 1987 年版。

2. 姚梅镇主编:《国际经济法概论》(第 3 版),余劲松修订,武汉大学出版社 2002 年版。

3. 余劲松主编:《国际投资法》(第 3 版),法律出版社 2007 年版。

4. 余劲松:《国际投资法》(第 5 版),法律出版社 2018 年版。

5. 余劲松:《跨国公司法律问题专论》,法律出版社 2008 年版。

6. 曾华群、余劲松主编:《促进与保护中国海外投资的法制》,北京大学出版社 2017 年版。

7. 卢进勇、余劲松、齐春生主编:《国际投资条约与协定新论》,人民出版社 2007 年版。

8. 《国际经济法学》编写组编：《国际经济法学》，高等教育出版社 2019 年版。

9. 周鲠生：《国际法》，商务印书馆 1981 年版。

10. 李浩培：《条约法概论》，法律出版社 2003 年版。

11. 陈安主编：《国际经济法学新论》（第 3 版），高等教育出版社 2012 年版。

12. 陈安主编：《国际经济法》（第 6 版），北京大学出版社 2013 年版。

13. 陈安主编：《国际投资法的新发展与中国双边投资条约的新实践》，复旦大学出版社 2007 年版。

14. 陈安主编：《国际投资争端案例精选》，复旦大学出版社 2005 年版。

15. 陈安主编：《国际投资仲裁——"解决投资争端国际中心"机制研究》，复旦大学出版社 2001 年版。

16. 曾华群：《WTO 与中国外资法的发展》，厦门大学出版社 2006 年版。

17. 车丕照：《国际经济法概要》，清华大学出版社 2003 年版。

18. 王传丽主编：《国际经济法》，法律出版社 2012 年版。

19. 王传丽主编：《国际经济法》，中国人民大学出版社 2011 年版。

20. 韩立余：《世界贸易组织法》，中国人民大学出版社 2010 年版。

21. 石静霞：《WTO 服务贸易法专论》，法律出版社 2006 年版。

22. 刘笋：《国际投资保护的国际法制——若干重要法律问题研究》，法律出版社 2002 年版。

23. 杨泽伟：《主权论——国际法上的主权问题及其发展趋势研究》，北京大学出版社 2006 年版。

24. 史晓丽：《北美自由贸易区贸易救济法律制度研究》，法律出版社 2012 年版。

25. 张庆麟主编：《国际投资法问题专论》，武汉大学出版社 2007 年版。

26. 韩秀丽：《中国海外投资的环境保护问题研究：国际投资法视角》，法律出版社 2013 年版。

27. 马迅：《〈能源宪章条约〉投资规则研究》，武汉大学出版社 2012 年版。

28. 邓婷婷：《国际投资协定中的公平与公正待遇研究》，法律出版社 2017

年版。

29. 张生：《国际投资条约仲裁中的条约解释研究》，法律出版社 2016 年版。

30. 丁夏：《国际投资仲裁中的裁判法理研究》，中国政法大学出版社 2016 年版。

31. 中国出口信用保险公司编著：《全球投资风险分析报告》，中国财政经济出版社 2017 年版。

32. 吴明：《境外投资争议解决实务与案例精解》，法律出版社 2018 年版。

33. 李贵英：《国际投资法专论——国际投资争端之解决》，元照出版有限公司 2004 年版。

34. 王彦志：《新自由主义国际投资法律机制：兴起、构造和变迁》，法律出版社 2016 年版。

35. 韩秀丽：《中国海外投资的环境保护问题研究》，法律出版社 2013 年版。

36. 陶立峰：《美国双边投资协定研究》，法律出版社 2016 年版。

37. 刘京莲：《阿根廷国际投资仲裁危机的法理与实践研究：兼论对中国的启示》，厦门大学出版社 2011 年版。

38. 梁咏：《中国投资者海外投资法律保障与风险防范》，法律出版社 2010 年版。

39. 张光：《国际投资法制中的公共利益保护问题研究》，法律出版社 2016 年版。

40. 张正怡：《能源类国际投资争端法律问题研究》，法律出版社 2014 年版。

41. 魏艳茹：《ICSID 仲裁撤销制度研究》，厦门大学出版社 2007 年版。

42. 乔慧娟：《私人与国家间投资争端仲裁的法律适用问题研究》，法律出版社 2013 年版。

43. 吴岚：《国际投资法视域下的东道国公共利益规则》，中国法制出版社 2014 年版。

44. 张庆麟主编：《公共利益视野下的国际投资协定新发展》，中国社会科学出版社 2014 年版。

45. 杨卫东：《双边投资条约研究：中国视角》，知识产权出版社 2013 年版。

46. 江荣卿：《境外投资法规解读及双边投资保护协定应用》，法律出版社 2013 年版。

47. 杨慧芳：《外资待遇法律制度研究》，中国人民大学出版社 2012 年版。

48. 蔡从燕、李尊然：《国际投资法上的间接征收问题》，法律出版社 2015 年版。

49. 梁开银：《中国双边投资条约研究》，北京大学出版社 2016 年版。

50. 梁丹妮：《〈北美自由贸易协定〉投资争端仲裁机制研究》，法律出版社 2007 年版。

51. 万猛主编：《国际投资争端解决中心（ICSID）案例导读》，法律出版社 2015 年版。

52. 刘艳：《论发展权在国际投资协定中的实现》，武汉大学出版社 2016 年版。

53. 佟占军：《国际投资设业权研究》，法律出版社 2011 年版。

54. 银红武：《中国双边投资条约的演进——以国际投资法趋同化为背景》，中国政法大学出版社 2017 年版。

55. 张正怡等译：《能源类国际投资争端案例集：能源宪章条约争端解决机制 20 年》，法律出版社 2016 年版。

56. 何芳：《国际投资法律体系中的外资管辖权研究》，法律出版社 2018 年版。

57. 张宏乐：《国际投资协定中最惠国待遇条款研究》，经济科学出版社 2016 年版。

58. 田海：《最惠国条款适用于国际投资争端解决程序问题研究》，中国社会科学出版社 2017 年版。

59. 李英、于迪：《国际投资政治风险的防范与救济》，知识产权出版社 2014 年版。

60. 张建军：《国际投资协定之透明度规则研究》，中国社会科学出版社

2016 年版。

61. 张庆麟主编:《国际投资法:实践与评析》,武汉大学出版社 2017 年版。

62. 王立军主编:《国际投资法》,格致出版社、上海人民出版社 2010 年版。

63. 孙南申:《国际投资法》,中国人民大学出版社 2008 年版。

64. 石俭平:《国际投资条约中的征收条款研究》,上海社会科学院出版社 2014 年版。

65. 银红武:《ICSID 公约理论与实践问题研究》,中国政法大学出版社 2016 年版。

66. 王海浪:《ICSID 管辖权新问题与中国新对策研究》,厦门大学出版社 2017 年版。

四、中文译著

1. [美] 肯尼思·J. 范德维尔德:《美国国际投资协定》,蔡从燕、朱明新等译,法律出版社 2017 年版。

2. [尼泊尔] 苏里亚·P. 苏贝迪:《国际投资法:政策与原则的协调》(第 2 版),张磊译,法律出版社 2015 年版。

3. 单文华、[美] 娜拉-伽拉赫:《中外投资条约研究》,魏艳茹、李庆灵译,法律出版社 2015 年版。

4. [德] 鲁道夫·多尔查、[奥] 克里斯托弗·朔伊尔编:《国际投资法原则》(第 2 版),祁欢、施进译,中国政法大学出版社 2014 年版。

5. 郑斌:《国际法院与法庭适用的一般法律原则》,韩秀丽、蔡从燕译,法律出版社 2011 年版。

6. [日] 中川淳司、清水章雄等:《国际经济法》,白八根译,北京大学出版社 2007 年版。

7. [法] 皮埃尔·勒鲁:《论平等》,王允道译,肖厚德校,商务印书馆 1991 年版。

8. [英] 詹宁斯等修订:《奥本海国际法》(第一卷第一分册),王铁崖等译，中国大百科全书出版社 1995 年版。

9. ［美］博登海默：《法理学：法律哲学与法律方法》，邓正来译，中国政法大学出版社 2004 年版。

10. ［英］缪勒：《公共选择理论》（第 3 版），韩旭等译，中国社会科学出版社 2010 年版。

11. ［美］查理德·A. 波斯纳：《法律的经济分析》，蒋兆康译，林毅夫校，中国大百科全书出版社 1997 年版。

12. ［英］阿库斯特：《现代国际法概论》，汪暄等译，中国社会科学出版社 1981 年版。

13. ［希］波利蒂斯：《国际法的新趋势》，原江译，云南人民出版社 2004 年版。

14. ［美］小查尔斯·爱德华·梅里亚姆：《卢梭以来的主权学说史》，毕洪梅译，法律出版社 2007 年版。

15. ［意］卡塞斯：《国际法》，蔡从燕等译，法律出版社 2009 年版。

五、中文论文

1. 余劲松：《论国际投资法的晚近发展》，载《法学评论》1997 年第 6 期。

2. 余劲松：《〈TRIMs 协议〉研究》，载《法学评论》2001 年第 2 期。

3. 余劲松：《外资的公平与公正待遇问题研究——由 NAFTA 的实践产生的几点思考》，载《法商研究》2005 年第 6 期。

4. 余劲松、詹晓宁：《论投资者与东道国间争端解决机制及其影响》，载《中国法学》2005 年第 5 期。

5. 余劲松：《论国际投资法中国有化补偿的根据》，载《中国社会科学》1986 年第 2 期。

6. 余劲松、梁丹妮：《公平公正待遇的最新发展动向及中国的对策》，载《法学家》2007 年第 6 期。

7. 余劲松：《国际投资条约仲裁中投资者与东道国权益保护平衡问题研究》，载《中国法学》2011 年第 2 期。

8. 余劲松、陈正健：《中国境外投资核准制度改革刍议》，载《法学家》

2013 年第 2 期。

9. 陈安：《"南北矛盾视角"应当"摒弃"吗？——聚焦"中-加 2012BIT"》，载《现代法学》2013 年第 2 期。

10. 徐崇利：《利益平衡与对外资间接征收的认定及补偿》，载《环球法律评论》2008 年第 6 期。

11. 徐崇利：《公平公正待遇：真意之解读》，载《法商研究》2010 年第 3 期。

12. 徐崇利：《从实体到程序：最惠国待遇适用范围之争》，载《法商研究》2007 年第 2 期。

13. 刘笋：《从多边投资协议草案看国际投资多边化法制的走向》，载《比较法研究》2003 年第 2 期。

14. 刘笋：《论投资条约中的国际最低待遇标准》，载《法商研究》2011 年第 6 期

15. 单文华：《外资国民待遇及其实施条件》，载《中国社会科学》1998 年第 5 期。

16. 巫宁耕：《试论南北矛盾的经济根源》，载《经济学家》1991 年第 4 期。

17. 王逸舟：《国家利益再思考》，载《中国社会科学》2002 年第 2 期。

18. 胡锦光、王锴：《论中国宪法中"公共利益"的界定》，载《中国法学》2005 年第 1 期。

19. 颜运秋、石新中：《论法律中的公共利益》，载《中国人民公安大学学报》2004 年第 4 期。

20. 张光：《论国际投资仲裁中投资者利益与公共利益的平衡》，载《法律科学》2011 年第 1 期。

21. 冯寿波：《论条约序言的法律效力——兼论 TRIPS 序言与〈WTO 协定〉及其涵盖协定之序言间的位阶关系》，载《政治与法律》2013 年第 8 期。

22.《ICSID 仲裁中的揭开公司面纱问题研究：路径与协调》，载《武大国际法评论》2014 年第 2 期。

23.《国际投资仲裁庭管辖权扩张的路径、成因及应对》，载《清华法学》2017 年第 3 期。

24. 张建：《国际投资仲裁管辖权研究》，中国政法大学 2018 年博士学位论文。

25. 沈虹：《论 ICSID 对涉中国投资条约仲裁的管辖权》，载《法学杂志》2011 年第 7 期。

26. 银红武、罗依凯：《中国加入〈ICSID 公约〉所作通知的性质及效力》，载《时代法学》2018 年第 1 期。

27. 罗依凯：《中国加入〈ICSID 公约〉所作通知的研究》，湖南师范大学 2017 年硕士学位论文。

28. 漆彤：《论中国在 ICSID 被诉第一案中的仲裁管辖权问题》，载《南京大学法律评论》（2014 年春季卷）。

29. 詹晓宁、葛顺奇：《国际投资协定：投资和投资者的范围和定义》，载《国际经济合作》2003 年第 1 期。

30. 封筠：《"保护伞条款"与国际投资争端管辖权的确定》，载《暨南学报（哲学社会科学版）》2011 年第 1 期。

31. 沈伟：《论中国双边投资协定中限制性投资争端解决条款的解释和适用》，载《中外法学》2012 年第 5 期。

32. 陈正健：《投资条约保护和安全标准的适用及其启示》，载《法商研究》2013 年第 5 期。

33. 陈正健：《国际投资条约中例外条款的解释》，载《法学论坛》2013 年第 6 期。

34. 陈正健：《国际投资仲裁中的先例使用》，载《国际经济法学刊》2014 年第 21 卷第 1 期。

35. 陈正健：《国际最低待遇标准的新发展：表现、效果及应对》，载《法学论坛》2015 年第 6 期。

36. 陈正健：《投资者与国家争端解决中的国家反诉》，载《法商研究》2017 年第 1 期。

37. 陈正健：《论解决投资争端国际中心国家通知的撤回》，载《环球法律评论》2019 年第 4 期。

六、外文案例

1. Garanti Koza LLP v. Turkmenistan, ICSID Case No. ARB/11/20, Award, 19 December 2016.

2. WNC Factoring Ltd. (WNC) v. The Czech Republic, PCA Case No. 2014-34, Award, 22 February 2017.

3. Ansung Housing Co., Ltd. v. People's Republic of China, ICSID Case No. ARB/14/25, Award, 9 March 2017.

4. Ping An Life Insurance Company, Limited and Ping An Insurance (Group) Company, Limited v. The Government of Belgium, ICSID Case No. ARB/12/29, Award, 30 April 2015.

5. H&H Enterprises Investments, Inc. v. Arab Republic of Egypt, ICSID Case No. ARB 09/15, The Tribunal's Decision on Respondent's Objections to Jurisdiction, 5 June 2012.

6. Beijing Urban Construction Group Co. Ltd. v. Republic of Yemen, ICSID Case No. ARB/14/30, Decision on Jurisdiction, 31 May 2017.

7. Abaclat and Others v. Argentine Republic, Decision on Jurisdiction and Admissibility, ICSID Case No. ARB/07/5, 4 August 2011.

8. Vladislav Kim and others v. Republic of Uzbekistan, Decision on Jurisdiction, ICSID Case No. ARB/13/6, 8 March 2017.

9. Señor Tza Yap Shum v. The Republic of Peru, Decision on Jurisdiction and Competence, ICSID Case No. ARB/07/6, 19 June 2009.

10. Adel A Hamadi Al Tamimi v. Sultanate of Oman, Award, ICSID Case No. ARB/11/33, 3 November 2015.

11. Mr. Franck Charles Arif v. Republic of Moldova, Award, ICSID Case No. ARB/11/23, 8 April 2013.

12. Adel A Hamadi Al Tamimi v. Sultanate of Oman, Award, ICSID Case No. ARB/11/33, 3 November 2015.

13. SAUR International S. A. v. Argentine Republic, Case No. ARB/04/4, De-

cision on Jurisdiction and Liability, 6 June 2012.

14. Daimler Financial Services AG v. Argentine Republic, ICSID Case No. ARB/05/1, Award, 22 August 2012.

15. Impregilo S. p. A. v. Argentine Republic, ICSID Case No. ARB/07/17, A-ward, 21 June 2011.

16. EL PASO Energy International Company v. The Argentine Republic, ICSID Case No. ARB/03/15, Award, 31 October 2011.

17. Merrill & Ring Forestry L. P. v. Canada, NAFTA/UNCITRAL, ICSID Administered Case, Award, 31 March 2010.

18. Suez v. Argentine Republic, ICSID Case No. ARB/03/17, Decision on Liability, 30 July 2010.

19. Sempra Energy International v. The Argentine Republic, Decision on the Argentine Republic's Request for Annulment of the Award, (Annulment Proceeding), IC-SID Case No. ARB/02/16, 29 June 2010.

20. Enron Creditors Recovery Corp. Ponderosa Assets, L. P. v. The Argentine Republic, ICSID Case No. ARB/01/3, Decision on the Application for Annulment of the Argentine Republic, (Annulment Proceeding), 30 July 2010.

21. Frontier Petroleum Services Ltd. v. Czech Republic, Permanent Court of Arbitration, Final Award, 12 November 2010.

22. AES Summit Generation Ltd. v. Republic of Hung. , ICSID Case No. ARB/07/22, Award, 23 September, 2010.

23. Pantechniki v. Albania, ICSID Case No. ARB/07/21, Award, 30 July 2009

24. Glamis Gold, Ltd. v. United States of America, UNCITRAL Arbitration Rules, Award, 8 June 2009.

25. Siag and Vecchi v. Egypt, ICSID Case No. ARB/05/15, Award, 11 May 2009.

26. Biwater Gauff (Tanz.) Ltd. v. United Republic of Tanz. , ICSID Case No. ARB/05/22, Award, 24 July 2008.

27. National Grid Public Limited Company v. Argentina, UNCITRAL Arb. Trib,

Case 1: 09-cv-00248-RBW, Award, 3 November 2008.

28. Rumeli Telekom AS and Telsim Mobil Telekomikasyon Hizmetleri AS v. Kazakhstan, ICSID Case No. ARB/05/16, Award, 21 July 2008.

29. Jan de Nul N. V. v. Arab Republic of Egypt, ICSID Case No. ARB/04/13, Award, 6 November 2008.

30. Plarna Consortium Limited v. Republic of Bulgaria, ICSID Case No. ARB/03/24, Award, 27 August 2008.

31. Saipem S. p. A. v. The People's Republic of Bangladesh, Decision on Jurisdiction, 21 March 2007.

32. BG Grp. Plc. v. Republic of Arg. , UNCITRAL Arb. Trib. , Final Award, 24 December 2007.

33. Eastern Sugar v. Czech Republic, Arbitration Institute of the Stockholm Chamber of Commerce, Partial Award, 27 March 2007.

34. MCI Power Group LC and New Turbine, Inc v. Republic of Ecuador, Award, ICSID Case No. ARB/03/6, 31 July 2007.

35. COMPAÑÍA DE Aguas Del Aconquija S. A. , and Vivendi Universal S. A. v. Argentine Republic, Award, Case No. ARB/97/3, 20 August 2007.

36. Enron Corporation and Ponderosa Assets L. P. v. Argentine Republic, ICSID Case No. ARB/01/03, Award, 22 May 2007.

37. LG&E Enery CORP. , LG&E Capital CORP. , LG&E International, INC. v. Argentine Republic, ICSID Case No. ARB/02/1, Award, 25 July 2007.

38. PSEG v. Turkey, ICSID Case No. ARB/02/5, Award, 19 January 2007.

39. Sempra Energy International v. The Argentine Republic, ICSID Case No. ARB/02/16, Award, 28 September 2007.

40. Siemens AG v. Argentina, ICSID Case No. ARB/02/8, Award, 6 February 2007.

41. CMS Gas Transmission Company v. The Argentine Republic, ICSID Case no. ARB/01/08 (annulment proceeding), Decision of the Ad Hoc Committee on the Application for Annulment of the Argentine Republic, 25 September 2007.

42. Saluka Investments BV (The Netherlands) v. Czech Republic, Permanent Court of Arbitration, Partial Award, 2006.

43. Azurix Corp. v. The Argentine Republic, ICSID Case No. ARB/01/12, Award, 14 July 2006.

44. CMS Gas Transmission Co. v. The Argentine Republic, ICSID Case No. ARB/01/8, Award, 12 May 2005.

45. Noble Ventures v. Romania, ICSID Case No. ARB/01/11, Award, 12 October 2005.

46. Gas Natural SDG, S. A. v. The Argentine Republic, ICSID Case No. ARB/03/10, Decision on Jurisdiction, 17 June 2005.

47. MTD Equity Sdn. Bhd. and MTD Chile S. A. v. Republic of Chile, Award, Case No. ARB/01/7, 25 May 2004.

48. Occidental Exploration and Production Company v. Republic of Ecuador, London Court of International Arbitration Administered Case No. UN 3467, Final Award, 1 July 2004.

49. Waste Management Inc. v. Mexico, ICSID Case No. ARB (AF) /00/3, Award, 30 April 2004.

50. Tecmed v. Mexico, ICSID Case No. ARB (AF) /00/2, Award, 29 May 2003.

51. ADF Group INC. , United States of America, Award, Case No. ARB (AF) /00/1, 9 January 2003.

52. The Loewen Group, Inc. and Raymond L. Loewen v. United States of America, Award, Case No. ARB (AF) /98/3, 26 June 2003.

53. Tecnicas Medioambientales Tecmed S. A. v. The United Mexican States, Case No. ARB (AF) /0002, Award, 29 May 2003.

54. Pope v. Canada, Award in Respect of Damages, Case No. 889/02/43, 31 May 2002.

55. Mondev International LTD. v. United States of America, Award, Case No. ARB (AF) /99/2, 11 October 2002.

56. Alex Genin, Eastern Credit Limited, Inc. and A. S. Baloil v. The Republic of Estonia, Case No. ARB/99/2, Award, 25 June 2001.

57. CME Czech Republic BV v. Czech Republic, UNCITRAL Arb. Trib. , Partial Award, 13 September 2001.

58. Metalclad Corporation v. The United Mexican States, Case No. ARB (AF) / 97/1, Award, 30 August 2000.

59. Wena Hotels Limited v. Arab Republic of Egypt, ICSID Case No. ARB/98/4, Award, 8 December 2000.

60. Robert Azinian, Kenneth Davitian & Ellen Baca v. The United Mexican States, Case No. ARB (AF) /97/2, Award, 1 November 1999.

61. American Manufacturing & Trading, INC. (AMT) v. Republic of Zaire, IC-SID Case No. ARB/93/1, Award, 10 February 1997.

62. Asian Agricultural Products Limited v. Democratic Socialist Republic of Sri Lanka, ICSID Case No. ARB/87/3, Final Award, 27 June 1990.

63. Report of the Appellate Body, Korea－Measures Affecting Imports of Fresh, Chilled and Frozen Beef, WT/DS161/AB/R, WT/DS169/AB/R, 11 December 2000.

64. Report of the Panel, Brazil－Measures Affecting Imports of Retreaded Tyres, WT/DS332/R, 12 June 2007.

65. Report of WTO Appellate Body, United States－Measures Affecting the Cross－Border Supply of Supply of Gambling and Betting Services, WT/DS285/AB/R, 7 April 2005.

66. International Court of Justice, Oil Platforms (Islamic Republic of Iran v. United States of America), Application Instituting Proceedings, Filed in the Registry of the Court on 2 November 1992.

67. Saipem S. p. A. v. The people's republic of Bangladesh, Decision on Jurisdiction, 21 March 2007.

68. See Wena Hotels Ltd. v. Arab Republic of Egypt, ICSID Case No. ARB/98/ 4, Decision (Annulment Proceeding), 5 February 2002.

69. Sanum Investments Limited v. The Government of The Lao People's Democratic

Republic, UNCITRAL, PCA Case No. 2013-13, Award on Jurisdiction, 13 December 2013.

70. Champion Trading Company, Ameritrade International, Inc. , James T. Wahba, John B. Wahba, Timothy T. Wahba v. Arab Republic of Egypt, Decision on Jurisdiction, ICSID Case No. ARB/02/9, 21 October 2003.

七、其他

1. UNCTAD: World Investment Report 2019: Special Economic Zone, United Nations, 2019.

2. ICSID, Report of the Executive Directors on the ICSID Convention, March 18, 1965, https://icsid. worldbank. org/en/Documents/icsiddocs/ICSID%20Convention%20English. pdf.

3. UNCTAD, Investment Policy Framework for Sustainable Development, http://unctad. org/en/PublicationsLibrary/diaepcb2012d5_ en. pdf.

4. UNCTAD, Most-Favored-Nation-Treatment, UNCTAD Series on Issues in International Investment Agreements, UNCTAD/ITE/IIT/10 (Vol. III).

5. UNCTAD, UNCTAD's Reform Package for the International Investment Regime, New York and Geneva: United Nations, 2018.

6. UNCTAD, Reforming Investment Dispute Settlement: A Stocking, New York and Geneva: United Nations, 2019.

7. UNCTAD, World Investment Report 2013: Global Value Chains: Investment and Trade for Development, New York and Geneva: United Nations, 2013.

8. "Report of the International Law Commission, Fifty-eighth Session (1 May-9 June and 3 July-11 August 2006)", in UN Website, http://legal. un. org/docs/? symbol=A/CN. 4/L. 682.

9. UNCTAD, World Investment Report 2018: Investment and Industrial Policies, New York and Geneva: United Nations, 2018.

10. David Gaukrodger, "The Balance Between Investor Protection and the Right to Regulate in Investment Treaties: A Scoping Paper", OECD Working Papers on Interna-

tional Investment, 2017/02, OECD Publishing, Paris. http：//dx. doi. org/10. 1787/82786801-en, 2017.

11. UNCTAD, World Investment Report 2017：Investment and The Digital Economy, New York and Geneva：United Nations, 2017.

12. UNCTAD, Fair and Equitable Treatment：A Sequel, UNCTAD Series on Issues in International Investment Agreements II.

图书在版编目(ＣＩＰ)数据

投资者—国家争端解决:理论与实践/陈正健著. -北京:当代世界出版社,2019.11
ISBN 978-7-5090-1532-2

Ⅰ.①投… Ⅱ.①陈… Ⅲ.①国际投资-国际争端-研究 Ⅳ.①D996.4

中国版本图书馆 CIP 数据核字(2019)第 264686 号

书 名	:投资者—国家争端解决:理论与实践
出版发行	:当代世界出版社
地 址	:北京市东城区地安门东大街 70-9 号
网 址	:http://www.worldpress.org.cn
编务电话	:(010)83907528
发行电话	:(010)83908410
经 销	:新华书店
印 刷	:北京虎彩文化传播有限公司
开 本	:720 毫米×960 毫米 1/16
印 张	:19.5
字 数	:300 千字
版 次	:2019 年 11 月第 1 版
印 次	:2019 年 11 月第 1 次
书 号	:978-7-5090-1532-2
定 价	:72.00 元